Peter Rudolf

Konfrontationskurs

Peter Rudolf

Konfrontationskurs

Der amerikanisch-chinesische Weltkonflikt

HERDER

FREIBURG · BASEL · WIEN

Mit einer Karte von Peter Palm; © Peter Palm, Berlin

Satz: Satz: ZeroSoft SRL, Timişoara
Herstellung: GGP Media GmbH, Pößneck
Printed in Germany

ISBN Print: 978-3-451-39947-3
ISBN E-Book (EPUB): 978-3-451-83294-9
ISBN E-Book (PDF): 978-3-451-83296-3

Inhalt

Einleitung

Die USA sind in ihrem traditionellen Selbstverständnis eine „pazifische Macht" – oder wie es seit einigen Jahren meist heißt: eine „indopazifische Macht".[1] Zugleich verstehen sie sich nach wie vor als unentbehrliche Führungsmacht, die die Stabilität des internationalen Systems sichert. Chinas Aufstieg wird in den USA daher weithin als bedrohlich wahrgenommen. So heißt es in der National Defense Strategy von 2022 mit Blick auf die „strategische Konkurrenz" mit China: „Die umfassendste und ernsthafteste Herausforderung für die nationale Sicherheit der USA ist das zwangsgestützte und zunehmend aggressive Bestreben der VR China, die indopazifische Region und das internationale System nach ihren Interessen und autoritären Präferenzen umzugestalten."[2]

Die Volksrepublik China ist der einzige Staat, der als „potenzielle Supermacht" den Status der USA bedrohen kann.[3] China möchte eine wirtschaftliche, technologische und kulturelle Weltmacht werden und größeren Einfluss auf die Spielregeln internationaler Politik nehmen. Das ist zumindest die Vision, die Xi Jinping als Teil der Erneuerung der chinesischen Nation verfolgt. Den Legitimitätsanspruch der Kommunistischen Partei Chinas hat er so auch mit der Verwirklichung einer internationalen Führungsrolle Chinas verknüpft.[4]

Mittlerweile werden die Konflikte in den Beziehungen zu China nicht nur in der amerikanischen Debatte oft als eine Art neuer Kalter Krieg gedeutet. Doch wie jede Analogie ist auch diese problematisch und von begrenztem Nutzen. Anders als zwischen den USA und der Sowjetunion existiert zwischen den USA und China keine Konfrontation zweier abgeschotteter gegnerischer Blöcke, sondern eine Konkurrenz um Einfluss innerhalb eines globalisierten internationalen Systems, in dem die beiden Mächte nach wie vor wirtschaftlich hochgradig verflochten sind. Die strategische Rivalität zwischen den USA und China enthält jedoch die Ingredienzen, sich zu einem „strukturellen Weltkonflikt" zu verfestigen. Von einem solchen Konflikt lässt sich sprechen, „wenn die Staaten (insbesondere die Großmächte oder bedeutsame Mächtegruppierungen) unvereinbare oder unvereinbar erscheinende Tendenzen hinsichtlich der Organisation (Struktur) des internationalen Systems verfolgen".[5]

Die geopolitische, ökonomische und ideologische Rivalität zwischen den USA und China hat sich zu einer Konfliktkonstellation entwickelt, die mehr und mehr die internationalen Beziehungen prägt und ein hohes wirtschaftliches und militärisches Risikopotenzial birgt. Es ist daher nicht übertrieben, von einer „Epoche strategischer Konfrontation" zu sprechen, von einer Konfrontation, die enorme Auswirkungen auf das „Schicksal der Menschheit im 21. Jahrhundert" haben könnte – Auswirkungen auf Frieden, Wohlstand, Klimasicherheit.[6] Das gilt zumal, wenn es über Taiwan zu einem Krieg zwischen den beiden stärksten Wirtschaftsmächten der Welt kommen sollte – zu einem Krieg zwischen zwei Nuklearmächten, einem Krieg mit beträchtlichem Eskalationsrisiko und unkalkulierbaren Kosten und Konsequenzen.[7]

Doch wie ist es zu dieser Konfrontation gekommen? Was liegt diesem Weltkonflikt zugrunde? Wie wird er ausgetragen? Was sind seine Folgen für die internationale Politik und für Deutschland und Europa? Das sind die Fragen, die in diesem Buch beantwortet werden.

Im *ersten* Teil richtet sich der Blick zurück: zunächst auf die Annäherung zwischen den USA und China in den 1970er

Jahren in einer Art strategischer Partnerschaft, die gegen die Sowjetunion gerichtet war, dann auf die Jahrzehnte pragmatischer Kooperation in der Zeit nach Ende des Kalten Krieges, in denen die wirtschaftliche Verflechtung zwischen den USA und China trotz zahlreicher Konflikte stetig wuchs. Die primär auf Kooperation und Integration Chinas in das internationale Wirtschaftssystem setzende amerikanische Politik unter den Präsidenten Clinton, Bush und Obama war begleitet von militärischer Risikoabsicherung für den Fall, dass sich die mit dem „engagement" verbundenen Erwartungen nicht erfüllen sollten: Dies war zum einen die Erwartung, die chinesische Führung werde ein Interesse an der Stabilität des internationalen Systems entwickeln. Das war zum anderen die Erwartung, über wirtschaftliches Wachstum, die Modernisierung und Entstehung einer Mittelschicht werde die Demokratisierung des Landes gefördert. Doch diese Erwartungen erfüllten sich nicht, was unter Xi Jinping immer deutlicher wurde: Die autoritäre Verhärtung im Inneren geht einher mit einer ambitionierten Weltpolitik, mit der die internationale Ordnung nach chinesischen Vorstellungen geformt werden soll. Aus chinesischer Sicht sind es die USA, die bislang vorherrschende, sich aber im Abstieg befindende Macht, die sich dem Prozess der „großen Erneuerung der chinesischen Nation" entgegenstellen. Aus vorherrschender amerikanischer Sicht bedroht China die eigene internationale Führungsrolle, und die Volksrepublik will die Weltpolitik nach illiberalen Wertvorstellungen prägen. Der Konflikt zwischen den USA und China gilt mittlerweile als Teil einer fundamentalen Auseinandersetzung zwischen Demokratie und Autokratie.

Im *zweiten* Teil des Buches folgt eine Strukturanalyse des amerikanisch-chinesischen Konfliktsyndroms. Dessen Grundlage bildet eine regionale, aber auch zunehmend globale Statuskonkurrenz. In den USA hat Chinas erwarteter und tatsächlicher Machtzuwachs Ängste vor einem Statusverlust hervorgerufen. China gilt als langfristige Bedrohung für die internationale Führungsrolle der USA und die damit einhergehenden sicherheitspolitischen und wirtschaftlichen Privilegien und Vorteile. Diese Konkurrenz um Einfluss mischt sich mit einem ideologischen Antagonismus. Auf chinesischer Seite war diese Dimension – die empfundene Bedrohung der kommunistischen Parteiherrschaft durch Vorstellungen liberaler Demokratie – schon immer stark ausgeprägt. Auf amerikanischer Seite ist der Wertekonflikt inzwischen stärker in den Blickpunkt gerückt. Diese Mischung aus Statuskonkurrenz und ideologischer Differenz gibt dem Konfliktsyndrom seinen besonderen Charakter. Da sich die USA und China seit der Taiwankrise 1996 (wieder) als potenzielle militärische Gegner sehen und die Planungen danach ausrichten, prägt auch das Sicherheitsdilemma die Beziehungsstruktur. Im Zuge des Ausbaus der chinesischen Nuklearrüstung gewinnt die nukleare Abschreckung für beide Staaten zunehmend an Bedeutung. Beide Seiten sind nicht besonders sensibel für dadurch ausgelöste wechselseitige Bedrohungsvorstellungen. Denn die Antagonisten verstehen sich selbst als defensive, friedliche Mächte, unterstellen der jeweils anderen Seite aber offensive Absichten.

Im *dritten* Teil werden Dimensionen und Dynamik der strategischen Rivalität zwischen den USA und China analysiert. Die sich zuspitzende strategische Rivalität, die in unvereinbaren Zielen und wechselseitigen Bedrohungsvorstellungen wurzelt, hat eine regionale, eine globale und eine technologische Dimension. Regional geht es um die Vormacht im Indopazifik, global um Einfluss und im technologischen Bereich um die Führungsrolle. Die Rivalität ist besonders in der maritimen Peripherie Chinas ausgeprägt, dominiert von militärischen Bedrohungsvorstellungen und der amerikanischen Auffassung, China wolle in Ostasien eine exklusive Einflusssphäre etablieren. Im Südchinesischen Meer kollidiert der amerikanische Anspruch auf freien Zugang zu den Weltmeeren mit dem chinesischen Bestreben, eine Sicherheitszone zu errichten und die amerikanische Interventionsfähigkeit zu konterkarieren. Weniger bedeutsam, aber gleichwohl vorhanden sind die militärischen Bedrohungsperzeptionen in der globalen Einflusskonkurrenz, die mittlerweile auch die Arktis umfassen. Washington versucht mit Anreizen und Druck, andere Staaten vom Ausbau ihrer wirtschaftlichen Beziehungen mit China abzubringen. Wie insbesondere die Kampagne gegen den chinesischen Konzern Huawei zeigt, ist die globale Einflusskonkurrenz eng mit der technologischen Dimension der amerikanisch-chinesischen Rivalität verwoben. Es geht dabei um die Vorherrschaft im digitalen Zeitalter. Diese Dimension des Konflikts ist deshalb so essenziell, weil technologische Führung weltwirtschaftliche Wettbewerbsvorteile schafft und die Basis für militärtechnologische Überlegenheit sichert.

Im *vierten* Teil geht es um die Auswirkungen des amerikanisch-chinesischen Weltkonflikts auf die internationale Politik und die Folgen für Europa und Deutschland. Seine Konsequenzen können weitreichend und seine Kosten hoch sein, wenn sich der Prozess geoökonomischer Fragmentierung beschleunigt, die wirtschaftliche Verflechtung zwischen den USA und China sich auflöst und sich möglicherweise eine neue geoökonomische Weltordnung herausbildet. Sicher scheint bereits: Die strategische Rivalität mit China prägt die US-amerikanische Außenpolitik in starkem Maße. Weithin herrscht Einigkeit, dass die Politik des „engagement" gescheitert ist. Die Biden-Administration verfolgt eine Politik kollektiver Gegenmachtbildung. Dabei ist die europäische Kooperation besonders dort gesucht, wo es um die Verweigerung von Hochtechnologie für China geht. Gewiss ist Europa daran gelegen, nicht zum Spielball chinesischer Weltmachtpolitik zu werden. China wird nicht mehr länger vor allem aus dem Blickwinkel wirtschaftlicher Interessen und Chancen gesehen. Doch Chinas Aufstieg berührt die USA und Europa in unterschiedlichem Maße, sodass auch die Bedrohungswahrnehmungen vermutlich weiterhin voneinander abweichen dürften. Für Europa ist die sicherheitspolitisch-militärische Perspektive nicht vorrangig und überschattet daher auch nicht alle anderen Bereiche. Zwar hat die Covid-19-Pandemie auch in Europa zu einer veränderten Sicht der Abhängigkeiten von China geführt; jedoch nicht im Sinne einer möglichst weiten Entkopplung, sondern einer Risikominderung und Diversifizierung von Lieferketten und Produktionsstätten. Für Deutschland und Europa stellt sich mehr denn je die Frage, wie man sich im amerikanisch-chinesischen Weltkonflikt positioniert, wie viel Schulterschluss mit den USA geboten, wie viel eigenständige Politik gegenüber Peking notwendig und möglich ist.

Diese Analyse beruht in Teilen auf einigen Vorarbeiten, die im Laufe etlicher Jahre als Studien und kürzere Papiere der Stiftung Wissenschaft und Politik (SWP) erschienen sind, die jedoch für das vorliegende Buch überarbeitet, erweitert und aktualisiert wurden. Kritik und Anregungen vieler Kolleginnen und Kollegen sind eingeflossen. Ihnen und den zahlreichen Kolleginnen und Kollegen, die für eine einzigartige Informationsinfrastruktur sorgen, gilt mein herzlicher Dank. Besonders danken möchte ich meiner langjährigen Kollegin und hervorragenden Chinakennerin Dr. Gudrun Wacker, die die SWP-Studie „Der amerikanische Weltkonflikt" (Oktober 2019) kommentiert und begutachtet hat, auf der das vorliegende Buch aufbaut. Dr. Patrick Oelze vom Verlag Herder danke ich für das ermutigende Interesse an dem Buchprojekt und Florentine Schaub für das vorzügliche Lektorat.

1. Die USA und der Aufstieg Chinas

Für Präsident Richard Nixon (1969–1974) waren die Tage im Februar 1972, als er die Volksrepublik China besuchte, eine „Woche, die die Welt veränderte".[1] Wie sehr, konnte zu dieser Zeit niemand auch nur erahnen. Erst einmal begann mit der Annäherung der USA an das kommunistische Land der Weg zur Normalisierung der Beziehung zwischen den beiden verfeindeten Staaten. Diese Woche seines Besuchs leitete darüber hinaus einen Wandel ein, dessen Folgen ein halbes Jahrhundert später die Weltpolitik prägen sollten.

1.1 Die USA und China im Kalten Krieg

Nach dem Sieg der Kommunistischen Partei Chinas und ihrer Machtübernahme 1949 hatten die USA eine Politik der Eindämmung und Isolation der Volksrepublik verfolgt. Diese Politik stützte sich auf bilaterale Bündnisse und eine ausgedehnte Militärpräsenz in Ostasien. Die USA versagten der Volksrepublik China die Anerkennung und verweigerten ihr die Aufnahme in die Vereinten Nationen. China wurde dort von der „Republik China", so der bis heute offizielle Staatsname Taiwans, vertreten. Auf diese Insel hatte sich die Regierung der 1912 ausgerufenen Republik China nach der Niederlage im Bürgerkrieg und der Gründung der Volksrepublik zurückgezogen. Auf der koreanischen Halbinsel kämpften Anfang der 1950er Jahre amerikanische Streitkräfte und chinesische „Freiwillige" gegeneinander. In der Straße von Taiwan kam es dreimal zu einer krisenhaften Zuspitzung. Im Vietnamkrieg unterstützte die Volksrepublik China das kommunistische Regime Nordvietnams. Das amerikanische „engagement" im Vietnamkrieg hatte insbesondere die Eindämmung Chinas zum Ziel.[2]

Entgegen der öffentlichen Rhetorik beruhte die Politik unter den Präsidenten Harry S. Truman (1945–1953) und Dwight D. Eisenhower (1953–1961) keineswegs auf der Annahme eines monolithischen sino-sowjetischen Blocks; man rechnete mit nationalistischen Tendenzen in China und versuchte, einen Keil zwischen die beiden kommunistischen Hauptmächte zu treiben: nicht durch Annäherung an China, sondern durch Isolation und Druck. Damit verband sich die Erwartung, dass ein isoliertes China der Sowjetunion hohe wirtschaftliche und militärische Unterstützungsleistungen abverlangen werde, die dann zur Belastung der Beziehungen führen würden.[3]

Als sich Anfang der 1960er Jahre die Spaltung zwischen den beiden kommunistischen Staaten abzeichnete, näherten sich die USA unter den Präsidenten John F. Kennedy (1961–1963) und seinem Nachfolger Lyndon B. Johnson (1963–1969) keineswegs China an. Vielmehr galt das kommunistische Regime in Peking als gefährlichere und akutere Bedrohung in Asien als die Sowjetunion. Erst die Nixon-Administration nutzte die neue weltpolitische Konstellation und orientierte die amerikanische Chinapolitik um: von der Isolation und Eindämmung zur Annäherung im Rahmen einer pragmatischen Gleichgewichtspolitik.[4]

Aus chinesischer Sicht war die Annäherung an die USA eine Reaktion auf die veränderte internationale Konstellation und wirtschaftliche Notwendigkeiten. Die Beziehungen zur Sowjetunion hatten sich verschlechtert, nachdem die sowjetische Führung unter Nikita Chruschtschow 1956 Stalins Verbrechen und den Personenkult verurteilt hatte – sehr zur Beunruhigung von Mao Zedong, einem Verehrer Stalins, der hier Gefahr für seine eigene Führungsrolle witterte. Die Sowjetunion stellte 1960 die wirtschaftliche und technische Hilfe für China ein. Spätestens seit ihrem Einmarsch in die Tschechoslowakische Sozialistische Republik 1968 galt die Sowjetunion für China, verglichen mit den USA, als größere Bedrohung, zumal es ein Jahr später zu einer kriegerischen Auseinandersetzung an der chinesisch-sowjetischen Grenze kam. Der „Große Sprung nach vorn" in den Kommunismus (1958–1961) und die dadurch verursachte Hungersnot mit Millionen von Toten und dann die „Kulturrevolution" (1966–1976) führten die Volksrepublik unter Mao Zedong in die wirtschaftliche Zerrüttung. Die Annäherung an die USA bedeutete keineswegs, dass sich an der Ablehnung westlicher Demokratie irgendetwas geändert hatte. Für die wirtschaftliche Modernisierung, die unter der Führung von Deng Xiaoping Ende der 1970er Jahre in Angriff genommen wurde und die staatliche Planung mit Marktliberalisierung verband, war der Zugang zu amerikanischer Technologie und zum amerikanischen Markt ein wichtiger Faktor.[5]

Für die USA unter Präsident Nixon und dem Nationalen Sicherheitsberater und späteren Außenminister Henry Kissinger lag das unmittelbare Interesse darin, die sino-sowjetische Entzweiung zu nutzen, um einen Hebel, ein Druckmittel in den amerikanisch-sowjetischen Beziehungen zu haben – vor allem im Hinblick auf die sowjetische Kooperation in Vietnam und in der strategischen Rüstungskontrolle. Um sowohl die Sowjetunion als auch China beeinflussen zu können, sollten nach Kissingers Kalkül die USA im „strategischen Dreieck" bessere Beziehungen zu den beiden anderen Staaten haben als diese untereinander.[6]

Dabei ging es zunächst keineswegs um eine Art stilles Bündnis mit China gegen die Sowjetunion, sondern um die taktische

Nutzung der amerikanisch-chinesischen Beziehungen für die amerikanisch-sowjetische Entspannungspolitik. Ein zu enger Schulterschluss zwischen den USA und China barg das Risiko, die Sowjetunion allzu sehr zu provozieren. Doch eine solche strategische Partnerschaft wurde attraktiver, als die an die Entspannungspolitik gegenüber der Sowjetunion geknüpfte Hoffnung auf Zurückhaltung und Kooperation seitens der Sowjetunion enttäuscht wurde. In der zweiten Hälfte der 1970er Jahre galt unter den Präsidenten Gerald Ford (1974–1977) und James Earl („Jimmy") Carter (1977–1981) die „Chinakarte" als ein Mittel, die militärische Position gegenüber der Sowjetunion über den Weg der strategischen Kooperation mit China zu verbessern.

Der strittige Punkt in den USA blieb die militärisch-strategische Kooperation mit China. Unter Nixon war sie auf Erklärungen beschränkt, die die Bereitschaft zum Schutz Chinas vor einem sowjetischen Angriff zum Ausdruck brachten; unter Ford begannen substanziellere Diskussionen, eine entsprechende Entscheidung wurde jedoch bis zur Normalisierung der diplomatischen Beziehungen aufgeschoben. Als diese unter Präsident Carter aufgenommen wurden, blieb der Waffenexport zwar weiter untersagt, China erhielt aber erleichterten Zugang zu fortgeschrittener Technologie. Zur beginnenden strategischen Zusammenarbeit gehörte vor allem die Einrichtung von zwei gemeinsam betriebenen Stationen im westlichen China zur Überwachung sowjetischer Raketentests (1980). Im Herbst 1983 begann der Ausbau der militärisch-strategischen Zusammenarbeit zwischen den USA und China: Konsultationen auf hoher Ebene, Austausch von Geheimdienstinformationen, Kontakte zwischen den Militärs beider Länder und schließlich auch Waffenverkäufe, als China Mitte 1984 in das Foreign Military Sales Program aufgenommen und so staatlich finanzierte und abgesicherte Rüstungsgeschäfte möglich wurden.[7]

Die militärische Kooperation begann zu einer Zeit, als China, interessiert an einer „unabhängigen Außenpolitik" und an der Entspannung mit der Sowjetunion, nicht mehr öffentlich von der Idee einer strategischen Partnerschaft mit den USA sprechen wollte. Vor dem Hintergrund der amerikanisch-sowjetischen Entspannung und der sino-sowjetischen Annäherung verlor dann Mitte der 1980er Jahre die antisowjetische Begründung der amerikanisch-chinesischen Beziehungen für beide Seiten an Bedeutung. Für die USA galt China jetzt weniger als „aktiver strategischer Partner" im Konflikt mit der Sowjetunion, sondern in erster Linie als passives „strategisches Gegengewicht".[8] Die prowestliche Orientierung Chinas sollte bewahrt, die weitere Absenkung des militärischen Gefälles zwischen China und der Sowjetunion verhindert werden. Das grundlegende Interesse der USA war nunmehr vor allem die langfristig prowestliche, kooperative außenpolitische Orientierung Chinas. Der wirtschaftlichen Modernisierung und Reform galt die amerikanische Unterstützung.

China blieb ein wichtiger Faktor im weltpolitischen Kalkül der USA, unter Präsident George H. W. Bush (1989–1993) mehr noch als unter seinem Vorgänger Ronald Reagan (1981–1989).[9] Begründet wurde die Notwendigkeit tragfähiger amerikanisch-chinesischer Beziehungen mit dem langfristigen Interesse an Stabilität in Asien und insbesondere mit dem unmittelbaren Interesse, die chinesische Zusammenarbeit bei drängenden Problemen zu sichern: in Regionalkonflikten, vor allem in Kambodscha und auf der spannungsgeladenen koreanischen Halbinsel, sowie in der Nonproliferationspolitik. Und nicht zuletzt führte der Golfkonflikt 1990/91 die Bedeutung Chinas für das Funktionieren der Vereinten Nationen vor Augen.

Auch nach der gewaltsamen Niederschlagung der Protestbewegung am 4. Juni 1989 mit Hunderten oder Tausenden von

Toten und Tausenden Verwundeten hielt die Bush-Administration weitgehend an der traditionellen Linie der Chinapolitik fest.[10] Sie verhängte zwar Sanktionen, die sich am stärksten auf die militärisch-strategische Zusammenarbeit auswirkten: Die Zusammenarbeit bei der Überwachung sowjetischer Nuklear- und Raketentests setzten die USA jedoch fort. Gleichzeitig war die Bush-Administration aber bemüht, einen Bruch in den amerikanisch-chinesischen Beziehungen zu vermeiden. Bereits Ende 1989 zeigte sie sich an der erneuten Normalisierung der Beziehungen interessiert, musste aufgrund der innenpolitischen Stimmung in den USA jedoch dann eine etwas härtere Position einnehmen.

Während die Bush-Administration die Kontinuität alter Politik neu zu begründen suchte, löste sich mit der verringerten globalstrategischen Bedeutung Chinas der innenpolitische Konsens für die bisherige Realpolitik auf. In der Öffentlichkeit und im Kongress gewann die Respektierung der Menschenrechte in China nach dem Massaker am Tian'anmen-Platz in Peking an Bedeutung. Nicht nur die Frage der Menschenrechte aktivierte Interessengruppen, auch die Intensivierung der Wirtschaftsbeziehungen änderte das gesellschaftliche Umfeld. Als sich der amerikanisch-chinesische Handel in der zweiten Hälfte der 1980er Jahre ausweitete, wurde in manchen Industriezweigen, insbesondere in der Textilindustrie, der Ruf nach Schutzmaßnahmen laut.[11] Zudem wuchs das Handelsbilanzdefizit zulasten der USA. Diese Entwicklung sorgte dafür, dass die Hindernisse beim Zugang zum chinesischen Markt und der mangelnde Urheberrechtsschutz für amerikanische Produkte in China zunehmend Anstoß in den USA erregten. Zudem hatte sich die Exportpolitik Chinas im Laufe der 1980er Jahre immer mehr zu einem erheblichen Proliferationsproblem entwickelt. Mit dem Verkauf von Nukleartechnologie und Raketen(technologie) unterstützte China die Nuklearprogramme etlicher Staaten des Globalen Südens. All die genannten Entwicklungen – die Menschenrechtssituation, die Konflikte in den amerikanisch-chinesischen Wirtschaftsbeziehungen und die chinesischen Rüstungsexporte – führten dazu, dass sich neue Akteure für die Chinapolitik zu interessieren begannen und sich entlang der Konfliktlinien gesellschaftliche Koalitionen bildeten. Auf der einen Seite fanden sich seit Ende der 1980er Jahre Menschenrechtsorganisationen, unterstützt von jenen Teilen der Industrie und der Gewerkschaften, denen die billigen Importe aus China ein Dorn im Auge waren, und die über die chinesischen Rüstungsexporte besorgten Nonproliferationsexperten. Auf der anderen Seite standen die am Chinahandel interessierten Teile der Industrie und der Landwirtschaft sowie die realpolitisch orientierte Mehrheit der amerikanischen Chinaexperten.[12]

1.2 Amerikas zweigleisige Chinastrategie nach dem Kalten Krieg

Präsident William Jefferson („Bill") Clinton (1993–2001) setzte gegen einige innenpolitische Widerstände die Politik des pragmatischen „engagement" fort. So mancher Republikaner im US-Kongress neigte bereits Mitte der 1990er Jahre zu einer Politik der Eindämmung, zu einer Verhinderung oder zumindest einer Verlangsamung des Aufstiegs Chinas. Doch aus der in der Clinton-Administration vorherrschenden Sicht gab es keine Alternative zur „engagement"-Strategie. Eine Politik der Eindämmung Chinas mochte irgendwann vielleicht notwendig erscheinen; doch bliebe dann immer noch genügend Zeit für einen solchen Strategiewechsel. Wünschenswert war eine Eindämmungspolitik für die Clinton-Administration nicht. Für eine Neuauflage der Eindämmungspolitik fehlten nach Einschätzung der Administration die Verbündeten; bei einer solchen Ausrichtung amerikanischer Politik wäre es unvermeidlich, die Beziehungen zu befreundeten Staaten in der Region einer größeren Belastung auszusetzen. Ein Kalter Krieg mit China hätte – das schien die große Sorge innerhalb der Clinton-Administration zu sein – enorme negative Konsequenzen: höhere Verteidigungsausgaben, wirtschaftliche Einbußen, eine Lähmung des Sicherheitsrats der Vereinten Nationen, ein unverantwortlich handelndes China.[13]

Wirtschaftlich setzte die kooperative Linie im Verhältnis zu China auf eine möglichst weitgehende Normalisierung der Handelsbeziehungen und die Integration Chinas in das westliche Wirtschaftssystem, politisch auf die Verdichtung der bilateralen Beziehungen und die Einbindung Chinas in multilaterale Regime und militärisch auf die Anknüpfung von Kontakten zwischen den Streitkräften beider Staaten. Diesem Ansatz lagen zwei Kausalhypothesen zugrunde: zum einen die Erwartung, dass die Integration Chinas in das internationale System eine sozialisierende Wirkung auf die chinesische Führung haben würde und sie dabei Normen verinnerliche, die an der Stabilität des internationalen Systems orientiert sind; zum anderen die Erwartung, dass über die Öffnung Chinas, über das wirtschaftliche Wachstum und die dadurch ausgelösten Modernisierungsschübe, insbesondere über die Entstehung einer Mittelschicht, die Demokratisierung des Landes gefördert werden würde.

Chinas Aufnahme in die Welthandelsorganisation (World Trade Organization – WTO) und damit die stärkere Öffnung des chinesischen Marktes galten aus dieser Sicht als große Chance, einen positiven Wandel in China zu bewirken. Voraussetzung für die Aufnahme war auf amerikanischer Seite die dauerhafte Gewährung eines normalen Handelsstatus. Bis dahin wurde dieser Status (die „Meistbegünstigung") jährlich erneuert. Nirgendwo kamen die Erwartungen, die der amerikanischen Chinapolitik zugrunde lagen, deutlicher zum Ausdruck als in Präsident Clintons Rede, mit der er im Jahre 2000 den Kongress zu überzeugen suchte, China den normalen Handelsstatus dauerhaft zu gewähren:[14]

> „Die Mitgliedschaft in der WTO wird natürlich nicht über Nacht eine freie Gesellschaft in China schaffen oder garantieren, dass sich China an die globalen Regeln hält. Aber ich glaube, dass sie China mit der Zeit schneller und weiter in die richtige Richtung bringen wird. […] Je mehr China seine Wirtschaft liberalisiert, desto mehr wird es das Potenzial seines Volkes freisetzen. [...] Und wenn der Einzelne die Macht hat, nicht nur zu träumen, sondern seine Träume zu verwirklichen, wird er ein größeres Mitspracherecht fordern. Im neuen Jahrhundert wird sich die Freiheit über Mobiltelefon und Kabelmodem verbreiten. […] Es steht außer Frage, dass China versucht hat, gegen das Internet vorzugehen. Viel Glück dabei! Das ist so, als würde man versuchen, Gelee an die Wand zu nageln."

Die Rede spiegelte die Annahmen wider, die damals verbreitet waren und die den „Chinakonsens" darstellten: Optimismus über eine wünschenswerte weitere Entwicklung Chinas, Nutzen aus der wirtschaftlichen Zusammenarbeit, das Interesse, eine konfrontative Entwicklung in den Beziehungen zu vermeiden. Die Annahme war: Würden die USA China als Gegner behandeln, dann wäre mit der Entwicklung einer solchen feindseligen Beziehung zu rechnen. Eine Politik des kooperativen „engagement" dagegen würde die Möglichkeit zu einer positiven Entwicklung der Beziehungen eröffnen.[15] Weniger langfristig transformativ orientiert als kurzfristig pragmatisch war eine weitere Erwartung: dass ein dichtes Beziehungsgeflecht die eigenen Einflussmöglichkeiten erhöhen und die kooperative Regelung anstehender bilateraler oder regionaler Probleme erleichtern würde. Unterfüttert war dieser kooperative Ansatz durch die in Ostasien stationierten Streitkräfte.

Als Präsident George W. Bush (2001–2009) sein Amt antrat, schien es, als neige er, wie manche Republikaner im Kongress, zu einer Politik der Eindämmung Chinas. So sprach er denn auch von China als „strategischem Konkurrenten" („strategic competitor"). Das war eine deutliche rhetorische Abgrenzung zur „strategischen Partnerschaft", die Präsident Clinton angestrebt hatte. Doch bald wich diese Ausrichtung einem pragmatischen, die Notwendigkeit der Zusammenarbeit betonenden Ansatz. Zum einen machte die elf Tage dauernde „Spionageflugzeugkrise" – ein amerikanisches Aufklärungsflugzeug kollidierte mit einem chinesischen Flugzeug und musste auf chinesischem Territorium notlanden, die Besatzung wurde interniert – vom April 2001 deutlich, wie wichtig stabile Beziehungen sind. Zum anderen veränderten die Terroranschläge vom 11. September 2001 die Bedrohungswahrnehmung und schienen die Grundlage für eine gegen die terroristische Bedrohung gerichtete Großmachtkooperation zu schaffen.[16]

Die Bush-Administration verfolgte eine zweigleisige Strategie, die politische Kooperation und wirtschaftliche Integration mit einer intensivierten strategischen Absicherung gegenüber einem militärisch erstarkenden China zu verbinden suchte.[17] Ein starkes, prosperierendes, friedliches China wurde erklärtermaßen begrüßt, aber mit seinem politischen Wandel in Richtung größere Freiheiten und Demokratie verknüpft – eine Entwicklung, die jedoch keineswegs als sicher galt. Es ging nun nicht mehr allein um die Integration Chinas in das internationale System, sondern um die Frage, ob China darin zu einem „verantwortungsbewussen Akteur" („responsible stakeholder") würde. Es galt aus Sicht der Bush-Administration, die seit drei Jahrzehnten verfolgte Politik der Integration zu transformieren. Ein „verantwortungsbewusster Akteur" zeichnete sich nach deren Sicht dadurch aus, dass er Verpflichtungen einhält und mit den USA und anderen Staaten im Rahmen des bestehenden internationalen Systems zusammenarbeitet, das heißt: sich an die rechtlichen Spielregeln der internationalen Wirtschaft hält, beim Streben nach Sicherung der Energieversorgung keine merkantilistische, problematische Staaten stützende Politik verfolgt und kooperativ zur internationalen Stabilität und Sicherheit beiträgt.

Gleichzeitig sahen die Sicherheitspolitiker in Washington in China jenen Staat, der das größte Potenzial hatte, sich zu einem militärischen Rivalen zu entwickeln und die traditionelle amerikanische Überlegenheit durch die technologische Modernisierung seiner Streitkräfte zu konterkarieren. Die Modernisierung der chinesischen Streitkräfte hatte sich nach amerikanischer Einschätzung seit Mitte/Ende der 1990er Jahre beschleunigt und zielte auf die Fähigkeit zur Machtprojektion in Asien. Politisch rechneten die amerikanischen Verteidigungsplaner damit, dass China in der Zukunft versucht sein könnte, seine Militärmacht als Drohpotenzial zu nutzen oder auch tatsächlich zur Durchsetzung eigener Interessen einzusetzen.

Der Aufbau amerikanischer Abwehrsysteme gegen Raketen und Marschflugkörper aller Reichweiten, die Bewahrung der Luftüberlegenheit zur Abwehr fortgeschrittener Bedrohungen, verbesserte Fähigkeiten zur Unterwasserkriegsführung, der Ausbau der Überwasserflotte – all diese amerikanischen Rüstungsprogramme ergaben Sinn nicht nur, aber vor allem auch mit Blick auf die erwartete weitere Modernisierung der chinesischen Streitkräfte. Mit der veränderten Wahrnehmung Chinas – dem rasanten Aufstieg, der militärischen Modernisierung und dem globalen Ausgriff des Landes – wurde das Element der Risikoabsicherung in der Politik der Bush-Administration deutlich ausgeprägter als früher.

Präsident Barack Obama (2009–2017) setzte die zweigleisige, Kooperation und Risikoabsicherung verbindende Chinapolitik fort.[18] Nichts zeigt die zentrale Rolle Chinas und die Bedeutung Asiens in der außenpolitischen Konzeption der Obama-Administration deutlicher als die Tatsache, dass die erste Auslandsreise von Außenministerin Hillary Clinton nicht, wie es unter ihren Vorgängern Tradition war, nach Europa führte, sondern nach Asien. Die Obama-Administration wollte die Zusammenarbeit mit China ausbauen – und das nicht nur bei den Themen, die wie die Handelsfragen die Beziehungen zwischen den beiden Staaten unmittelbar berührten, sondern auch bei regionalen und internationalen Problemen und Konflikten, darunter die Nuklearrüstung Nordkoreas, der Klimawandel und die Finanzmarktkrise. Seinen institutionalisierten Niederschlag fand der Wunsch nach umfassender Zusammenarbeit mit China im sogenannten U.S.-China Strategic and Economic Dialogue (S&ED), den Barack Obama und Chinas damaliger Staatspräsident Hu Jintao auf den Weg brachten, aufbauend auf dem Strategic Economic Dialogue, den die Bush-Administration ins Leben gerufen hatte. Dieses viele Ministerien und Behörden einbeziehende institutionalisierte Dialogformat erbrachte zwischen 2010 und 2016 einige Erfolge in Bereichen, in denen die USA und China überlappende Interessen hatten: besonders bei der Stabilisierung des internationalen Finanzsystems nach der weltweiten Finanzmarktkrise, bei Maßnahmen zum Klimaschutz sowie bei der Zusammenarbeit von Sicherheits- und Zollbehörden.[19]

Mehr Kooperation mit China, aber zugleich Stärkung der amerikanischen Position im pazifischen Asien – das war der Ansatz, den die Obama-Administration verfolgte. Deutlicher Ausdruck der amerikanischen Entschlossenheit, eine asiatisch-pazifische Macht zu bleiben und eine regionale Vorherrschaft Chinas nicht zu akzeptieren, war das sogenannte „rebalancing" der amerikanischen Außenpolitik in Richtung Asien. Hierunter sind eine Stärkung des Allianzsystems in der asiatisch-pazifischen Region, intensivere Beziehungen mit dortigen Staaten wie Indien und Vietnam, mehr „engagement" in regionalen Organisationen und vertiefte wirtschaftliche Integration durch die Transpazifische Partnerschaft (Trans-Pacific Partnership, kurz TPP) zu verstehen. Bei der TPP handelt es sich um ein Freihandelsabkommen mit dem Ziel, Zölle und nichttarifäre Handelshemmnisse für Güter, Dienstleistungen und landwirtschaftliche Produkte abzubauen. Nach acht Jahre währenden Verhandlungen wurde dieses Abkommen zwischen den USA und elf asiatisch-pazifischen Staaten (Australien, Brunei, Kanada, Chile, Japan, Malaysia, Mexiko, Neuseeland, Peru, Singapur, Vietnam) im Februar 2016 unterzeichnet.[20] Aus Sicht der Obama-Administration war die TPP ein Instrument, um Chinas hegemoniale Ambitionen zu begrenzen. Sollten die anderen asiatischen Staaten wirtschaftlich zu abhängig von der Volksrepublik China werden, wüchse deren politischer Einfluss in der Region – so lautete das Kalkül.[21]

Bereits unter Präsident Obama hatte die Rede von der Ära neuer Großmachtkonflikte und dem angeblichen Fehlschlag der bisherigen Politik eingesetzt. Anders als im Zuge der „engagement"-Politik erhofft, wurde China nicht zu einer Macht, die sich als „verantwortungsbewusster Akteur" in das von den USA geführte internationale System einordnet. Auch kam es nicht zu einer politischen Liberalisierung.[22] Der Topos eines „durchsetzungsstarken, eines selbstbewussten China" („assertive China") prägte fortan den amerikanischen Diskurs.[23] Mehr als alles andere trug der auf fragwürdigen Argumenten beruhende, aggressiv vorgetragene chinesische Souveränitätsanspruch über große Teile der Südchinesischen See zu einer veränderten Wahrnehmung der Außenpolitik Pekings bei (mehr dazu in Kapitel 3.1. ab S. 96). Unter Präsident Obama suchte das Weiße Haus den Diskurs einzuhegen und wies das Pentagon an, den Begriff „Großmächtekonkurrenz" („great power competition") nicht zu verwenden: Denn dies könne den Eindruck erwecken, die USA und China befänden sich geradezu unvermeidlich auf Konfrontationskurs.[24]

1.3 Chinas Weg zur Weltmacht

In den 1980er Jahre waren die USA und China mit Blick auf die Sowjetunion „Quasiverbündete". Das änderte sich aus Pekinger Sicht in den Jahren 1989 bis 1991, in denen drei für die chinesische Führung „traumatische" Ereignisse zusammenkamen: die nicht allein auf Peking beschränkte Protestbewegung, die die Führung unter Deng Xiaoping auf dem Platz des Himmlischen Friedens gewaltsam niederschlagen ließ, der Zweite Golfkrieg 1990/91 und der Zusammenbruch der Sowjetunion im Jahr 1991: „Die Proteste auf dem Platz des Himmlischen Friedens erinnerten Peking an die amerikanische ideologische Bedrohung, der rasche Sieg im Golfkrieg an die amerikanische militärische Bedrohung und der Verlust des gemeinsamen sowjetischen Gegners an die amerikanische geopolitische Bedrohung."[25]

In der chinesischen Bedrohungswahrnehmung ersetzten die USA nun die Sowjetunion. Für Deng Xiaoping und die chinesische Führung hatten die USA die oppositionellen Kräfte in China ermuntert; die USA wollten – so die Sicht Pekings – Länder in ihre Einflusssphäre bringen, über die sie bislang keine Kontrolle ausüben konnten. Dengs Nachfolger Jiang Zemin sprach 1998 davon, es sei einerlei, ob die USA eine Politik der Eindämmung oder des „engagement" betrieben – ihr zentrales Ziel sei es, das sozialistische System in China zu verändern und das Land in das westliche kapitalistische System einzugliedern.[26]

Für die kommunistische Führung Chinas war die US-Politik des „engagement" eine „Falle". Aus ihrer Sicht ging es den USA um die Beendigung der kommunistischen Herrschaft. Die Vorteile zu nutzen, die sich aus der Verdichtung der wirtschaftlichen Beziehungen ergaben, gleichzeitig die politischen Auswirkungen im Inneren in Schach zu halten – dies war der Ansatz, den die chinesische Führung verfolgte.[27] Auch wenn es nicht immer so offen ausgesprochen wurde wie später von Xi Jinping – die USA und ihre Verbündeten galten bereits damals als Gegner Chinas, die das Land schwächen wollten. Eindämmung und Subversion – das war und ist aus chinesischer Sicht das Bestreben der USA.[28]

Zunächst ging es der chinesischen Führung darum, die Risiken zu verringern, die sich aus der amerikanischen Außenpolitik für China und die wirtschaftliche Entwicklung und Autonomie des Landes ergeben konnten, und entsprechend eine konfrontative Politik zu vermeiden. China – so lautete damals die Botschaft – war eine „verantwortungsvolle Macht", von der keine Gefahr ausgehe. Diese Botschaft war vor allem an die USA gerichtet, schließlich war sich Peking der Risiken bewusst, würden die USA als vorherrschende Macht den Aufstieg Chinas als Bedrohung wahrnehmen.[29]

In den Jahren zwischen 2006 und 2009, also bereits unter Hu Jintao (2002–2012), begann eine Entwicklung, in deren Rahmen China auf Konfrontationskurs mit den USA ging.

China, das war das Ziel der 2006 eingeleiteten neuen Industriepolitik, sollte sich zu einer technologischen Supermacht entwickeln. Vor den Olympischen Spielen 2008 in Peking zog die
Partei die Zügel im Inneren an und verstärkte die Kontrolle über
die Medien. In der Außenpolitik zeichnete sich eine Wende von
der bisherigen Linie strategischer Zurückhaltung und Vorsicht
ab, die die chinesische Außenpolitik nach Mao bestimmt hatte: nämlich Konflikte zu vermeiden, die Chinas wirtschaftliche
Entwicklung, die innenpolitische Stabilität des Landes und dessen „friedlichen Aufstieg", wie es hieß, gefährden könnten.

Chinas neues außenpolitisches Selbstverständnis und die
damit verbundenen Ansprüche brachte der damalige Außenminister Yang Jiechi 2010 beim Treffen des Association of Southeast Asian Nations (ASEAN) Regional Forum wie folgt auf den
Punkt: „China ist ein großes Land, und andere Staaten sind kleine Länder, und das ist eben eine Tatsache."[30] Aus chinesischer
Sicht war die Zeit gekommen, unverhohlen den Führungsanspruch der Volksrepublik geltend zu machen. Schließlich hatte
die internationale Finanzmarktkrise im Jahre 2008 vor Augen
geführt, wie wichtig China für das weltweite Wirtschaftssystem
war. Das Land kam mit einem massiven staatlichen Ausgaben-
programm gut durch die Krise. Die Schwächen des westlichen
Finanzsystems waren deutlich geworden. Das relative Macht-
verhältnis zwischen den USA und China hatte sich – so zumindest die Wahrnehmung der chinesischen Führung – zugunsten
Chinas verändert.[31] Nicht mehr länger galt die Leitlinie, wie
Deng Xiaoping sie formuliert hatte: „Zurückhaltung üben, bis
die Zeit gekommen ist".[32]

Dass Chinas Führung ambitionierte Pläne hegt, ist das eine.
Ob diese Pläne Jahrzehnte im Voraus entworfen und dann in
einer koordinierten Form eins zu eins umgesetzt wurden, ist das
andere. Nach Auffassung von Michael Pillsbury, einem China-

spezialisten, der die Trump-Administration beriet, soll China bereits 1950 den Plan gefasst haben, die USA binnen 100 Jahren als globale Supermacht abzulösen.[33] Für den Chinaexperten Rush Doshi, unter Biden im Nationalen Sicherheitsrat tätig, geht die chinesische Großstrategie (grand strategy) mit dem Ziel, die USA als Führungsmacht zu verdrängen, zunächst regional, dann global, hingegen auf die frühen 1990er Jahre zurück.[34] In beiden Fällen kommt möglicherweise die verbreitete Fehlwahrnehmung ins Spiel, das Verhalten anderer Staaten als „zentralisierter, geplanter und koordinierter zu sehen, als es ist".[35]

Die „große Erneuerung der chinesischen Nation" ist die Mission, der sich die Kommunistische Partei verschrieben hat. Das steht ganz in der nationalistischen Tradition von Sun Yat-sen, dem Begründer der chinesischen Republik, der dieses Thema Ende des 19. Jahrhundert propagiert hatte. Wenn vom chinesischen Traum und der Erneuerung Chinas die Rede ist, dann liegt dem das „Opfernarrativ" zugrunde, dass das einstmals mächtige China im 19. Jahrhundert durch die westlichen imperialistischen Mächte gedemütigt wurde.[36] Der Zeithorizont für das Erreichen der „großen Erneuerung" bis Mitte des 21. Jahrhunderts, zum hundertjährigen Bestehen der Volksrepublik, reicht in die 1980er Jahre zurück. China will zu einer weltweiten Führungsmacht mit einer erstklassigen Armee werden, zu einer Führungsmacht, die eine „Gemeinschaft mit einer gemeinsamen Zukunft für die Menschheit" („community with a shared future for mankind") aufbauen werde. So deutlich sprach dies erst Xi Jinping auf dem 19. Parteikongress im Jahr 2017 aus.[37] Unter Xi Jinping geht es „Peking nicht mehr darum, China oder die Kommunistische Partei des Landes an internationale Normen und Regeln anzupassen – vielmehr will man die Welt und ihre Ordnung mit chinesischen Vorstellungen in Einklang bringen. China unter Xi Jinping strebt danach, die Weltpolitik in einem chinesischen Sinne zu formen."[38] China arbeitet an der Veränderung des internationalen Systems, eines Systems, in dem die USA nicht länger als hegemoniale Macht, gestützt auf Bündnissysteme, die bestehende Ordnung absichern.[39] Bei den wolkigen Vorstellungen einer „Gemeinschaft mit einer gemeinsamen Zukunft für die Menschheit", in der Staaten in Harmonie und wechselseitig fruchtbringender Zusammenarbeit verbunden sind,[40] handelt es sich für manche Chinakenner um die Wiederlebung einer traditionellen chinesischen Ordnungsvorstellung (Tianxia – chinesisch für „unter dem Himmel"), deren imperiale und hierarchische Ausrichtung in wohlklingender Rhetorik verpackt wird.[41]

Chinas Ambitionen, internationale Organisationen im Sinne der eigenen Vorstellungen zu beeinflussen und zu formen, wurden im November des Jahres 2014 deutlich erkennbar. Damals sprach Xi Jinping auf einer Parteikonferenz davon, dass sich China in der Auseinandersetzung um die Zukunft der internationalen Ordnung aktiv beteiligen und nach Ergebnissen streben solle. Die neue Strategie mit Blick auf multilaterale Institutionen war und ist zweigleisig angelegt. Zum einen geht es darum, Chinas Einfluss in bestehenden Institutionen auszuweiten, sei es durch eine Erhöhung des chinesischen Anteils an ihrer Finanzierung, sei es durch diplomatische Initiativen im Rahmen bestehender Organisationen, sei es durch die Besetzung von Führungspositionen durch Chinesen: in der Ernährungs- und Landwirtschaftsorganisation der Vereinten Nationen (engl. Food and Agriculture Organization, kurz FAO) in den Jahren 2019–2023, der Internationalen Fernmeldeunion (engl. International Telecommunication Union – ITU) 2015–2023, der Organisation der Vereinten Nationen für industrielle Entwicklung (engl. United Nations International Development Organization, kurz UNIDO) 2013–2021 und der Internationalen Zivilluftfahrtorganisation (engl. International Civil Aviation Organization, kurz ICAO) 2015–2021. Dazu gehört auch, in die Expertenausschüsse solcher Organisationen in großer Zahl Chinesen zu entsenden, um die Entwicklung von Normen und Standards zu beeinflussen, was konkrete Auswirkungen auf die wirtschaftliche Wettbewerbsfähigkeit in neuen Technologiebereichen haben kann.[42] Zum anderen hat China neue Institutionen ins Leben gerufen: Im wirtschaftlichen Bereich ist die Belt and Road Initiative (BRI) zu nennen, die in Deutschland auch als „Neue Seidenstraßen-Initiative" bekannt ist, der Silk Road Fund, die Asian Infrastructure Investment Bank sowie im sicherheitspolitischen Bereich die Shanghai Cooperation Organization und die Conference on Interaction and Confidence-Building Measures in Asia (CICA). Es sind Institutionen, in denen China die zentrale Rolle einnimmt und denen die USA nicht angehören.[43]

1.4 Machtübergangstheorien als Deutungsrahmen

Die durch Chinas Aufstieg ausgelöste machtpolitische Dynamik in Asien und zunehmend auch weltweit ist der große geopolitische Umbruch, mit dem die USA seit geraumer Zeit konfrontiert sind.[44] Ob und, wenn ja, wann China die USA wirtschaftlich und militärisch einholen oder sie gar überholen, ist indes keineswegs ausgemacht. Chinesische Statistiken sind nicht vertrauenswürdig, Fortschreibungen bisheriger Trends problematisch.[45] Doch die amerikanische Debatte über den Umgang mit China konzentriert sich geradezu obsessiv auf die wachsenden wirtschaftlichen und militärischen Machtressourcen des Landes.

Der Blick in den USA richtet sich besonders auf Chinas enormes wirtschaftliches Wachstum, gemessen am Bruttoinlandsprodukt (BIP) oder an untergeordneten Indikatoren, etwa Handels- und Finanzflüssen. Nun geben die Höhe des BIP, der Umfang der Militärausgaben oder der Composite Indicator of National Capability (CINC), der weitere Indikatoren wie die demografische Stärke eines Landes berücksichtigt, keine wirklich verlässliche Auskunft über die tatsächlichen Machtressourcen einer Nation. Legt man diese Daten zugrunde, wäre China Mitte des 19. Jahrhunderts eine Supermacht gewesen, doch im Land selbst gilt diese Zeit weithin als Beginn des „Jahrhunderts der Erniedrigung". Kritiker argumentieren, die einseitige Verwendung dieser Indikatoren führe dazu, das Machtpotenzial bevölkerungsreicher Staaten zu überschätzen. Zieht man von diesen Bruttoressourcen die tatsächlichen Produktionskosten (Inputs plus negative externe Effekte) sowie die Ausgaben für Sozialwesen und (innere) Sicherheit ab, sieht die Nettoeinschätzung ganz anders aus. Dann wird deutlich, dass die USA wirtschaftlich und militärisch weit überlegener sind, als es in der amerikanischen Debatte um den Aufstieg Chinas und den relativen Niedergang der USA suggeriert wird. Folgt man dieser Sicht, dann bleiben die USA, gemessen an ihren Machtressourcen, noch für lange Zeit unangefochten.[46] China mag noch weiter wirtschaftlich wachsen, jedoch, wie es scheint, nicht mehr in dem Maße, wie es über die letzten vier Jahrzehnte der Fall war: Die Wachstumsrate lag im Durchschnitt bei 9,1 Prozent jährlich.[47] Es ist bereits vom Ende des chinesischen „Wirtschaftswunders" die Rede.[48] Mancher Einschätzung nach folgt wegen der massiven Überalterung der Bevölkerung nach dem Jahr 2050 dem Aufstieg schnell der Niedergang.[49] Chinas Bevölkerung beginnt zu schrumpfen, nachdem sie 2021 mit 1,4 Milliarden Menschen den Höchststand erreicht hatte. Schätzungen zufolge soll die Bevölkerungszahl bis zur Mitte des Jahrhunderts um 200 Millionen sinken. Die Renten für die wachsende Zahl der Ruheständler werden sich zu einer beträchtlichen finanziellen Belastung entwickeln.[50]

Wie auch immer man Chinas weitere Entwicklung einschätzt – das Land ist eine Großmacht mit weltweiten Interessen, und daran ändern auch geringere Wachstumsraten nichts. Aller historischen Erfahrung nach ist es keine leichte Aufgabe, eine aufstrebende Großmacht in das internationale System zu integrieren. In ihrem Bemühen um Rohstoffe, Märkte und Militärstützpunkte tendieren solche Staaten dazu, ihre Aktivitäten auszuweiten und dabei Konflikte mit anderen Mächten auszulösen, selbst wenn sie keine aggressive, revisionistische oder risikobereite Außenpolitik betreiben.[51] So hat China vor allem im Zuge der Belt and Road Initiative seine Aktivitäten und Unternehmungen auf zahlreiche Länder ausgedehnt. Um die getätigten Investitionen sowie die See- und Landverbindungen zu sichern, dürfte China seine Machtprojektion verstärken.[52]

Der Ausbau der chinesischen Flotte fordert die Seemacht USA und ihre „maritime Hegemonie" heraus.[53] Manchmal kann man den Eindruck gewinnen, dass China in der amerikanischen Debatte bereits eine gigantische militärische Bedrohung darstellt. China habe – so ist es aus dem Pentagon zu vernehmen –, gemessen an Schiffen, die größte Flotte der Welt. Doch gemessen an der Tonnage – amerikanische Kriegsschiffe sind größer –, ergibt sich ein anderes Bild: ein Verhältnis 2 : 1 für die USA. Doch derartige Angaben sind ohnehin wenig aussagekräftig mit Blick auf das militärische Kräfteverhältnis. Für eine aufsteigende Macht ist Chinas militärischer Ausbau im historischen Vergleich „relativ zurückhaltend", wie ein renommierter amerikanischer Militärexperte schrieb, der für eine nüchterne Bewertung der Herausforderung durch China wirbt und vor Überreaktionen warnt.[54]

Machtverschiebungen bergen beträchtliche Risiken für die Stabilität des internationalen Systems, sofern die aufsteigende Macht und die bisherige Vormacht sich nicht über Führung und Ordnung verständigen können. Dies gilt zumindest dann, wenn man zwei in der realistischen Sicht internationaler Politik verankerten Theorien folgt: der Machtübergangstheorie (power transition theory) und der Zyklentheorie. Beide sind moderne Varianten einer Deutung, die auf den antiken Strategen und Historiker Thukydides zurückgeht. Er interpretierte den Peloponnesischen Krieg, der im 5. Jh. v. Chr. ausgetragen wurde, als unvermeidliches Ergebnis des „Machtzuwachses der Athener, der den Spartanern Furcht einflößte und sie zum Krieg zwang".[55] Thukydides gilt damit als Begründer der Theorie „hegemonialer Kriege".[56] So wird in heutigen Machtübergangstheorien eine in etwa gleiche Machtverteilung als kriegsauslösend gesehen, eine ungleiche dagegen als friedensfördernd.[57] Dahinter steht die Annahme, dass Gefälle in der wirtschaftlichen, sozialen und politischen Modernisierung zwischen Staaten die Machtverteilung verändern und dass die Wahrscheinlichkeit eines Krieges dann am größten ist, wenn ein nicht saturierter Herausforderer sich mit seiner militärischen Macht dem führenden Staat im internationalen System annähert. Strittig ist, ob eher der Herausforderer zu den Waffen greift oder die führende Macht einen Präventivkrieg beginnt.[58] Die Machtübergangshypothese findet sich auch in jenen historisch-strukturellen Theorien, die die Entwicklung des neuzeitlichen Staatensystems aus zyklischen Prozessen zu erklären suchen. Hegemoniale Kriege, also jene zwischen einer Hegemonialmacht und einem Herausforderer über die Führung und Ordnung des internationalen Systems, ergeben sich demnach aus dem Ungleichgewicht zwischen der politischen Ordnung des internationalen Systems und der tatsächlichen Machtverteilung, die sich im Laufe der Geschichte aufgrund ungleicher Wachstumsprozesse ändert.[59]

Varianten der Machtübergangstheorie sind in der amerikanischen Debatte vielfach zu finden und prägen den Blick auf den Aufstieg Chinas.[60] Auch im chinesischen Diskurs sind sich zahlreiche Akteure der Risiken gewahr, die mit Pekings Machtzuwachs einhergehen. Wie der amerikanische Expertendiskurs ist die Diskussion in China ebenfalls von Machtübergangsvorstellungen gekennzeichnet.[61] In der dortigen strategischen Debatte ist die Erwartung verbreitet, Amerika als das mächtigste Land der Welt werde seine Ressourcen nutzen, um Status und Privilegien zu bewahren und Chinas weiteren Aufstieg zu behindern.[62] Die sowohl in den USA als auch in China geführte Diskussion über die sogenannte Thukydides-Falle[63] zeugt vom beiderseitigen Bewusstsein für die Gefahren, die Chinas Aufstieg mit sich bringt.

In den Jahren der Präsidentschaft Obamas lautete der Grundtenor, wie er in einer Reihe öffentlicher Äußerungen zu vernehmen war: Wir haben die Risiken im Blick, die sich daraus ergeben, wenn eine aufsteigende Macht auf eine etablierte trifft. Auch hohe chinesische Regierungsvertreter bis hin zu Präsident Xi Jinping bekundeten wiederholt ihre Absicht, die Thukydides-Falle zu vermeiden.[64] Das Bewusstsein für die Risiken, die aus dem chinesischen Aufstieg und dem damit verbundenen Machtanspruch erwachsen, hat sich in der Rede von einem „neuen Typ von Großmachtbeziehungen" niedergeschlagen, der zwischen den USA und China anzustreben sei. Über dieses von Xi Jinping 2012 propagierte Konzept wird in China rege debattiert, doch fehlt ihm bisher die Substanz. Es bleibt auf einige vage Prinzipien beschränkt, namentlich den Verzicht auf Konfrontation, wechselseitigen Respekt für die (nicht näher bestimmten) Kerninteressen und Orientierung an beiderseitigem Nutzen.[65]

Machtübergangstheorien sind problematisch, ihr Erklärungswert ist strittig. Sie sind jedoch nicht bloß ein theoretisches, sondern ein auch „politisches Konstrukt".[66] In diesem Sinne fungieren sie als Deutungsrahmen (frame), beeinflussen Perzeptionen und sind politisch wirkmächtig. Mithilfe von Deutungsrahmen lassen sich Fakten in einen Zusammenhang stellen und der Strom der Ereignisse strukturieren. Deutungsrahmen dienen der Definition von Problemen und der Diagnose ihrer Ursachen. Sie enthalten Beurteilungsmaßstäbe ebenso wie Lösungen und tragen indes auch dazu bei, dass bestimmte Fragen und Probleme aus der Diskussion herausfallen. Auf diese Weise sind sie ein Mittel, um politische Realität zu schaffen.[67]

Konflikte, die in einzelnen Politikbereichen existieren und eher regionalen oder lokalen Charakter haben, summieren sich aus der Machtübergangsperspektive zu einem globalen Hegemonialkonflikt. Begrenzte Konflikte gewinnen eine tendenziell übersteigerte machtpolitische Bedeutung. In dem Maße, in dem die chinesische Politik das Machtübergangskonstrukt in den USA nährt und stärkt, kann sich daraus möglicherweise eine Art selbsterfüllende Prophezeiung entwickeln. Zumindest kann das Konstrukt konfliktverhärtend wirken, wenn damit die Furcht einhergeht, China könne irgendwann in der Lage sein, die Spielregeln des internationalen Systems zu bestimmen.[68] Der Grund dafür ist, dass der Deutungsrahmen bereits die Erwartung enthält, eine aufsteigende Macht werde gleichsam automatisch die bestehende Ordnung infrage stellen. In welchem Maße und in welchem Sinne China tatsächlich eine revisionistische Macht ist, bedarf dann keiner weiteren differenzierten Diskussion mehr. Revisionismus kann revolutionär ausgerichtet sein, das heißt auf die Umwälzung der internationalen Normen, der Institutionen und der Statushierarchie abzielen. Er kann aber auch

reformistisch orientiert sein, also darauf abstellen, einige Institutionen und Normen zu verändern sowie den Status des
eigenen Landes zu erhöhen.[69] „Revisionistisch" ist ein Eti-
kett, das innen- wie außenpolitischen Zwecken dient, aber
kaum das gesamte Verhalten eines Staates beschreibt. Staaten
können sich auf manchen Gebieten am Status quo orientie-
ren, auf anderen revisionistisch agieren.[70]

So stellt auch China die derzeitige internationale Ordnung
nicht grundsätzlich infrage. Sie besteht ohnehin aus vielen Prinzipien, Normen und funktionalen Regimen, von denen China
manche unterstützt, andere ablehnt.[71] China agiert im Rahmen
bestehender internationaler Organisationen, vor allem des Systems der Vereinten Nationen (englisch United Nations, kurz
UN), und beharrt dabei auf einem traditionellen Verständnis
staatlicher Souveränität. Als ständiges Mitglied des UN-Sicher-
heitsrats mit Vetorecht genießt die Volksrepublik einen heraus-
gehobenen Status. Die UN bieten die Bühne, auf der sich China als ein Land profilieren kann, das multilateral orientiert und
an der Bewältigung globaler Probleme interessiert ist.[72] Allerdings lehnt China die amerikanisch-westliche Dominanz in anderen internationalen Institutionen ab – das gilt besonders für
den Internationalen Währungsfonds und die Weltbank – und
ist unzufrieden mit dem eigenen Status. Aus chinesischer Sicht
entspricht dieser nicht mehr der gewachsenen Macht des Landes und dem relativen Machtverlust der USA.[73] China unter Xi
Jinping will erklärtermaßen das System globaler Institutionen
verändern, dem es an Repräsentativität und Inklusivität man-
gele, wie es der chinesische Staatspräsident in seiner Rede vor
dem Weltwirtschaftsforum in Davos im Januar 2017 deutlich
aussprach.[74] Im Übrigen gelten die USA in China als revisionistische Macht, die seit Ende des Ost-West-Konflikts danach
trachte, die internationale Umwelt umzugestalten.[75]

1.5 Machtkonkurrenz als Narrativ der amerikanischen Chinapolitik

In den USA hat sich, wenn man offizielle Dokumente und Stellungnahmen der Trump-Administration zum Maßstab nimmt, die Perzeption eines durch und durch revisionistischen China durchgesetzt. Getrogen habe die Hoffnung, die Einbindung Chinas in internationale Institutionen und die internationale Wirtschaft werde das Land zu einem verlässlichen Partner machen. Vielmehr sei China (wie auch Russland) entschlossen, „eine Welt zu formen, die den US-Werten und -Interessen entgegengesetzt ist". Beide Mächte – China und Russland – machten den USA, wie es in der Nationalen Sicherheitsstrategie von 2017 hieß, deren „geopolitische Vorteile streitig und versuchen, die internationale Ordnung zu ihren Gunsten zu verändern".[76] Präsident Trump selbst sprach in seiner Rede zur Veröffentlichung der Sicherheitsstrategie von „einer neuen Ära der Konkurrenz".[77] Und wie es im Bericht des Verteidigungsministeriums zur Indopazifik-Strategie hieß, strebe China kurzfristig nach regionaler Hegemonie im indopazifischen Raum und längerfristig nach globaler Vorrangstellung.[78] China wolle, wie es Außenminister Pompeo formulierte, die „wirtschaftlich und militärisch vorherrschende Macht der Welt werden sowie seine autoritäre Gesellschaftsvision und seine korrupten Praktiken weltweit verbreiten".[79]

Nach Auffassung der Trump-Administration sollte der machtpolitische und ideologische Konflikt mit einem expansiven und autoritären China offensiv ausgetragen und die Beziehung zwischen den beiden Ländern im Sinne des „America First"-Prinzips neu gestaltet werden.[80] Offensichtlich betrachtete die Administration die Beziehung zu China ganz im Sinne einer „Nullsummenlogik".[81] Die Vorstellung, beide Seiten könnten von der Verdichtung der Beziehungen profitieren und Kooperation mit China könne im amerikanischen Interesse sein, lag der Administration fern. Sie brach mit der Grundlinie der bis dahin verfolgten amerikanischen Chinapolitik.

Machtkonkurrenz oder – wie es manchmal auch hieß – „strategische Konkurrenz" („strategic competition") wurde zum neuen Narrativ, in das die Politik gegenüber China eingebettet war.[82] Die Trump-Administration propagierte das konfrontative Machtkonkurrenznarrativ mit aller Entschiedenheit und bestimmte so die Chinadebatte auf jene einzigartige Weise, die „autoritativen Sprechern" wie einem Präsidenten und Mitgliedern seiner Administration möglich ist. Sie präsentierten eine Interpretation der Vergangenheit („Versagen der kooperativen Chinapolitik"), deuteten die gegenwärtige Situation („China macht den USA ihre Vormachtstellung streitig") und offerierten mit Blick auf die Zukunft eine strategische Handlungsanweisung („offensiver Austrag der Machtkonkurrenz mit allen Ressourcen").[83] Dies war nicht weniger als ein Paradigmenwechsel der amerikanischen Chinapolitik. Darin kamen Vorstellungen zum Durchbruch, die bis dahin nur am Rande des politischen Diskurses unter den „Chinafalken" zu finden gewesen waren, unter jenen China- und Sicherheitsexperten, die die „engagement"-Politik mit Skepsis gesehen, die aber auf höchster politischer Ebene kaum Gehör gefunden hatten.[84]

Unter Trump wurde die neue Chinapolitik zu einem „whole-of-government approach".[85] Dieser Ansatz hatte erklärtermaßen zwei Ziele: zum einen die Resilienz amerikanischer Institutionen, Bündnisse und Partnerschaften gegenüber der Volksrepublik China zu stärken; zum anderen Peking dazu zu „zwingen", Handlungen zu unterlassen, die grundlegenden Interessen der USA und ihrer Verbündeten schaden.

Vorbei waren die Zeiten, in denen Donald Trump den chinesischen Präsidenten pries und wie noch im Januar 2020 von den sehr guten amerikanisch-chinesischen Beziehungen schwadronierte, den besten seit Langem. Mit Blick auf die Wahlen im November 2020 startete die Trump-Administration eine orchestrierte Kampagne, in der sie China als Bedrohung für den American Way of Life stilisierte und nicht nur verbal, sondern auch mit einer Reihe von Maßnahmen eine harte Linie demonstrierte: Dazu zählen Sanktionen wegen der Internierung von Uiguren, wegen der Verabschiedung des Sicherheitsgesetzes für Hongkong, mit dem sich die Volksrepublik entgegen vertraglichen Verpflichtungen direkte Durchgriffsrechte auf die bis 1997 unter britischer Verwaltung stehende halbautonome Stadt verschaffte, Beschränkungen für chinesische Journalisten, die Schließung des chinesischen Konsulats in Houston und die Ausweisung der dortigen chinesischen Diplomaten wegen angeblicher Spionage. Eingebettet waren diese Schritte in eine Reihe von Reden führender Mitglieder der Administration – Reden, die in ihrer Zuspitzung kaum zu übertreffen waren und an die Rhetorik zu Beginn des Kalten Krieges mit der Sowjetunion erinnerten.[86]

Eingesetzt hatte diese Kampagne mit einer Rede von Sicherheitsberater Robert C. O'Brien im Juni 2020, in der die „Fehlkalkulation", China werde sich im Zuge der wirtschaftlichen Entwicklung des Landes und dessen internationaler Einbindung liberalisieren, zum „größten Fehlschlag der amerikanischen Außenpolitik seit den 1930er Jahren" erklärt wurde. Die marxistisch-leninistische Kommunistische Partei Chinas (KPCh) sei unter der Führung ihres Generalsekretärs Xi Jinping, der sich als „Nachfolger" Stalins verstehe, einer totalitären Ideologie verhaftet, in der das Individuum keinen eigenständigen Wert besitze. Die Partei wolle nicht nur die chinesischen

Bürger in ihrem Handeln und Denken kontrollieren, sondern die ganze Welt nach ihren Vorstellungen neu gestalten.[87]

FBI-Direktor Christopher Wray hob in seiner Rede am 7. Juli 2020 die ökonomische und sicherheitspolitische Bedrohung hervor, die von der chinesischen Regierung, der KPCh und ihren Spionage- und Einflussoperationen in den USA ausgehe, insbesondere mit Blick auf die wirtschaftliche und technologische Führungsrolle der USA. China, so seine Behauptung, wolle mit allen Mitteln die „einzige Supermacht der Welt" werden.[88]

Die Kommunistische Partei Chinas, so legte Justizminister William P. Barr Mitte Juli 2020 nach, wolle „das regelbasierte internationale System umstürzen und die Welt sicher für die Diktatur machen". Im Konflikt mit Peking gehe es darum, „ob die USA und ihre liberalen demokratischen Verbündeten weiter ihr Schicksal in der Hand behalten oder die KPCh und deren autokratische Tributpflichtige die Zukunft kontrollieren werden". Die Volksrepublik führe einen „wirtschaftlichen Blitzkrieg", um die USA als die herausragende Supermacht abzulösen. Sie bedrohe die technologische Führungsposition der USA und lege es darauf an, die „digitale Infrastruktur" der Welt zu dominieren. Auf dem Weg dahin plündere China die USA nicht nur aus, schlimmer noch: China nutze seinen wirtschaftlichen Einfluss, um die Vereinigten Staaten zu verändern, es wolle auch in den USA „ideologische Konformität" erzwingen und betreibe entsprechende Einflussoperationen. Amerikanische Unternehmen hätten sich dem Druck Pekings unterworfen, Hollywood etwa, aber vor allem die großen Technologiekonzerne, namentlich Google, Microsoft, Yahoo und Apple, seien zu „Schachfiguren chinesischen Einflusses" („pawns of Chinese influence") geworden. Über amerikanische Unternehmen, aber auch amerikanische Universitäten und Forschungseinrichtungen nehme China politischen Einfluss in den USA. Die KP Chinas stelle somit nicht nur eine Bedrohung für den American Way of Life dar, sondern auch für „Leben und Existenz" der Amerikaner insgesamt.[89]

Das alte Paradigma des, wie Außenminister Michael Pompeo es in seiner Rede vom 23. Juli 2020 bezeichnete, „blind engagement" sei zu überwinden. Die „totalitäre Ideologie" sei der Nährboden für das chinesische Streben nach „globaler Vorherrschaft". Amerika könne daher nicht mehr länger die „ideologischen Differenzen" ignorieren. Das heutige China sei kein „normales Land". So sei der Zweck der Nationalen Volksbefreiungsarmee etwa nicht nur, die Herrschaft der Partei zu sichern, sondern auch den Umfang des „chinesischen Imperiums" zu erweitern. Im weiteren Verlauf seiner Rede unterschied Pompeo scharf zwischen der KP und der „freiheitsliebenden" chinesischen Bevölkerung. Am Ende bemühte sich der Außenminister, Optimismus auszustrahlen, die „freie Welt" werde gewinnen."[90]

Die rhetorische Zuspitzung und Ideologisierung des Konflikts mit China waren Teil von Trumps Wahlkampfstrategie. Der Präsident und seine Berater setzten offenbar darauf, das Thema China offensiv im Wahlkampf zu nutzen.[91] So wurde der Herausforderer Joseph Biden als „weich" und in seiner Haltung gegenüber China als nachgiebig angegangen. Als Biden die wirtschaftliche Konkurrenz durch China relativierte, schlug ihm heftiger Gegenwind auch aus dem eigenen Lager entgegen.[92] Zugespitzt hieß es in einem Wahlkampfspot von America First Action, einem für Trump agierenden politischen Aktionskomitee, das seine Wiederwahlkampagne unterstützte: Wer Peking stoppen wolle, müsse Biden stoppen.[93] Und wenn er, Trump, die Wahl nicht gewinne, so Präsident Trump im August 2020, werde China die USA „besitzen" und die Amerikaner würden Chinesisch lernen müssen.[94]

China ist, nimmt man die Rhetorik der Trump-Administration zum Maßstab, ein totalitärer Gegner, der auf nichts weniger abzielt als auf die Zerstörung des American Way of Life. Diese Einschätzung ist – worauf Kritiker in den USA hinweisen – genauso maßlos übertrieben, wie die Denunzierung der bisherigen „engagement"-Politik gegenüber China historisch fragwürdig ist.[95] Den amerikanischen Präsidenten von Nixon bis Obama ging es weniger um die Förderung von Menschenrechten und Demokratie, sondern zuallererst um den Schutz wirtschaftlicher und sicherheitspolitischer Interessen. Und damit waren die USA keineswegs erfolglos, weder wirtschaftlich noch sicherheitspolitisch.[96] Doch das Zerrbild einer in der Vergangenheit verfehlten, naiven Politik diente der Trump-Administration dazu, die zukünftigen Handlungsmöglichkeiten diskursiv einzuengen. Die ideologisch aufgeladene Rhetorik traf in den USA, einem zerrissenen Land mit Unsicherheit über seine künftige Rolle in der Welt, auf Resonanz. So war die Einstellung zu China in der amerikanischen Öffentlichkeit kritischer geworden. Im März 2020 hatten rund zwei Drittel der Amerikaner eine negative Meinung von China. Damit lag dieser Wert um 20 Prozent höher als zu Beginn von Trumps Amtszeit. Es war die schlechteste Bewertung Chinas, seit das Pew Research Center diese Frage 2005 zum ersten Mal gestellt hatte. Diese negative Sicht war unter republikanischen Wählern ausgeprägter als unter demokratischen, aber auch unter diesen erschien China mehrheitlich nicht in einem positiven Licht.[97] In einer Umfrage des Pew Research Center, die zwischen Mitte Juni und Mitte Juli 2020 durchgeführt wurde, äußerten sich bereits 73 Prozent ablehnend gegenüber China. Fast vier Fünftel der Befragten wiesen dem Land einen nennenswerten bis großen Anteil an Verantwortung für die weltweite Ausbreitung des Coronavirus zu. Ein Viertel der Amerikaner sah in der Volksrepublik einen Gegner, für fast drei Fünftel gilt sie als Konkurrent. Als Partner wurde sie nur von 16 Prozent betrachtet.[98]

Die harschen Töne aus den Reihen der Republikaner und die Serie von Sanktionen gegen China hatten nicht nur eine innenpolitische Funktion, sondern auch eine außenpolitische: Vielleicht nicht für den Präsidenten selbst, aber für wichtige Mitglieder seiner Administration ging es offensichtlich darum, die als Fehlschlag diskreditierte Politik des politischen, wirtschaftlichen und gesellschaftlichen „engagement" gegenüber China zu liquidieren und durch eine irreversible Konfrontation in den Beziehungen zu ersetzen, die im Fall der Wahlniederlage Trumps den Handlungsspielraum einer Biden-Administration einschränken würde. Durch die offensive Konfrontation und eine Rhetorik, die die Befürchtung der KPCh, die USA zielten auf einen Regimewandel in Peking, zu bestätigen schien, sollte China offenbar zu harten Reaktionen provoziert werden.[99]

In diesem Klima gab es keine politischen Anreize, sich der chinakritischen Grundstimmung entgegenzustellen und die Bedrohung durch China anders als in dunklen Farben zu malen. Insofern waren jene Außenpolitik- und Chinaexperten politisch eher marginalisiert, die auf die Gefahren einer rein konfrontativen Politik aufmerksam machten, die bisherige Chinapolitik keineswegs als Fehlschlag bewerteten und einer Verengung des Diskurses entgegenzuwirken versuchten. Ausdruck eines fundamentalen Unbehagens wegen der Entwicklung in der Chinapolitik war ein offener Brief an den Präsidenten und den Kongress, initiiert von einigen Chinaexperten und unterzeichnet von rund 100 weiteren Personen, darunter viele, die in früheren Administrationen mit China befasst waren. Sie rieten nachdrücklich davon ab, China als „wirtschaftlichen Feind oder existenzielle nationale Sicherheitsbedrohung" zu behandeln, der überall zu begegnen sei. Für übertrieben hielten sie die Befürchtung, China werde die USA als globale Führungsmacht ersetzen, sofern es dies überhaupt als realistisches oder erstrebenswertes Ziel ansehe.[100] Vertreter dieser Position, einer Art „smart competition", warnten davor, jegliche Kooperation mit China aufzugeben und chinesische Einflussgewinne überall verhindern zu wollen. Die bisherige amerikanische Politik in ihrer Mischung aus Kooperation, Abschreckung und Druck war aus dieser Sicht im Ganzen erfolgreich. Sie bedürfe jedoch einer Korrektur, einer Veränderung des Mischungsverhältnisses zugunsten von Druck und Abschreckung, um so auf Chinas stärker merkantilistische Wirtschaftspolitik und seinen wachsenden Durchsetzungswillen in der Außenpolitik zu antworten.[101]

Offensichtlich konnte sich die Biden-Administration dem Sog des Topos „competition" nicht entziehen. So hieß es bereits in der Interim National Security Guidance vom März 2021, dass es darum gehe „sich in der strategischen Konkurrenz mit China oder jeder anderen Nation durchzusetzen".[102] Zwei sicherheitspolitische Protagonisten im Weißen Haus, Sicherheitsberater Jake Sullivan und der Coordinator for Indo-Pacific Affairs Kurt Campbell, dürften über die Prominenz des Begriffes „strategische Konkurrenz" vielleicht nicht allzu glücklich gewesen sein. Schließlich hatten sie in einem 2019 erschienenen Artikel einiges Kritisches dazu geschrieben. Laut Sullivan und Campbell bestehe die Gefahr, dass die Konkurrenz zum Selbstzweck werde. Offen bleibe, wo diese Konkurrenz überall ausgetragen werden solle und was ihre Ziele seien. Aus ihrer Sicht ist Konkurrenz eher eine Realität, der es zu begegnen gelte – und kein Problem, das gelöst werden könne.[103] Nun sei unter Biden „competition" zum „vorherrschenden Paradigma" geworden, wie es Campbell formulierte, und Ziel sei, daraus eine „stabile, friedliche Konkurrenz" zu machen.[104] Die amerikanisch-chinesischen Beziehungen sind zwar im Kern kompetitiv, aber darin mischen sich, wie

Außenminister Antony Blinken anmerkte, Elemente der Konkurrenz, der Kooperation und der Gegnerschaft.[105]

China will, so wird es mittlerweile in Washington wahrgenommen, stärkste wirtschaftliche und militärische Macht der Welt werden und strebt eine weltweite Führungsrolle an. So heißt es in der Indopazifik-Strategie, die das Weiße Haus im Februar 2022 veröffentlicht hat: „Die VR China bündelt ihre wirtschaftliche, diplomatische, militärische und technologische Macht, während sie nach einer Einflusssphäre im indopazifischen Raum strebt und die einflussreichste Macht der Welt zu werden sucht."[106] Auch für Außenminister Blinken scheint es zweifelsfrei: „China ist das einzige Land, das sowohl die Absicht hat, die internationale Ordnung neu zu gestalten, als auch in zunehmendem Maße über die wirtschaftliche, diplomatische, militärische und technologische Macht verfügt, dies zu tun." China habe erklärtermaßen den „Ehrgeiz, eine Einflusssphäre im indopazifischen Raum zu schaffen und die führende Macht der Welt zu werden".[107] Die US-Geheimdienste sind, was die chinesischen Absichten angeht, etwas zurückhaltender in ihrer Formulierung: Sie sprechen von Xi Jinpings „Vision, China zur führenden Macht in Ostasien und zu einer Großmacht auf der Weltbühne zu machen".[108]

Aus Sicht der Biden-Administration ist China zu einer Herausforderung für die regelbasierte, auf liberalen Werten beruhende internationale Ordnung geworden, wie sie sich unter amerikanischer Führung herausgebildet hat. Nicht um die Eindämmung Chinas oder einen Regimewechsel geht es der Biden-Administration im eigenen Selbstverständnis, sondern um die Aufrechterhaltung der gewachsenen internationalen Ordnung. Nicht wirtschaftliche Entkopplung lautet das erklärte Ziel, sondern wirtschaftliche Interaktionen auf Basis von Reziprozität. Diese sollen indes gewisse Schranken haben: zum einen, was kritische Technologien und Investitionen angeht, zum anderen,

wenn Handel und Investitionen Repression und Menschenrechtsverletzungen in China begünstigen. Mit ihrer Chinapolitik wollen die USA Bedingungen schaffen, unter denen
die Koexistenz mit China amerikanische Interessen und Werte
begünstigt.[109] Aus Sicht der Biden-Administration handelt es
sich in den Beziehungen zu China um eine „langfristige Konkurrenz", für die Wege gefunden werden müssen, um „friedlich
zu koexistieren". Gleichzeitig gilt, wie Außenminister Blinken
es formulierte: „Wir wollen sicherstellen, dass sich in diesem
Wettbewerb – dem Wettbewerb um die Gestaltung dieser neu-
en Ära – unsere Vision durchsetzt."[110]

Eines ist auch unter Präsident Biden klar: Die USA wollen
Führungsmacht bleiben. Deshalb kommt es für die Biden-Administration zuallererst darauf an, dass die USA industriell und
technologisch fähig werden, „die weltweite Konkurrenz mit
China in den kommenden Jahren zu gewinnen".[111] Mit diesen
Worten warb Präsident Biden für sein breit angelegtes Inves-
titionsprogramm. Dass die Biden-Administration die Chinakarte gezogen hat – wenn auch mit beschränktem Erfolg bei
Republikanern im Kongress –, zeigt, wie sehr die Herausforderung durch China die amerikanische Politik prägt. Nicht ohne
Grund wird an den Sputnik-Schock erinnert, die Reaktionen
auf den Start von Sputnik 1, dem ersten künstlichen Erdsatelli-
ten, durch die Sowjetunion am 4. Oktober 1957: Damals hatten die Bedrohung durch die Sowjetunion und die Furcht, technologisch gegenüber dem Kontrahenten ins Hintertreffen zu
geraten, massive Investitionen der USA in Infrastruktur, Technologie und Forschung zur Folge.[112] Es war kein Zufall, dass
Präsident Bidens Gespräch mit Chinas Präsident Xi Jinping unmittelbar nach Unterzeichnung des Infrastructure Investment
and Jobs Act am 15. November 2021 stattfand. Es gebe eine
überparteiliche Entschlossenheit, die Machtposition der USA

zu stärken – so lautete die damit ausgesandte Botschaft, um der in China verbreiteten Wahrnehmung entgegenzuwirken, die USA seien im unaufhaltsamen Niedergang begriffen.[113] Denn wie es eine amerikanische Chinakennerin formulierte: „Das vorherrschende Narrativ in China ist, dass die Verschiebung im Gleichgewicht der Mächte bereits in vollem Gange und das Ergebnis unvermeidlich ist."[114]

Das amerikanische Narrativ der Machtkonkurrenz wird im chinesischen Diskurs eher als Kalte-Kriegs- und Nullsummenmentalität kritisiert, statt es sich zu eigen zu machen.[115] Die chinesische Regierung streitet jegliches Streben nach Hegemonie oder Durchsetzung von Einflusssphären ab. China werde, so heißt es, nicht den Weg beschreiten, den andere Großmächte eingeschlagen haben, als ihr Machtpotenzial wuchs: „In Zukunft wird China, egal wie stark es wird, niemanden bedrohen, keine Hegemonie anstreben oder Einflusssphären aufbauen. Die Geschichte hat bewiesen und wird weiterhin beweisen, dass China, wenn es stark wird, nicht den ausgetretenen Pfaden der Großmächte folgen wird, die nach Hegemonie streben, Hegemonie entspricht nicht Chinas Werten und nationalen Interessen."[116]

Bedroht ist das Weltmachtstreben Chinas durch die USA. Wie Wang Jisi, Präsident des Instituts für Internationale und Strategische Studien an der Universität Peking, schreibt: „In Peking herrscht die Meinung vor, dass die Vereinigten Staaten die größte externe Herausforderung für Chinas nationale Sicherheit, Souveränität und innere Stabilität darstellen." Aus chinesischer Sicht verfolgen die USA eine Strategie, China zu verwestlichen und aufzuspalten und daran zu hindern, sich zu einer Großmacht zu entwickeln.[117] Die chinesische Führung fürchtet die Unterminierung ihrer Herrschaft durch die USA und andere westliche Staaten. Gleichzeitig scheint sie überzeugt, dass das eigene Staats- und Gesellschaftsmodell das überlegene ist.[118]

2. Das amerikanisch-chinesische Konfliktsyndrom

Die Konflikte in den amerikanisch-chinesischen Beziehungen werden häufig als eine Art neuer Kalter Krieg gedeutet – oder zumindest dient dieser als Folie, um die Unterschiede dieser Konfliktkonstellation zur einstigen amerikanisch-sowjetischen zu zeigen.[1] Mit dem Kalten Krieg war ursprünglich eine historische Periode im Ost-West-Verhältnis gemeint, die Anfang der 1970er Jahre von der Entspannung abgelöst wurde, der Phase der Détente. Ende dieses Jahrzehnts kam es wieder zu einer Periode erhöhter Spannungen, damals mitunter als „zweiter Kalter Krieg" bezeichnet. Nach dem Zerfall der Sowjetunion war dann weithin vom Ende des Kalten Krieges die Rede. In der Tat enthalten die amerikanisch-chinesischen Beziehungen einige Elemente, die bei allen Unterschieden eine gewisse Analogie zum Kalten Krieg oder, analytisch präziser, zum Ost-West-Konflikt nahelegen, jenem Konfliktsyndrom aus ideologischem Antagonismus, Sicherheitsdilemma, Rüstungskonkurrenz und globaler Machtrivalität. Der Weltkonflikt mit der Sowjetunion war für die USA umfassender als für ihre Verbündeten. Und er unterschied sich von anderen Großmachtrivalitäten. Es war ein globaler Konflikt, dessen Ursachen sowohl in der bipolaren Struktur des internationalen Systems lagen als auch im Systemantagonismus zwischen den Repräsentanten zweier unterschiedlicher Ordnungsvorstellungen mit universalem Anspruch. Die bipolare Struktur des internationalen Systems stellte die USA nach 1945 zu einem gewissen Grad unvermeidlich in eine „Positionsfeindschaft" zur Sowjetunion. Dies wiederum akzentuierte die grundlegende „ideologische Feindschaft" zwischen liberaler Demokratie und totalitärer Diktatur.[2] Sosehr die amerikanisch-sowjetische Gegnerschaft unausweichlich gewesen sein mochte, so hätte der Konflikt sicherlich unterschiedliche Formen annehmen können.[3] Tatsächlich entwickelten sich aus einem Konflikt über die Einflussverteilung und politische Gestalt Europas und einer politischen Feindschaft eine Rüstungskonkurrenz und eine weltweite Machtrivalität – und damit ein vielschichtiges Konfliktsyndrom.[4]

Die Beziehungen zwischen den USA und der Sowjetunion waren nie allein durch Konflikte bestimmt gewesen, und diese wurden keineswegs ungeregelt ausgetragen. Aus dem gemeinsamen Interesse, einen die eigene Existenz bedrohenden Atomkrieg zu vermeiden, erwuchsen „primitive Klugheitsregeln", darunter insbesondere die Vermeidung direkter militärischer Konfrontationen.[5] Das gleiche Interesse zwang zur stillschweigenden oder offenen Kooperation in regionalen Konflikten.[6] Die Rivalität wurde zudem durch eine Vielzahl von Vereinbarungen im Bereich der Sicherheit gemildert, durch ein „unvollständiges Mosaik" solcher Regelungen in Europa, bei den strategischen Nuklearwaffen und in der Nonproliferationspolitik.[7] Doch der grundlegende politisch-ideologische Konflikt und die Machtrivalität setzten enge Grenzen für die verschiedenen Versuche der Annäherung: für die „begrenzte Entspannung" zwischen 1963 und 1968 und die daraus erwachsenden Umrisse eines Rüstungskontrollregimes, für die Détente zwischen 1969 und 1978 mit ihrer Erweiterung dieser Regelungen und schließlich für die umfassende Entspannung ab 1985, die alle Konfliktfelder erfasste, auch den Machtkonflikt im Globalen Süden. Bei den verschiedenen Perioden der Entspannung handelte es sich jedoch stets um Versuche, die Spannungen zwischen zwei Staaten zu verringern, deren antagonistische Interessen jeder Verständigung enge Grenzen setzten.[8]

Auch bei dem sich entwickelnden amerikanisch-chinesischen Weltkonflikt handelt es sich um ein vielschichtiges, mehrdimensionales Konfliktsyndrom mit eher rudimentären kooperativen Ansätzen, das strukturbildend für die internationale Politik wird. Doch im Unterschied zum amerikanisch-sowjetischen Weltkonflikt sind China und die USA wirtschaftlich eng verflochten.[9] Zwischen beiden Staaten hat sich eine „Verwundbarkeitsinterdependenz" („vulnerability interdependence") entwickelt.[10] Für China sind die USA der größte Abnehmer chinesischer Waren, für die USA rangiert China in dieser Hinsicht hinter Kanada und Mexiko. Durchschnittlich 19 Prozent der chinesischen Exporte hatten in der 2010er-Dekade die USA zum Ziel, acht Prozent der amerikanischen Ausfuhren flossen nach China. Der Anteil der Exporte am Bruttoinlandsprodukt ist in China höher als in den USA. Insofern sind die amerikanisch-chinesischen Handelsbeziehungen für China wichtiger als für die USA.[11] Zwischen den beiden Volkswirtschaften besteht zudem eine hochgradige „industrielle Interdependenz",[12] die sich seit den frühen 1990er Jahren als Folge einer revolutionären Veränderung in der Organisation industrieller Fertigung herausgebildet hat: Viele Produkte aus den USA enthalten Komponenten, die in China gefertigt wurden.

Wechselseitige Abhängigkeiten sind auch insofern entstanden, als China lange den größten Anteil an amerikanischen Staatsanleihen hielt, bis Japan es im Juli 2019 in dieser Rolle ablöste. Gelegentlich ist die Befürchtung zu hören, seine Position als wichtiger Gläubiger gebe China ein Druckmittel an die Hand. Doch aufgrund der wirtschaftlichen Interdependenz würde es sich auch auf China negativ auswirken, wenn das Land in großem Stil Schuldtitel abstieße. China braucht in Dollar gehaltene Währungsreserven, um den Kurs des Renminbi Yuan zu steuern. Zudem ließe der massive Verkauf von Staatsanleihen den Kurs des Dollar sinken – und damit auch den Wert der in chinesischer Hand verbleibenden Schuldtitel. Ohnehin ist zu erwarten, dass andere Staaten die Schuldtitel kaufen, wie das 2015 der Fall war, als China amerikanische Staatsanleihen im Wert von 180 Milliarden US-Dollar abstieß. Zudem entfallen nur etwa fünf bis sieben Prozent der amerikanischen Staatsverschuldung auf ausländische Gläubiger, davon wiederum etwa 20 Prozent auf China. Das US-Verteidigungsministerium kam daher nicht ohne guten Grund in einem Bericht vom Juli 2012 zu dem Schluss, die amerikanischen Staatsanleihen verschafften China kein Zwangsmittel und keine „Abschreckungsoptionen".[13]

2.1 Hegemonialkonflikt und neue Bipolarität

Dem amerikanisch-chinesischen Konflikt liegt eine regionale und globale Statusrivalität in einer sich herausbildenden bipolaren Struktur des internationalen Systems zugrunde. Als bipolar gilt gemeinhin die Zeit zwischen Ende des Zweiten Weltkrieges und der Auflösung der Sowjetunion. Auch wenn zwischen den USA und der Sowjetunion die Machtressourcen keineswegs gleich verteilt waren, so war der Abstand zwischen diesen beiden Staaten einerseits und weiteren Mächten andererseits beträchtlich. Versteht man Bipolarität in diesem Sinne der Machtverteilung im internationalen System, dann lässt sich in Bezug auf die USA und China von einer neuen Bipolarität sprechen, auch wenn zwischen den USA und der Volksrepublik keine Machtparität besteht.[14]

2.1.1 Der regionale geopolitische Konflikt

Ein Kerninteresse Chinas ist es, Bedrohungen an den Grenzen des Landes entgegenzuwirken. China grenzt an 14 Staaten. Und mit über 22 000 km ist die chinesische Landgrenze die längste der Welt. Hinzu kommen jene Staaten, mit denen maritime Grenzkonflikte bestehen. Großmächte streben danach, in ihrem Umfeld keinen anderen Staat mit großen Machtressourcen zu haben. Eine Großmacht, die keinen anderen Staat in ihrer Nachbarschaft fürchten muss und eine starke Rolle in seiner Einflusssphäre innehat, genießt ein hohes Maß an Sicherheit und hat günstige Voraussetzungen zur Machtprojektion außerhalb ihrer Region. Nun, das ist die Situation, in der sich die USA als vorherrschende Macht in der westlichen Hemisphäre seit Langem befinden. Dass China eine Einflusssphäre anstrebt und in dieser Hinsicht in die Fußstapfen der USA mit deren Monroe-Doktrin tritt, wird zwar offiziell geleugnet, entspricht aber dem Ansatz der chinesischen Strategie.[15] In Peking ist die Rede davon, dass Staaten in ihrer Nachbarschaft legitime „Sicherheitsanliegen" haben, die andere Staaten berücksichtigen sollten. Dass es da eine gewisse Überschneidung mit dem Konzept einer Einflusssphäre gibt, wird durchaus gesehen. Der Begriff „Einflusssphäre" ist jedoch mit Blick auf die eigene Außenpolitik im chinesischen Diskurs ein Tabu. Aus chinesischer Sicht sind Einflusssphären verbunden mit dem „Jahrhundert der Erniedrigung", mit Kolonialismus, Imperialismus und später dem Kalten Krieg.[16]

Solange die USA in der Region militärisch präsent sind und Bündnisse unterhalten, ist China nicht in einer so vorteilhaften Situation, wie es die USA in der westlichen Hemisphäre sind. Vielmehr muss die Volksrepublik damit rechnen, dass die USA mit ihren militärischen Mitteln eine Handelsblockade durchsetzen könnten.[17]

Eines ist aus vorherrschender amerikanischer Sicht keine strategische Option im Umgang mit einem erstarkenden China: eine chinesische Hegemonie, eine Pax Sinica hinzunehmen und zu akzeptieren, dass Staaten in der Region sich mehr und mehr an ein aufsteigendes China anlehnen und der amerikanische Einfluss in Asien schwindet. Denn seit Langem gibt es das grundlegende geopolitische Interesse der USA, die Hegemonie einer Macht in der Region zu verhindern. Dieses Interesse muss nur deshalb so selten ausgesprochen werden, weil es eine selbstverständliche, unhinterfragte Prämisse amerikanischer Weltpolitik ist.[18]

Die Veränderungen im internationalen Sicherheitsumfeld haben das traditionelle machtpolitische Kerninteresse der USA aktiviert, das sie in den 1940er Jahren unter dem Einfluss geostrategischen Denkens sowie der Politik der Achsenmächte Deutschland und Japan entwickelten: nämlich zu verhindern, dass eine oder mehrere feindliche Großmächte die Ressourcen Eurasiens kontrollieren und sich ein Machtpotenzial aneignen, das die amerikanische Überlegenheit gefährden könnte. Dieses Denken wurzelt in einem geopolitischen Realismus – und zwar im Sinne der klassischen Vorstellungen eines Alfred Thayer Mahan, eines Halford Mackinder und schließlich eines Nicholas Spykman. Eng verwandt mit dem realistischen, die Unveränderlichkeit von Machtpolitik betonenden Denken, rückt die geopolitische Sichtweise die machtpolitische Bedeutung bestimmter geografischer Regionen in den Mittelpunkt – und insbesondere die sicherheitspolitischen Konsequenzen, die sich ergeben könnten, sollten feindliche Mächte den eurasischen Kontinent beherrschen.[19] Dies war das Credo geopolitischen Denkens, das unter dem Einfluss der Eroberungspolitik der Achsenmächte in den 1930er und 1940er Jahren in den USA immer verbreiteter wurde und sich dann auf die Sicht des Konflikts mit der Kontinentalmacht Sowjetunion auswirkte. Würde eine feindliche Macht die Vorherrschaft über die industriellen Zentren Eurasiens erlangen, dann wären – dies war damals die Befürchtung – die USA gezwungen, ihr politisches und wirtschaftliches System zu verändern, um im globalen Machtkampf bestehen zu können.[20]

Die traditionellen Prinzipien amerikanischer Außenpolitik – nationale Selbstbestimmung und eine Politik der offenen Tür, also ein offener Zugang für die amerikanische Wirtschaft –, die sowohl den wirtschaftlichen Interessen als auch den Wertvorstellungen der USA entsprachen, gewannen vor dem Hintergrund der Erfahrungen der 1930er und 1940er Jahre eine große sicherheitspolitische Bedeutung. Bilateralismus und Autarkie in geschlossenen Wirtschaftsräumen – zwei wirtschaftliche Entwicklungen der 1930er Jahre – beeinträchtigten nicht nur den Zugang der amerikanischen Wirtschaft zu anderen Märkten. Eine derartige Politik hatte es Deutschland und Japan auch erlaubt, Ressourcen für den Krieg zu mobilisieren.[21]

Dieses geopolitische Denken hat beträchtliches Beharrungsvermögen entwickelt. So heißt es in einem 2016 vom Vorsitzenden des Streitkräfteausschusses im Repräsentantenhaus als Mitautor publizierten Plädoyer für die Bewahrung der Vormachtrolle: Das traditionelle Ziel, die Kontrolle einer feindlichen Macht über die Schlüsselregionen Europa, westlicher Pazifik und Persischer Golf zu verhindern, bleibe unverändert gültig.[22] Und in einer von den Joint Chiefs of Staff veröffentlichten Analyse, in der es um das künftige Sicherheitsumfeld und die Konsequenzen für die amerikanischen Streitkräfte geht, wird ausdrücklich auf tradiertes geopolitisches Denken zurückgegriffen. So wird Nicholas Spykman zitiert, der 1942 schrieb: Wenn die Landmassen der Alten Welt unter die Kontrolle weniger Staaten fielen, dann wären die USA politisch und strategisch eingekreist. Liest man das Dokument, bekommt man den Eindruck, dass zwei autoritäre Staaten, bewaffnet mit Atomwaffen, bereits die eurasische Landmasse beherrschen oder auf dem Weg dahin seien. Die beiden revisionistischen Staaten China und Russland sind aus dieser Sicht dabei, ihre Einflusssphären zu konsolidieren und so den Einfluss der USA zu begrenzen.[23]

Die Ablehnung geopolitischer Einflusssphären gehört seit Jahrzehnten zum Standardrepertoire der offiziellen außenpolitischen Rhetorik – durchaus im Unterschied zur Konzeption internationaler Ordnung, wie sie von Washington in den Planungen für die Zeit nach dem Zweiten Weltkrieg entworfen wurde. Denn die unter US-Präsident Franklin D. Roosevelt (1933–1945) konzipierte Ordnungsvorstellung beruhte darauf, dass die Großmächte für Frieden und Stabilität in ihren jeweiligen Einflussregionen sorgen sollten.[24] So waren die USA auch unter Roosevelts Nachfolger Truman bereit, der Sowjetunion besondere Sicherheitsinteressen in Osteuropa zuzugestehen und eine offene Einflusszone zu akzeptieren – jedoch keine geschlossene exklusive, in der die Sowjetunion feste Kontrolle über das politische System der Staaten in der Region ausübte und die USA wirtschaftlich ausgeschlossen blieben.[25] Die in der Folgezeit vorherrschende Ablehnung von Einflusssphären mag heuchlerisch erscheinen. Schließlich haben die USA traditionell in Lateinamerika eine Einflusssphäre beansprucht und nach dem Zweiten Weltkrieg in Europa und Asien Bündnissysteme geschaffen, die ihnen militärischen Zugang und politischen Einfluss garantieren. Allerdings handelt es sich dabei im vorherrschenden Verständnis nicht um Einflusssphären, unterdrücken die USA andere Staaten doch nicht, sondern schützen sie.[26]

Als die US-Administration unter George H. W. Bush zu Beginn der 1990er Jahre den strategischen Ansatz amerikanischer

Weltpolitik nach dem Ost-West-Konflikt auf den Weg brachte, wurde zwar die Idee diskutiert, ob man den beiden Großmächten Russland und China Einflusssphären zugestehen sollte. Doch wurde dies zugunsten einer strategischen Grundorientierung verworfen, die auf Bewahrung von Amerikas überlegener Position setzte und darauf abzielte, andere Mächte daran zu hindern, geopolitisch kritische Regionen zu dominieren. Die unipolare Welt unter Führung der USA sollte gesichert, das Entstehen einer multipolaren Welt samt dem damit befürchteten Risiko von Kriegen zwischen den Großmächten verhindert werden.[27]

Die in den USA vorherrschende Sichtweise setzt es mit Appeasement, mit einer Beschwichtigungspolitik, gleich, Einflusssphären anderer Großmächte zu akzeptieren. Dem liegt die Annahme zugrunde, nicht Sicherheit, sondern Machtstreben sei das treibende Motiv revisionistischer Staaten wie Russland und China, und der Anspruch auf Einflusssphären bilde nur einen Vorwand für Aggression. Insofern könnten solche Großmächte nie zufriedengestellt werden; man müsse ihnen früh entgegentreten, was in den 1930er Jahren bei Deutschland und Japan versäumt worden sei.[28] Einflusssphären autoritärer Mächte bedrohen aus einer solchen Sicht nicht nur die amerikanischen Wertvorstellungen, sie gefährden auch amerikanische Wirtschaftsinteressen, wenn in einer chinesischen Interessensphäre Peking vorherrschenden Einfluss erlangte. Eine in Einflusssphären von Großmächten aufgeteilte Welt würde, wie es in der amerikanischen Diskussion heißt, eine „große historische Errungenschaft der US-Außenpolitik untergraben: die Schaffung eines Systems, in dem Amerika die vorherrschende Macht in allen bedeutenden geopolitischen Regionen ist und in entscheidendem Maße Ereignisse gestalten und seine Interessen schützen kann".[29]

Aus dieser Sicht erlangen auch Konflikte, die nicht unmittelbar grundlegende amerikanische Interessen berühren, eine

Bedeutung, die weit über den Einzelfall hinausreicht: als Test für die amerikanische Entschlossenheit, China und Russland die schleichende Erweiterung ihrer Einflusssphären zu verweigern. In dieser Perspektive ist es geopolitisch wichtig, dass die USA sich der schrittweisen Durchsetzung des chinesischen Anspruchs auf Kontrolle über das Südchinesische Meer entgegenstellen – auch unter Inkaufnahme von Kosten und Risiken. Ansonsten wäre China ermutigt, auch andernorts den Status quo zu verändern; Staaten in der Region würden die Entschlossenheit der USA in Zweifel ziehen, sich dem chinesischen Vormachtanspruch entgegenzustellen, und in Versuchung geraten, den Schulterschluss mit dem aufsteigenden China zu suchen.[30]

Selten wird die ordnungspolitische Rolle von Einflusssphären positiv gesehen. Die Anerkennung von Einflusssphären ist keineswegs, so wird gelegentlich argumentiert, unvereinbar mit einer regelbasierten liberalen Ordnung; unvereinbar damit ist die Androhung oder Anwendung von Gewalt, nicht aber die Ausübung anderer Formen der Einflussnahme. Einflusssphären unter Ausschluss militärischer Gewalt können daher sehr wohl eine ordnungsstiftende, friedensbewahrende Funktion haben, indem sie das Risiko eines militärischen Konflikts zwischen Großmächten reduzieren.[31] Wer ihnen eine förderliche Funktion zuschreibt, ja die Anerkennung von Einflusssphären zwischen Großmächten geradezu als Voraussetzung für deren globale Kooperation sieht – weil sie so befreit sind vom ständigen Gefühl der Unsicherheit –, der kämpft gegen das dominante Narrativ in den USA.[32]

Im Selbstverständnis der tonangebenden außenpolitischen Eliten verstehen sich die USA nach wie vor als die Macht, deren führende Rolle weltweit und im indopazifischen Raum unverzichtbar ist. Der US-Kongress bekräftigte dieses Verständnis mit dem Asia Reassurance Initiative Act of 2018, der im Dezember

2018 verabschiedet wurde. Darin heißt es: „Ohne eine starke Führungsrolle der Vereinigten Staaten könnte das internationale System, das im Wesentlichen auf Rechtsstaatlichkeit beruht, zum Nachteil der Interessen der Vereinigten Staaten, der Region und der Welt verkümmern. Es ist unerlässlich, dass die Vereinigten Staaten weiterhin eine führende Rolle in der indopazifischen Region spielen, indem sie (A) Frieden und Sicherheit verteidigen, (B) wirtschaftlichen Wohlstand fördern und (C) die Achtung der grundlegenden Menschenrechte vorantreiben."[33]

2.1.2 Der globale Statuskonflikt

Die vorherrschende Sicht in Washington ist mittlerweile, dass China, von der wirtschaftlichen Verflechtung enorm profitierend, die USA als die weltweit führende Macht ablösen und das internationale System verändern wolle. In den offiziellen Pekinger Verlautbarungen bleibt es offen, ob China an die Stelle der USA als internationaler Hegemon treten will.[34] Es ist keineswegs ausgemacht, dass China dazu willens und in der Lage ist. Es gibt in China offenbar eine Debatte darüber, was das bedeuten und welche Kosten es nach sich ziehen würde, die USA als vorherrschende Macht zu ersetzen. Was klar ist: Die chinesische Führung will keine Unterordnung unter die USA, sie will das gegenwärtige internationale System zumindest verändern.[35]

Chinas Machtzuwachs hat in den USA die Angst entstehen lassen, den Status als international vorherrschende Supermacht und damit auch ein großes Maß an Kontrolle über Entwicklungen in der internationalen Politik zu verlieren.[36] Die USA verstehen sich nach wie vor als die unentbehrliche Führungsmacht, die, auf überlegene militärische und wirtschaftliche Machtressourcen gestützt, die Stabilität des internationalen Systems sichert. Dieses Selbstverständnis reicht in die Zeit nach 1945 zurück, als die USA nach den Erfahrungen der 1930er und 1940er Jahre entschlossen waren, die führende Rolle zu übernehmen, um eine stabile internationale Ordnung zu schaffen, in der das eigene liberal-kapitalistische System gedeihen konnte.[37] Die Hegemonie der USA – verstanden als die Fähigkeit der wirtschaftlich und militärisch führenden Macht, Regeln und Institutionen internationaler Politik in beträchtlichem Maße zu prägen – war selbst in der Zeit größter Machtfülle keineswegs umfassend, sondern regional und funktional begrenzt.[38] Für die amerikanische Hegemonie war charakteristisch, dass andere Staaten in die ordnungspolitischen Vorstellungen und in die normativen Ideen der USA eingebunden wurden.[39]

Die USA sehen sich mit China einer Macht gegenüber, die einen eigenen Führungsanspruch erhebt, eigene ordnungspolitische Vorstellungen vertritt und deren Vertreter vor Selbstbewusstsein strotzen. Letzteres kam sehr deutlich bei einem Treffen in Anchorage in Alaska im März 2021 zwischen Delegationen aus Washington und Peking zum Ausdruck, auf amerikanischer Seite unter Führung von Außenminister Antony Blinken und Sicherheitsberater Jake Sullivan, auf chinesischer Seite unter Führung des damaligen Außenministers Wang Yi und Yang Jiechi, Chinas Topdiplomat. Yang, als ehemaliger Botschafter in den USA ein ausgewiesener Amerikakenner, brachte das neue chinesische Selbstbewusstsein auf den Punkt: „Die Vereinigten Staaten haben nicht die Qualifikation [...], um mit China aus einer Position der Stärke heraus zu sprechen."[40]

Staaten (bzw. die sie vertretenden Akteure) mögen Status als Ziel an sich anstreben, wie in sozialpsychologischen Ansätzen postuliert wird. Danach verschafft ein hoher Status das psychisch befriedigende Gefühl der Überlegenheit über andere

Personen oder Staaten, und die Furcht vor dem Statusverlust erscheint als bedrohlich für die eigene Identität. Aber mit Status verbinden sich auch materielle Gewinne. China bedroht langfristig nicht nur den Status der USA als Vormacht, sondern auch die sich daraus ergebenden Privilegien und wirtschaftlichen Vorteile.[41] Zu deren Art und Umfang finden sich in der wissenschaftlichen Diskussion unterschiedliche Einschätzungen.[42] China könnte, so wird geargwöhnt, politisch, wirtschaftlich und technologisch vorherrschenden Einfluss in der Welt gewinnen, in großem Maßstab Regeln und Standards setzen und eine Art „illiberale Einflusssphäre" aufbauen. In diesem Falle wären Sicherheit und Wohlstand der USA nicht mehr im bisherigen Maße gewährleistet.[43] Befürchtet wird, dass die USA nicht mehr die unumstrittene Nummer eins wären, dass der Dollar seine Bedeutung als internationale Reservewährung verlöre, dass die USA nicht mehr attraktiv für die Finanzzuflüsse wären, die den amerikanischen Wohlstand sichern helfen, und dass sie nicht mehr ihre Interessen fern des eigenen Territoriums und nahe am potenziellen Gegner verteidigen könnten. All dies würde die Handlungsfreiheit der USA empfindlich beschneiden.[44]

Nach wie vor ist der US-Dollar die dominante Reservewährung. Und daran wird sich so schnell nichts ändern. Weltweit – die Zahlen beruhen auf den Angaben von 149 Staaten – hielten die Zentralbanken im Jahr 2022 60 Prozent ihrer Devisenreserven in Dollar. Der weltweite Zahlungsverkehr wird zu etwa 40 Prozent in Dollar abgewickelt, der Renminbi Yuan kommt hingegen nur auf zwei Prozent (im März 2023 lagen die Werte bei 41,7 beziehungsweise 2,4 Prozent). China will seine Währung internationalisieren; das begann schon im Zuge der Finanzmarktkrise von 2008, als amerikanische Banken ihre Kreditvergabe einstellten. Auftrieb erhielten diese Bemühungen vor dem Hintergrund der harten westlichen Sanktionen gegen Russland und der Möglichkeit, solche Sanktionen könnten einmal auch China treffen. Besser also, die Abhängigkeit vom Dollar zu verringern und die eigene Währung zu internationalisieren. Das trifft auch auf einige Zustimmung unter Schwellenländern wie etwa Brasilien. China versucht auch Staaten im Mittleren Osten dazu zu bewegen, Öl und Gasgeschäfte in Renminbi Yuan zu tätigen. Die Volksrepublik China hat mit etwa 40 Staaten sogenannte Swap-Abkommen abgeschlossen, die den Handel mit Yuan ermöglichen sollen, darunter auch mit der Europäischen Zentralbank. Ob diese auch genutzt werden, ist eine andere Frage. Für Staaten, die wie Russland und Iran harten westlichen Sanktionen unterliegen, bietet sich hier eine Möglichkeit. Doch die manchmal vorhergesagte Dedollarisierung wird so schnell nicht Realität werden. Noch ist die Rolle des Renminbi Yuan sehr begrenzt. Nur etwa drei Prozent der weltweiten Währungsreserven und vier Prozent der Finanzeinlagen werden in der chinesischen Währung gehalten. Zu streng sind die chinesischen Kapitalverkehrsbeschränkungen, die China zwar eine Beeinflussung des Wechselkurses und eine recht unabhängige Geld- und Kreditpolitik ermöglichen, aber Anleger abschrecken.[45]

Die Rolle des Dollar als vorherrschende Reservewährung hat für die USA zwei wichtige Vorteile: Zum einen ist die Nachfrage nach Anlagen in US-Dollar hoch, der amerikanische Staat kann sich so Geld zu Konditionen leihen, die günstiger sind, als es der Fall sein würde, wäre der Dollar weniger attraktiv. Zum anderen verleiht die dominante Rolle des Dollar im internationalen Zahlungsverkehr den USA die Möglichkeit zum Einsatz von Finanzsanktionen, wie sie in dieser Form kein anderes Land hat.[46] Die Dollardominanz garantiert den USA ein hohes Maß an struktureller Macht.[47] Europäische Staaten und Firmen haben in der Auseinandersetzung über die Iransanktionen und Nord Stream 2 die Macht der wirtschaftlichen Zwangsmittel der USA deutlich zu spüren bekommen, die sich auf die starke Rolle des Dollar und die zentrale Bedeutung amerikanischer Finanzinstitutionen stützt.

2.2 Der ideologische Systemantagonismus

Man mag darüber spekulieren, ob aus amerikanischer Sicht die Macht- und Statuskonkurrenz milder ausfiele sowie die Folgen für die hegemoniale Position der USA weniger bedrohlich erschienen, wenn China eine liberale Demokratie wäre. So aber ist die machtpolitische Konkurrenz mit einem ideologischen Systemantagonismus verwoben. Anders als im Falle der Ost-West-Konfrontation bildet er jedoch nicht den Kern der amerikanisch-chinesischen Rivalität. Aus Sicht der Sowjetideologie war eine dauerhafte Koexistenz mit dem von den USA geführten kapitalistischen System nicht möglich, und der angeblich unausweichliche weltweite Sieg des Kommunismus lieferte die Gewähr für die Sicherheit der Sowjetunion. Dieses Element fehlt im Konflikt zwischen den USA und China. Chinas Sicht ist eher „nationalistisch als internationalistisch".[48] Anders als die Sowjetunion propagiert China keine „messianische Ideologie". Chinas Modell mag für manche Länder eine gewisse Attraktivität ausstrahlen. Doch diese fußt auf der wirtschaftlichen Leistung und der politischen Stabilität eines autoritären Modells.[49] China hat keine „kohärente Ideologie mit internationaler Ausstrahlung",[50] und chinesische Politik zielt nicht darauf ab, Klientelsysteme mit derselben ideologischen Ausrichtung wie die Führungsmacht zu etablieren, wie es einst die Sowjetunion tat.[51]

Mit der sich herausbildenden Bipolarität hat sich auch die ideologische Gegnerschaft zwischen USA und China verschärft. Auf amerikanischer Seite spielte diese Dimension lange kaum eine Rolle. Sicher: Die mangelnde Respektierung der Menschenrechte in der Volksrepublik China war immer wieder Ursache für Irritationen in den amerikanisch-chinesischen Beziehungen. Zu einem Thema wurde die Lage der Menschenrechte in China überhaupt erst Mitte der 1980er Jahre. Selbst unter Präsident Carter, der eine werteorientierte Außenpolitik in Aussicht gestellt hatte, blieb die Respektierung der Menschenrechte im Verhältnis zu China ein Randthema. China erhielt 1980 die Meistbegünstigung im Handel, obwohl die Bedingungen des Jackson-Vanik-Zusatzantrages zum Handelsgesetz von 1974 keineswegs erfüllt waren. Dieser damals vor allem mit Blick auf die Sowjetunion verabschiedete Gesetzeszusatz knüpfte die Handelsnormalisierung mit kommunistischen Staaten an die freie Auswanderung. Als Präsident Carter das Thema Auswanderung ansprach, entgegnete Deng Xiaoping, dass er auf Wunsch gern zehn Millionen Chinesen in die USA auswandern ließe. Damit war das Thema vom Tisch. Hatte die Carter-Administration zumindest die Unterstützung Chinas mit Polizeiausrüstung verweigert, so lieferte die Reagan-Administration auch diese. Unter Präsident Ronald Reagan entfielen Menschenrechtserwägungen gegenüber China. Reagan, der in seiner antikommunistischen Haltung kaum zu überbieten war und 1983 die kommunistische Sowjetunion als „Reich des Bösen" („evil empire") bezeichnet hatte, sprach bei seinem Besuch in Peking im Jahre 1984 vom „sogenannten kommunistischen China".[52]

Die Öffnung nach der Kulturrevolution und die wirtschaftliche Reformpolitik ließen offensichtlich das chinesische Versprechen glaubwürdig erscheinen, dass sich die Dinge zum

Besseren wenden würden. Vor allem aber standen Menschenrechtserwägungen hinter der strategischen Bedeutung zurück, die den Beziehungen mit China beigemessen wurde. Erst als sich die strategische Rolle Chinas im Machtkonflikt mit der Sowjetunion verringerte und in den USA die Aufmerksamkeit gesellschaftlicher Gruppen für die Menschenrechtssituation in China (anfänglich vor allem auf Tibet und die Familienplanungspolitik gerichtet) größer wurde, rückten diese immer stärker in den Fokus. Beginnend mit der Präsidentschaft von George H. W. Bush, mussten amerikanische Präsidenten dieses Thema vor allem auf Druck des Kongresses aufnehmen. Aber solange der Aufstieg Chinas nicht als globale Herausforderung wahrgenommen wurde und solange die Hoffnung mitschwang, China werde sich liberalisieren, wurde das Land in den USA nicht als ideologischer Antagonist gesehen.

Aus chinesischer Sicht war die ideologische Dimension schon immer ausgeprägter, denn westliche Vorstellungen von liberaler Demokratie und Meinungsfreiheit gefährden die ideologische Dominanz der Kommunistischen Partei Chinas.[53] Für Letztere war und ist das „amerikanische Freiheitsverständnis" eine „existenzielle Bedrohung für die politische Legitimität der Partei in China selbst".[54] Amerikanische Regierungen mögen immer wieder betonen, dass es ihnen nicht um den Umsturz der kommunistischen Herrschaft geht, wenn von Wandel in China die Rede ist. Doch die kommunistische Führung nahm und nimmt das den USA nicht ab.[55] Die USA und der Westen gelten als ideologische Bedrohung.[56]

Für Xi Jinping ist die Auseinandersetzung mit dem Westen ein ideologischer Konflikt zwischen Sozialismus und Kapitalismus, eine Auseinandersetzung, in der der Sozialismus chinesischer Art die Oberhand gewinnen werde – wie er in seiner Rede vor dem Zentralkomitee am 5. Januar 2013 betonte.[57] In einer

Rede im August 2013 machte er seine Absicht deutlich, die ideologische Auseinandersetzung mit dem Westen zu verstärken. Der Westen versuche die kommunistische Herrschaft in China durch ideologische Subversion zu unterminieren – und zwar über die Medien und das Internet. Das Überleben der Herrschaft der kommunistischen Partei sei gefährdet, wenn die Bevölkerung nicht mehr an die kommunistische Ideologie glaube.[58] Für Xi Jinping besteht eine „existenzielle Konkurrenz zwischen Chinas Modell und dem des Westens".[59] Aus Xis Sicht befindet sich China in einer Konkurrenz mit den USA um ideologische Hegemonie. Der „Sozialismus mit chinesischen Charakteristika für eine neue Ära" biete ein Modell auch für andere Staaten.[60] In der chinesischen Wahrnehmung mischt sich jedoch Ideologie mit einem Nationalismus, der kulturell-zivilisatorisch eingefärbt ist, wenn Xi vom „Aufstieg des Ostens und Niedergang des Westens" spricht. Kevin Rudd, ehemaliger australischer Premierminister, Sinologe und einer der besten Kenner Chinas, beschreibt Xis Weltsicht als „marxistisch-nationalistisch".[61]

Noch hat China keine großen Anstrengungen unternommen, sein Modell zu exportieren, das heißt, die politischen Systeme anderer Länder nach eigenen Vorstellungen zu beeinflussen. Rhetorisch ist hierfür aber die Grundlage geschaffen, etwa wenn Xi Jinping von einer „chinesischen Lösung" bei der Suche nach einem besseren Gesellschaftssystem spricht.[62] Die chinesische Führung unter Xi Jinping propagiert mittlerweile zwar eine Art „chinesisches Modell" für Entwicklungs- und Schwellenländer und stellt damit die liberale Demokratie als politisches Ideal infrage. China exportiert jedoch nicht die kommunistische Ideologie, „sondern Elemente seines autoritären politischen Modells".[63] Für autoritäre oder ins Autoritäre abgleitende Staaten mag Chinas Herrschaftsmodell attraktiv sein.[64] Doch Chinas wirtschaftlicher Erfolg beruht auf spezifischen Voraussetzungen, nämlich einem großen Binnenmarkt, Arbeitskräften in Fülle, der Bereitschaft einer autoritären Regierung zu Experimenten und auf pragmatischer Improvisation. China unterstützt so manches autoritäre Regime, exportiert Überwachungstechnologie und übt Druck auf kritische Stimmen im Ausland aus. Aber zu einem Kampf gegen die Demokratie, zu einer Strategie der Unterminierung demokratischer Systeme summiert sich dies nicht.[65]

China ist auch bestrebt, den internationalen Menschenrechtsdiskurs im Sinne eigener Vorstellungen zu beeinflussen: im Sinne von Menschenrechten mit „chinesischen Charakteristika" im Kontrast zur liberalen Sicht individueller bürgerlicher und politischer Rechte.[66] China will, wie Yan Xuetong, Dekan des Institute for International Studies an der Tsinghua-Universität, schrieb, „versuchen, ein ideologisches Umfeld zu schaffen, das seinen Aufstieg begünstigt, und wehrt sich gegen die Vorstellung, dass westliche politische Werte universelle Anziehungskraft und Gültigkeit haben".[67]

Aus realistisch-machtpolitischer Sicht gilt China in den USA seit Langem als eine potenzielle geopolitische Bedrohung mit sicherheitspolitischen und wirtschaftlichen Folgen. Relativ neu hingegen ist die verbreitete Wahrnehmung Chinas als ideologische Bedrohung – als Bedrohung für den American Way of Life, ähnlich der Bedrohung, die einst von der kommunistischen Sowjetunion ausging.[68] Gestalt gewonnen hatte die Ideologisierung der Bedrohung durch China in den USA in den Jahren der Trump-Administration ab 2017. Diese stilisierte die Auseinandersetzung mit China zu einem ideologischen, ja zivilisatorischen Konflikt. Aus der Sicht der damaligen Direktorin des Planungsstabes im Außenministerium, Kiron Skinner, befanden sich die USA in einem „Kampf mit einer wirklich anderen Zivilisation und einer anderen Ideologie, und das hatten die Vereinigten Staaten bisher noch nicht […] es ist das erste Mal, dass wir einen Großmachtkonkurrenten haben, der nicht weiß ist".[69] Stephen Bannon, Trumps ehemaliger Berater, erhob das „sich schnell militarisierende totalitäre" China zur „größten existenziellen Bedrohung, der sich die USA je gegenübersahen".[70] Er gehörte zu den Gründern des neuen Committee on the Present Danger. Wie seine einst gegen die Sowjetunion gerichteten Vorläufer in den 1950er und 1970er Jahren will das Komitee die Öffentlichkeit für die neue Gefahr sensibilisieren und für eine Politik der Eindämmung mobilisieren, deren Ziel das Ende der kommunistischen Herrschaft in China sein soll. Solange die Kommunistische Partei dort herrsche, gebe es keine Hoffnung auf Koexistenz, lautet eines der Grundprinzipien des Komitees.[71]

In den USA verbreitete sich die Sorge, dass Chinas wirtschaftlich erfolgreicher „autoritärer Kapitalismus" international ausstrahlen und Resonanz in einer Zeit finden könne, in der der Glaube an die Systemüberlegenheit des „demokratischen Kapitalismus" vielfach Zweifeln ausgesetzt ist. In dieser Sicht vermischen sich geopolitische Machtkonkurrenz und ideologische Systemkonkurrenz.[72]

Die Sorge über die Folgen von Chinas wachsender Macht und die Selbstzweifel über den weiteren Weg der USA kamen in den Trump-Jahren zusammen. Russlands Versuche, die Wahl 2016 zu beeinflussen, hatten – so schien es – gezeigt, dass autoritäre Staaten nicht vor Einflussnahme auf den politischen Prozess in den USA zurückscheuten.[73] Schon in der Zeit der Trump-Administration war absehbar, dass auf amerikanischer Seite der Systemkonflikt mehr und mehr in den Vordergrund treten würde, ein Systemkonflikt zwischen „digitalem Autoritarismus" und „liberaler Demokratie"[74] – eignete sich die Ideologisierung doch dazu, nachhaltige innenpolitische Unterstützung für einen wirtschaftlich nicht kostenfreien Machtkonflikt mit China zu mobilisieren.[75]

Die Biden-Administration bettete die „strategische Konkurrenz" mit China in ein Narrativ ein, dem zufolge sich die Welt in einer fundamentalen Auseinandersetzung zwischen Demokratie und Autokratie befinde. Nach dieser Sicht seien die Autokratien global auf dem Vormarsch.[76] Man stehe an einem Scheideweg, inmitten einer „fundamentalen Debatte über die künftige Richtung der Welt". Mit welcher Regierungsform lassen sich die Herausforderungen besser meistern? Die USA und andere Demokratien müssten beweisen, dass das demokratische Modell kein „Relikt der Geschichte" sei.[77] Die Biden-Administration verwob zwei Dinge miteinander: das Erstarken eines Populismus mit antidemokratischen Zügen in zahlreichen Staaten, besonders in den USA, und die ideologische Konkurrenz mit China.[78] Diese Sicht, manchmal bereits als Biden-Doktrin[79] bezeichnet, ist nicht nur Ausdruck eines unsicher gewordenen Glaubens an die Kraft der amerikanischen Demokratie. Sie bildet eine Art Projektion der eigentlichen, nämlich inneren Gefährdung der amerikanischen und anderer Demokratien nach außen.

Vielleicht ist das Narrativ von der fundamentalen Auseinandersetzung zwischen Demokratie und Autokratie nur Rhetorik, um, wie bisweilen vermutet, nach den Trump-Jahren die Selbstzweifel der Amerikaner zu therapieren und den amerikanischen Führungsanspruch zu untermauern. Denn wieso sollten Staaten die USA im Konflikt mit China unterstützen, wenn sie keine militärische Bedrohung durch China fürchten müssen und es sie weitgehend kaltlässt, ob die USA ihre hegemoniale Position behalten oder ob China die Führungsrolle übernimmt? Die ideologische Sicht, das Porträt des Konflikts als ein Wertekonflikt, könnte für manche Staaten attraktiv sein, wie dies mitunter in der amerikanischen Debatte zu vernehmen ist.[80] Vielleicht meinte es die Administration auch ernst mit dem Versuch, den Hegemonialkonflikt mit China in erster Linie als ideologische Einflusskonkurrenz zu führen. Wie auch immer: Dem Vorwurf doppelter Standards und der Heuchelei konnte sie nicht entgehen, denn in der geopolitischen Auseinandersetzung zählen auch autoritäre Staaten wie Thailand und Vietnam und Länder wie die Philippinen und Indien, die keinesweg lupenreine Demokratien sind.

Der Konflikt mit China um die führende Rolle in der Welt wird in dieser ideologisch aufgeladenen Sicht zu einer Art „manichäischem Kampf zwischen Demokratie und Diktatur", wie es der *Economist* auf den Punkt brachte.[81] Die chinesische Führung mag sich bedroht sehen, doch ist das chinesische Modell wirklich eine Bedrohung für den Westen? Und noch weitere kritische Einwände gegen das Narrativ der Biden-Administration sind in der amerikanischen Debatte zu vernehmen: Eine Sicht, in der sich Demokratien und Autokratien in einem geradezu welthistorischen Konflikt gegenüberstehen, enge den Spielraum für Diplomatie ein und sei der Zusammenarbeit bei gemeinsamen Herausforderungen nicht förderlich.[82] Werde die Trennung zwischen Demokratien und Autokratien zur neuen Konfliktlinie der Weltpolitik, dann bleibe eigentlich kein Platz für Zugeständnisse an eine Macht wie China, die eine größere Rolle einfordere, bislang aber „nur selektiv revisionistisch" sei.[83] Wenn der Konflikt mit China vor allem durch das „ideologische Prisma" wahrgenommen werde, müsse politischer Wandel in China das Ziel sein.[84]

In der Tat begünstigt die Ideologisierung des Konflikts eine essenzialistische Sicht in dem Sinne, dass der chinesisch-amerikanische Antagonismus in der Herrschaft der Kommunistischen Partei Chinas wurzelt. Aus der Biden-Administration sind jedoch keinerlei Äußerungen zu vernehmen, die in Richtung Regimewechsel gehen.[85] Im Gegenteil: Sicherheitsberater Jake Sullivan stellte im November 2021 klar, Ziel sei nicht „irgendeine fundamentale Transformation Chinas".[86]

Geopolitisch denkende Realisten in den USA warnen davor, den Konflikt mit China ideologisch aufzuladen. Die USA müssten dann die Transformation Chinas anstreben, was die chinesische Bedrohungswahrnehmung bestätigen und das Land risikobereiter in der Auseinandersetzung mit Amerika machen würde. Selbst wenn China eine Demokratie würde, bliebe es aufgrund seiner wirtschaftlichen und geografischen Größe ein Problem für die USA. Aus dieser Sicht ist es natürlich, dass China nach regionaler Vorherrschaft strebt. Nur haben die USA ein grundlegendes Interesse, eine solche chinesische Hegemonie zu verhindern. Zu wichtig sei für die USA der Handel mit Asien, als dass riskiert werden könne, aus dieser Region ausgeschlossen oder in den wirtschaftlichen Beziehungen diskriminiert zu werden. Amerikanischer Wohlstand und letztlich auch amerikanische Sicherheit wären dann gefährdet.[87] Mit Blick auf die Ideologisierung der chinesischen Bedrohung stellt sich die Frage, „ob es für die außenpolitischen Eliten der USA überhaupt möglich ist, Bedrohungen für die Vereinigten Staaten und die internationale Ordnung in rein geopolitischen Begriffen zu interpretieren".[88]

Drei Jahrzehnte ist es her, dass der amerikanische Politikwissenschaftler Samuel Huntington mit seiner These vom „Kampf der Kulturen" Furore machte.[89] In China erinnert man sich an diese Warnung vor einem drohenden Konflikt zwischen Zivilisationen. Die Botschaft, die Xi Jinping mit seiner Globalen Zivilisationsinitiative verkündete und die die englische Ausgabe der chinesischen Zeitung *Global Times* unter der Überschrift

„Xivilisation" zusammenfasste, lautet denn auch: Die Welt sollte lernen, mit dem chinesischen Kommunismus zu leben. Denn eine friedliche Welt beruhe auf dem Nebeneinander gleichwertiger Zivilisationen. Vorgestellt hatte Xi Jinping diese Initiative, die dritte nach der Global Development Initiative im Jahre 2021 und der Global Security Initiative im Jahr 2022, am 15. März 2023 im Rahmen eines virtuellen Dialogs mit Vertretern von 500 Organisationen aus 150 Ländern. Der Zeitpunkt dürfte nicht zufällig gewählt gewesen sein: Einige Tage später hielt Präsident Biden den zweiten Summit for Democracy ab (der erste fand im Dezember 2021 statt mit dem Ziel, Demokratien widerstandsfähiger zu machen und Partnerschaften zur globalen demokratischen Erneuerung aufzubauen). Die USA mögen sich in ihrem Selbstverständnis als älteste Demokratie sehen, der eine besondere Aufgabe in der Welt zukommt. Das chinesische Selbstverständnis ist nicht minder exzeptionalistisch: China sieht sich als den einzigen modernen Staat, der auf einer jahrtausendealten Zivilisation aufbaut, ihren eigenen Werten, ihren einzigartigen Ideen und ihrer besonderen Weisheit.[90]

Die chinesische Führung hat auf die Ideologisierung des Konflikts aufseiten der USA mit einer verstärkten Akzentuierung dieser Dimension geantwortet. China – so die Botschaft – bietet ein alternatives, ein neues „Modernisierungsmodell" für Entwicklungsländer an. Im Vergleich zu den USA porträtiert Peking die Volksrepublik als das eigentlich demokratische Land – mit größeren Chancen und größeren Freiheiten für seine Bürger.[91]

2.3 Das Sicherheitsdilemma

Die auf beiden Seiten immer stärker akzentuierte „ideologische Differenz"[92] intensiviert die wechselseitige Bedrohungswahrnehmung und verstärkt so das Sicherheitsdilemma zwischen den USA und China. Ebenso wenig wie einst der Ost-West-Konflikt lässt sich jedoch der chinesisch-amerikanische Konflikt auf ein Sicherheitsdilemma reduzieren.[93]

Mit einem Sicherheitsdilemma ist Folgendes gemeint: In einem internationalen System ohne übergeordnete Autorität können Staaten nicht ausschließen, angegriffen, beherrscht oder ausgelöscht zu werden. Wenn sie daher die eigene Sicherheit über Rüstung, territoriale Expansion oder Bündnisse stärken, kann dies die Sicherheit anderer Staaten mindern. Macht- und Rüstungskonkurrenzen können die Folge sein.[94] Wenn man es genau nimmt, dann sind zwei miteinander verbundene Dilemmata zu unterscheiden.[95] Zum einen das grundlegende „Dilemma der Interpretation", wenn Staaten die politischen Absichten und die militärischen Fähigkeiten eines anderen Staates einschätzen: Geht es diesem in einem defensiven Sinne um die eigene Sicherheit, oder hegt er offensive Absichten? Zum anderen das „Dilemma der Reaktion": Stärkt man die eigene Verteidigung zum Zweck der Abschreckung, oder sendet man beschwichtigende Signale aus? Werden der Gegenseite fälschlich aggressive Absichten unterstellt und die eigenen militärischen Fähigkeiten ausgebaut, kann dies eine Dynamik auslösen, die zu einer sich verfestigenden Feindschaft führt. Das heißt also: Maßnahmen, die die eigene Sicherheit stärken sollen, können am Ende mehr Unsicherheit erzeugen. Beurteilt ein Staat die Absichten und Fähigkeiten der Gegenseite jedoch irrtümlich als nicht aggressiv, dann kann dies unter Umständen ebenfalls schlecht für ihn ausgehen.

2.3.1 Nukleare Abschreckung ohne Rüstungskontrolle

Das Konzept des Sicherheitsdilemmas bezieht sich ursprünglich auf eine Situation, in der von offensiven Militärdoktrinen und Militärpotenzialen eine Gefahr für die territoriale Integrität ausgeht, sei es, dass die Gefahr einer Invasion besteht, sei es, dass ein nuklearer Erstschlag (first strike) möglich erscheint. Die Befürchtung, ein nuklear bewaffneter Gegner könnte die eigenen Atomwaffen und ihre Kommando- und Kommunikationseinrichtungen durch einen entwaffnenden Erstschlag ausschalten, kam in der Zeit des amerikanischen-sowjetischen Antagonismus auf und prägte fortan die nukleare Abschreckungspolitik.[96]

Im Verhältnis gegenüber der Sowjetunion und dann gegenüber Russland haben die USA die wechselseitige nukleare Verwundbarkeit als Grundlage der strategischen Beziehung anerkannt – ja anerkennen müssen, nachdem die Sowjetunion im Laufe der 1960er Jahre ihr Atomwaffenarsenal ausgebaut und Ende jenes Jahrzehnts die nukleare Parität erreicht hatte. Im Verhältnis zu China haben die USA eine solche wechselseitige nukleare Verwundbarkeit bisher nicht anerkannt.[97] Denn dies könnte, so ist manchmal zu hören, als Ausdruck mangelnder amerikanischer Entschlossenheit interpretiert werden, eigene Interessen und verbündete Staaten in Asien zu schützen. Außerdem ließe sich Peking wohl kaum davon überzeugen, dass die USA auf Planungen verzichten würden, die chinesischen Atomwaffen im Ernstfall auszuschalten.[98] Die USA mögen immer wieder betonen, der Aufbau von Raketenverteidigungssystemen richte sich nicht gegen das chinesische Nuklearpotenzial, sondern gegen das nordkoreanische. Doch Glauben findet das in China nicht.[99]

Im Unterschied zu den USA erteilt die Volksrepublik bislang in ihrer öffentlich dargelegten Nukleardoktrin dem Ersteinsatz von Atomwaffen (first use) eine Absage. Peking setzt auf eine „schlanke und effektive" Abschreckungsfähigkeit, das heißt auf eine Minimalabschreckung gesicherter Vergeltungsfähigkeit.[100] Offizielle Angaben zu den chinesischen Nuklearwaffen gibt es nicht. Nach Schätzungen verfügte China im Jahre 2023 über etwa 410 nukleare Sprengköpfe zum Einsatz auf land- und seegestützten ballistischen Raketen sowie auf Bombern. China ist seit einiger Zeit dabei, sein Atomarsenal auszubauen. Im Bericht des Pentagon vom November 2022 über die militärische Entwicklung in China heißt es, bis 2035 könne Peking 1500 einsatzfähige Nukleargefechtsköpfe besitzen.[101] Nach Einschätzung des Pentagon weist der Bau neuer Silos für Interkontinentalraketen mit Festbrennstoff darauf hin, dass China die Einsatzfähigkeit seiner Nuklearwaffen durch die Hinwendung zu einer „Launch-on-Warning Posture" erhöhen wolle. Damit ist die Fähigkeit gemeint, die Raketen nach einer Alarmmeldung schnell zu starten. Bislang lagert China Raketen und Gefechtsköpfe getrennt und hält seine Atomwaffen anders als die USA und Russland nicht in ständiger Gefechtsbereitschaft.[102] Washington und Moskau wollen in der Lage sein, notfalls ihre Atomraketen binnen weniger Minuten einzusetzen, sobald Frühwarnsysteme einen gegnerischen Angriff melden. So soll dem Gegner die Möglichkeit zu einem entwaffnenden Erstschlag genommen werden. Mit russischer Hilfe baut China ein Frühwarnsystem auf, ein Kernstück der vertieften strategischen Kooperation zwischen den beiden Ländern.[103]

Im Vergleich mit dem amerikanischen Nuklearwaffenpotenzial ist das chinesische sehr begrenzt. Offizielle Zahlen für die USA liegen nur bis September 2020 vor. Die Trump-Administration hatte im Unterschied zur vorausgegangenen Regierung keine Zahlen veröffentlicht. Die Biden-Administration machte die Zahl der amerikanischen Nuklearwaffen mit Stand September 2020 öffentlich, doch bis Ende 2022 hatte sie keine Zahlen für 2021 und 2022 genannt. Geschätzt verfügten die USA zu Beginn des Jahres 2023 über etwa 3708 nukleare Gefechtsköpfe, die gefechtsbereit oder als Reserve bedingt einsatzbereit sind. Gefechtsbereit stationiert sind etwa 1770, ungefähr 1370 auf see- und landgestützten ballistischen Raketen, 300 auf Basen der strategischen Bomber in den USA und etwa 100 auf Flughäfen in Europa. Hinzu kommen etwa 1938 Gefechtsköpfe, die nicht einsatzbereit gehalten werden, sondern als Absicherung dienen, sollte sich die Bedrohungskonstellation ändern. Weitere Gefechtsköpfe – die Zahl liegt bei etwa 1636 – sind außer Dienst gestellt und für die Demontage vorgesehen. Die Zahl der amerikanischen Waffen dürfte in Zukunft noch etwas sinken, da im Zuge des Modernisierungsprogramms weitere alte Sprengköpfe demontiert werden.[104]

Peking befürchtet, die von Washington betriebene Entwicklung von Kapazitäten zu Aufklärung, Überwachung und zum Conventional Prompt Global Strike, das heißt der Fähigkeit, weltweit Ziele in kürzester Zeit mit konventionellen Waffen anzugreifen, sowie der Aufbau von Raketenverteidigungssystemen könne die chinesische Zweitschlagfähigkeit gefährden – sofern sie denn gegenüber den USA überhaupt existiert. Nach manchen Einschätzungen ist dies fraglich.[105] Die amerikanischen Möglichkeiten, gegnerische Kernwaffen auszuschalten, umfassen weite Bereiche der Kriegsführung. Dazu gehören zielgenauere Atomwaffen niedriger Stärke, deren Luftdetonation nicht in dem Maße radioaktiven Niederschlag (Fallout) freisetzt, wie es bei einer Explosion auf dem Boden der Fall wäre. Zu diesen Optionen zählen auch Cyberwarfare, U-Boot-Bekämpfung, Raketenverteidigung und präzisionsgesteuerte konventionelle Waffen großer Reichweite, alles in Verbindung mit gewachsenen Fähigkeiten zur Informationsverarbeitung und sensorischen Aufklärung. Diese Fähigkeiten sind nicht auf die USA beschränkt oder werden es nicht bleiben. Aber die USA sind führend bei einer Entwicklung, die als „Counterforce Revolution" bezeichnet wurde.[106]

Aus chinesischer Sicht sind die konventionellen Fähigkeiten der USA, insbesondere zielgenaue konventionelle Raketen und Raketenverteidigungssysteme, eine Bedrohung der eigenen nuklearen Abschreckungsfähigkeit. Landgestützte Nuklearwaffen in Silos sollen die Überlebensfähigkeit der chinesischen Raketen erhöhen, die Fähigkeit zu Angriffen gegen Satelliten und bodengestützte Radarsysteme soll die amerikanische Fähigkeit zu Angriffen auf chinesische Nuklearwaffen konterkarieren. In der chinesischen „strategic community" rechnet man damit, dass die USA mit Nuklearwaffen geringerer Sprengkraft ein Gegengewicht gegen die konventionellen Kräfte Chinas schaffen und die „nukleare Schwelle" senken werden. Damit verbunden ist die Erwartung, die USA könnten in einem Konflikt um Taiwan mit dem begrenzten Ersteinsatz nuklearer Waffen drohen oder Kernwaffen geringerer Sprengkraft gegen chinesische Kriegsschiffe einsetzen, die sich auf dem Weg nach Taiwan befinden.[107]

Wechselseitige Verwundbarkeit scheint auf chinesischer Seite mit der Erwartung verbunden zu sein, dass die USA zur friedlichen Koexistenz mit China und seinem politischen System bereit wären. Wohin genau China in der Nuklearwaffenpolitik steuert, wird in den USA aufmerksam verfolgt: Geht es allein um die Sicherung der Zweitschlagfähigkeit, geht es darum, die USA vor einem begrenzten Einsatz von Nuklearwaffen in einem Konflikt um Taiwan abzuschrecken, oder geht es in Richtung einer Fähigkeit zum nuklearen Eskalationsmanagement?[108] Will China numerische Parität erreichen oder gar die numerische Überlegenheit?[109] Von einem „atemberaubenden Ausbau" der chinesischen Nuklearfähigkeiten und einem „strategischen Ausbruch" sprach der Kommandeur des U.S. Strategic Command, Admiral Charles Richard. Wenn dies so weitergehe, laufe es auf eine Erstschlagfähigkeit Chinas hinaus.[110]

Eine gesicherte chinesische Zweitschlagfähigkeit könnte, so eine Befürchtung auf amerikanischer Seite, Chinas Risikobereitschaft in Krisen erhöhen. In der nuklearstrategischen Debatte wird dies als „Stabilitäts-Instabilitäts-Paradox" bezeichnet.[111] Gemeint ist, dass Stabilität auf strategischer Ebene eine Seite womöglich dazu verleitet, begrenzte Gewalt in der Erwartung einzusetzen, die andere werde vor einem massiven Vergeltungsschlag zurückschrecken, da dies die beiderseitige Zerstörung nach sich zöge. Nach dieser Auffassung droht eine gesicherte chinesische Zweitschlagfähigkeit Zweifel unter den Verbündeten an der „erweiterten Abschreckung" hervorzurufen. Beunruhigt ist die amerikanische Seite vor allem durch das Szenario eines Angriffs der Volksrepublik China auf den Inselstaat Taiwan. Dieser wäre dann möglich, wenn Peking die Fähigkeit erwirbt, in einem schnellen, konventionell geführten Krieg vollendete Tatsachen zu schaffen und die USA aufgrund wechselseitiger Verwundbarkeit von einem möglichen Ersteinsatz nuklearer Waffen abzuschrecken.[112]

Die USA sehen sich, was die nukleare Abschreckung angeht, einer neuen Situation gegenüber. Zum ersten Mal in ihrer Geschichte, so Charles Richard, müssen sie mit zwei „gleichrangigen strategischen Gegnern" („strategic peer adversaries") zur gleichen Zeit rechnen. Man könne nicht mehr länger annehmen, dass das Risiko eines Versagens strategischer Abschreckung immer niedrig bleiben werde.[113]

Die USA stehen nun vor einer Entscheidung. Nehmen sie im Verhältnis zu China die eigene nukleare Verwundbarkeit hin, die sich aus der Stationierung mobiler Interkontinental- und seegestützter ballistischer Atomraketen ergeben dürfte?

Oder verfolgen sie eine Strategie der Schadensbegrenzung, die zumindest die Möglichkeit eröffnet, die eigenen Verluste zu begrenzen, falls die Abschreckung versagt? Schadensbegrenzung durch Ausschaltung des gegnerischen strategischen Nuklearpotenzials spielte und spielt im Denken der amerikanischen Entscheidungsträger eine wichtige Rolle, auch wenn sie es selten deutlich aussprechen.[114] Eine intensivierte Rüstungskonkurrenz dürfte die Folge sein, wenn die USA der bisherigen Linie nuklearer Abschreckungspolitik folgen – das heißt, präemptive schadensbegrenzende Counterforce-Optionen sicherzustellen, um glaubwürdige erweiterte Abschreckung zu gewährleisten.[115]

Dies könnte Risiken für die Krisenstabilität nach sich ziehen, sollte China die Einsatzbereitschaft seiner Atomwaffen nach amerikanischem und russischem Vorbild erhöhen und die Fähigkeit aufbauen, im Falle eines gegnerischen Erstschlags die eigenen Raketen zu starten, sobald Frühwarnsysteme einen solchen Angriff melden.[116] Mit risikoträchtigen Fehlalarmen ist zu rechnen; das hat sich auf amerikanischer und sowjetischer/russischer Seite verschiedentlich gezeigt.

Sicher ist jedenfalls: Nukleare Waffen und nukleare Abschreckung werden in den amerikanisch-chinesischen Beziehungen eine größere Rolle spielen. Beide Seiten mögen ihre Rüstungsanstrengungen als defensiv ansehen, doch in einer Beziehung, in der beide Seiten der jeweils anderen feindliche Absichten unterstellen, führt dies zu einer Rüstungsdynamik und zu einer Verschärfung des Sicherheitsdilemmas. Zudem wirkt sich die Rüstungskonkurrenz bei konventionellen Systemen auf die nukleare Bedrohungswahrnehmung aus. In einer solchen Konstellation ist eine nukleare Rüstungskontrolle zwischen den USA und China unwahrscheinlich, ein Rüstungswettlauf das Wahrscheinlichere. Denn die USA müssten bereit sein, das Thema Raketenverteidigung und konventionelle Präzisionswaffen in einen solchen Dialog einzubringen. Selbst wenn Washington dazu bereit wäre, bliebe dies ein komplexes Unterfangen. Zudem wird sich an der unterschiedlichen Größe der nuklearen Arsenale so schnell nichts fundamental ändern.[117]

In der strategischen Debatte in China gelten Rüstungskontrollinitiativen als „Falle, die von den Vereinigten Staaten entwickelt wurde, um entweder China die Schuld für das Scheitern der Rüstungskontrolle zu geben oder ihre Überlegenheit zu sichern".[118] Hinzu kommt, dass die USA – was Verträge angeht – für Peking nicht als verlässlicher Partner gelten.[119] Nicht ohne Grund: Schließlich haben sie sich aus zentralen Rüstungskontrollverträgen mit Moskau zurückgezogen – 2002 unter Präsident George W. Bush aus dem Vertrag über die Begrenzung strategischer Raketenabwehrsysteme, 2019 unter Präsident Donald Trump aus dem Vertrag über das Verbot von Mittelstreckensystemen.

2.3.2 Krieg um Taiwan? Der ungelöste Souveränitätskonflikt

In den amerikanisch-chinesischen Beziehungen wirkt das Sicherheitsdilemma auch noch in anderer Form, und zwar über die Taiwanfrage. Das Taiwanproblem reicht zurück in die Endphase des chinesischen Bürgerkriegs. 1949 zog sich die geschlagene Regierung der Republik China unter Chiang Kai-shek mit Soldaten und Zivilisten auf die nicht weit vom Festland gelegene Insel Taiwan zurück. Das kaiserliche China hatte Taiwan nach der Niederlage im ersten Chinesisch-Japanischen Krieg 1895 an Japan abtreten müssen. Nach dem Ende des Zweiten Weltkrieges und dem Abzug der japanischen Truppen gehörte Taiwan zu der am 1. Januar 1912 gegründeten Republik China,

die aus der Revolution von 1911 und dem Sturz des Kaiser-
reiches hervorgegangen war. Die „Republik China" (Taiwan),
ein Land mit 23 Millionen Einwohnern, war bis 1971 Mitglied
der Vereinten Nationen. Mit Resolution 2758 erkannte in jenem Jahr die UN-Vollversammlung die Volksrepublik China
als „die einzige legitime Vertreterin Chinas bei den Vereinten
Nationen" an. Mit der Aufnahme diplomatischer Beziehungen
zur Volksrepublik China am 1. Januar 1979 beendeten die USA
die offiziellen diplomatischen Beziehungen zu Taiwan. Die Aufgaben, die sonst Botschaften erfüllen, übernahm ein privates
American Institute in Taiwan.

Taiwan ist seit 1949 ein Konfliktpunkt zwischen der Volksrepublik China und den USA. Für Peking stehen die USA
der „historischen Mission der nationalen Wiedervereinigung"
entgegen, an der die chinesische Führung keine Abstriche zu
machen bereit ist. Für sie ist die Abtrennung ein historisches
Unrecht. China musste es aufgrund seiner damaligen Schwäche
erdulden, ein starkes China muss es nicht länger ertragen.[120] So
heißt es in dem im Jahre 2022 veröffentlichten White Paper zur
Taiwanfrage:[121]

> „Die nationale Erneuerung ist der größte Traum des chinesi-
> schen Volkes und der chinesischen Nation seit Beginn der Neu-
> zeit. Nur durch die Verwirklichung der vollständigen nationa-
> len Wiedervereinigung kann das chinesische Volk auf beiden
> Seiten der Meerenge den Schatten des Bürgerkriegs hinter sich
> lassen und dauerhaften Frieden schaffen und genießen. Die na-
> tionale Wiedervereinigung ist der einzige Weg, um das Risiko
> einer erneuten Invasion und Besetzung Taiwans durch fremde
> Länder zu vermeiden, die Versuche externer Kräfte, China ein-
> zudämmen, zu vereiteln und die Souveränität, die Sicherheit
> und die Entwicklungsinteressen unseres Landes zu schützen."

Peking hatte wohl gehofft, die USA würden nach der Normalisierung der Beziehungen zur Volksrepublik die Unterstützung für Taiwan einstellen und den Weg zu einer Vereinigung
des Inselstaates mit dem Festland freimachen. Präsident Nixon und sein Sicherheitsberater Kissinger mögen diese Erwartung genährt haben, doch innenpolitisch war eine Preis-
gabe Taiwans jenseits des Möglichen. Sicher: Der beiderseitige
Verteidigungsvertrag zwischen den USA und Taiwan wurde
beendet, die amerikanischen Truppen wurden von der Insel
abgezogen; doch die militärische Unterstützung Taiwans mit
Rüstungsgütern blieb ein Streitpunkt zwischen Washington
und Peking.[122]

Der Taiwan Relations Act, die rechtliche Basis für die Ausgestaltung der inoffiziellen Beziehungen zu Taiwan, sieht vor, dass
die USA Waffen und Ausrüstung in einer solchen Menge liefern, die für die Aufrechterhaltung einer ausreichenden Selbst-
verteidigungsfähigkeit notwendig ist. Nach dem Taiwan Relations Act ist es Politik der USA, jeglichen Versuch, die Zukunft
Taiwans anders als mit friedlichen Mitteln zu entscheiden, als
eine Bedrohung des Friedens und der Sicherheit im westlichen
Pazifik zu erachten. Der Präsident ist dem Gesetz zufolge angewiesen, den Kongress umgehend zu informieren, wenn eine Bedrohung der Sicherheit oder des sozialen oder wirtschaftlichen
Systems Taiwans und eine sich daraus ergebende Gefährdung
amerikanischer Interessen vorliegen. Präsident und Kongress
entscheiden dann über angemessene Reaktionen. Das Gesetz
verlangt zwar nicht, dass die USA Taiwan verteidigen, doch
dass die Inselrepublik die Fähigkeit dazu hat. Diese Position
firmiert unter dem Begriff der „strategischen Ambiguität". Die
USA, das ist der Kern dieser Politik, stellen amerikanische Antworten bei einer Bedrohung Taiwans in Aussicht, haben sich
aber nicht formell auf eine Reaktion verpflichtet.

Politisch setzen die drei gemeinsamen Kommuniqués, die die USA und die Volksrepublik China in den Jahren 1972, 1978 und 1982 veröffentlicht haben, und die „Sechs Zusicherungen", die Präsident Ronald Reagan 1982 der taiwanesischen Regierung gab, den Rahmen für die amerikanische Politik in der für die Volksrepublik so kritischen Frage. Die „Ein-China-Politik" der USA bedeutet: offizielle Beziehungen zu Peking, inoffizielle Beziehungen mit Taipeh; die Lieferung von Defensivwaffen an Taiwan; Unterstützung der friedlichen Regelung zwischen der Volksrepublik und Taiwan; Ablehnung der einseitigen Änderung des (nicht näher definierten) Status quo und keine Unterstützung für die Unabhängigkeit Taiwans. Die USA erkennen die Regierung der Volksrepublik China als die „einzige legale Regierung Chinas" an. Und sie nehmen die Position der Volksrepublik zur Kenntnis, dass es nur ein China gebe und Taiwan Teil Chinas sei. Die „Ein-China-Politik" der USA ist somit etwas anderes als das von der Volksrepublik vertretene „Ein-China-Prinzip".[123]

Unter konservativen Republikanern im Kongress hat das Interesse an einer Aufwertung der Beziehungen zu Taiwan eine lange Tradition. Doch auch unter Abgeordneten und Senatoren der Demokraten wuchs im Zuge der Demokratisierung des einst autoritären Taiwans das Unbehagen über den bisherigen Status des Landes. Unter Präsident George W. Bush sah es anfänglich nach einer Abkehr von der traditionellen Politik „strategischer Ambiguität" aus: Er sprach davon, dass die USA alles Notwendige – den Einsatz amerikanischer Streitkräfte eingeschlossen – tun würden, um Taiwan bei der Verteidigung beizustehen. Die später in ihrer Bedeutung heruntergespielte Äußerung spiegelte aufs Deutlichste das Unbehagen vieler Republikaner über die Politik „strategischer Ambiguität". Mit der Entscheidung für eine stärkere Unterstützung Taiwans – bei gleichzeitiger Warnung an Taipeh, den Status der Insel nicht einseitig zu ändern – nahm Präsident Bush der im Kongress einflussreichen Taiwanlobby den Wind aus den Segeln.[124]

Taiwan ist für die chinesische Führung eine „unerledigte Aufgabe".[125] Vorbei ist die Zeit, in der sich die taiwanesische und die chinesische Führung auf die Formel verständigen konnten, es gebe nur ein China, und Festland und Taiwan gehörten zu demselben China. Diese Konsensformel aus dem Jahre 1992 findet nicht einmal mehr in der Kuomintang (KMT) Anklang, der nationalistischen Partei Chinas, die lange in Taiwan geherrscht hatte. Die Democratic Progressive Party (DPP) in Taiwan, die mit Tsai Ing-wen 2016 die Präsidentschaftswahlen gewann, versteht Taiwan nicht als Teil Chinas; sie will die faktische Unabhängigkeit von Festlandchina bewahren. Ihren Wahlkampf 2020 bestritt sie unter anderem mit dem Slogan „Heute Hongkong, morgen Taiwan". Nach ihrer Wiederwahl ließ sie vernehmen, Taiwan müsse sich nicht für unabhängig erklären, es sei bereits ein Land mit eigener Identität.[126]

Das Konzept „ein Land, zwei Systeme" als Grundlage einer politischen Lösung mag aus taiwanesischer Sicht nie sehr verlockend gewesen sein. Doch es hat mittlerweile jede Glaubwürdigkeit verloren, nachdem Peking die Zusagen brach, die es für Hongkong gegeben hatte. Peking hatte 1984 in einer Vereinbarung mit Großbritannien, die die Übergabe der Staatshoheit über die britische Kronkolonie an die Volksrepublik China zum 1. Juli 1997 regelte, Hongkong ein hohes Maß an innerer Autonomie zugesichert. Der gradualistische Ansatz, über eine wachsende wirtschaftliche Verflechtung Taiwan an die Volksrepublik heranzulocken, verfängt nicht mehr. Die Befürchtung ist, Peking werde mehr und mehr auf Zwangsmittel setzen, um sich Taiwan einzuverleiben.[127]

Der ungelöste Souveränitätskonflikt birgt Kriegspotenzial.[128] So spitzte sich etwa im März 1996, erstmals seit der Annäherung zwischen den USA und China in den 1970er Jahren, die Lage zu und rückte die Möglichkeit einer militärischen Konfrontation in den Fokus.[129] Als Reaktion auf die chinesische Drohpolitik im Vorfeld der taiwanesischen Präsidentschaftswahl – unter anderem feuerte China drei (nuklearfähige) ballistische Raketen in Richtung der Gewässer um Taiwan, von denen eine fast direkt über Taipeh flog – drohte Verteidigungsminister William Perry einem hochrangigen chinesischen Gesprächspartner in Washington mit „ernsthaften Konsequenzen" für den Fall, dass Taiwan Ziel chinesischer Angriffe würde. Die Entsendung zweier amerikanischer Flugzeugträger in das Süd- und Ostchinesische Meer unterstrich diese Drohung.[130] Aus chinesischer Sicht kam wenige Jahre später ein anderes Ereignis hinzu, das dazu führte, dass die Volksbefreiungsarmee ihre Planungen auf das Szenario eines Krieges mit den USA um Taiwan auszurichten begann: die von den USA angeführte Kosovo-Intervention und die Bombardierung der chinesischen Botschaft in Belgrad am 6. Mai 1999. Eine von den USA geführte Koalition hatte – so die chinesische Sicht – ohne Autorisierung der Vereinten Nationen einen souveränen Staat angegriffen und die Abtrennung eines Teils seines Staatsgebietes erzwungen. Der Angriff auf die Botschaft war aus chinesischer Sicht kein Versehen, wie von Washington behauptet, sondern Ausdruck der feindlichen Haltung der USA gegenüber China.[131]

Die chinesische Führung behält sich ausdrücklich den Einsatz militärischer Gewalt vor, um die völlige Unabhängigkeit Taiwans zu verhindern, wie Präsident Xi Jinping Anfang Januar 2019 noch einmal sehr deutlich betonte.[132] In dem im Juli 2019 veröffentlichten Bericht zur nationalen Verteidigung heißt es mit Blick auf Taiwan: „China hat die feste Entschlossenheit und die Fähigkeit, die nationale Souveränität und territoriale Integrität zu schützen, und wird zu keiner Zeit die Abspaltung eines Teils seines Territoriums durch irgendjemanden, irgendeine Organisation oder irgendeine politische Partei mit irgendwelchen Mitteln zulassen. Wir versprechen nicht, auf die Anwendung von Gewalt zu verzichten, und behalten uns die Möglichkeit vor, alle notwendigen Maßnahmen zu ergreifen."[133]

Aus chinesischer Sicht mag es ein defensives Ziel sein, die dauerhafte Unabhängigkeit Taiwans von Festlandchina zu verhindern. Taiwan soll davon abgehalten werden, sich für unabhängig zu erklären. Militärisch ist die Ausrichtung jedoch offensiv und muss somit als ein Drohpotenzial wahrgenommen werden, mit dem Taiwan gezwungen werden soll, sich den Forderungen der Volksrepublik zu fügen, zumal die Volksrepublik immer wieder Militärübungen vor Taiwan abhält und chinesische Kampfflugzeuge immer wieder in die taiwanesische Luftverteidigungszone eindringen. Die USA betrachten ihre Sicherheitszusage an Taiwan und die Lieferung von Waffensystemen als defensiv orientiert. Aus Pekinger Sicht lassen sich die defensive Rüstung Taiwans und die Bewahrung der amerikanischen Interventionsfähigkeit in einer Krise jedoch als Schutzschirm interpretieren, unter dem Taiwan die Unabhängigkeit erklären könnte.[134] Aus chinesischer Perspektive sollen die militärischen Fähigkeiten zur „Zugangs- und Raumverweigerung" („anti-access/area denial") im Süd- und im Ostchinesischen Meer die „Kerninteressen" in der Region sichern, vor allem das Interesse, Taiwan daran zu hindern, sich für unabhängig zu erklären. Aus amerikanischer Sicht wird dies als Aufbau von Offensivfähigkeiten wahrgenommen, die den USA die Machtprojektion in der Region erschwert und mit hohen Risiken belastet.[135]

In der Taiwanfrage bewegt sich die amerikanische Politik auf einem schmalen Grat: Taiwan soll so unterstützt werden, dass

China abgeschreckt wird, aber nicht in einer solchen Weise, dass das Land ermutigt würde, sich formell für unabhängig zu erklären. Der Volksrepublik muss vermittelt werden, dass eine Aggression hochriskant wäre, aber gleichzeitig muss signalisiert werden, dass die USA Chinas rote Linie respektieren, nämlich die formelle Unabhängigkeit Taiwans.[136]

Die Biden-Administration setzte die bereits unter Trump eingeleitete Verdichtung der Beziehungen zu Taipeh fort.[137] Unter Präsident Trump waren die Restriktionen für Treffen zwischen amerikanischen und taiwanesischen Diplomaten gelockert worden.[138] Diese Beschränkungen hatte es seit dem Abbruch der diplomatischen Beziehungen zu Taiwan im Jahr 1979 gegeben. Erstmals seit Aufnahme diplomatischer Beziehungen mit Peking 1978 lud ein neuer US-Präsident den taiwanesischen Gesandten zur Inauguration ein.[139] Nicht nur in die diplomatischen Beziehungen war Bewegung gekommen. Laut Presseberichten im Oktober 2021 waren amerikanische Militärausbilder seit über einem Jahr in Taiwan tätig.[140] Washington beabsichtigt, die Zahl der Soldaten auf der Insel zu erhöhen – von 30 auf etwa 100 bis 200. Damit soll das Ausbildungsprogramm für das taiwanesische Militär intensiviert werden.[141]

Wiederholt erweckte Präsident Biden in Äußerungen fälschlicherweise den Eindruck, die USA hätten wie im Falle der NATO eine vertragliche Verpflichtung, Taiwan im Falle eines militärischen Angriffs zu unterstützen. Im Oktober 2022 sprach er davon, die USA würden Taiwan im Falle eines „beispiellosen Angriffes" („unprecedented attack") verteidigen – was immer er auch darunter verstehen mochte. Das Weiße Haus relativierte jeweils kurz darauf die Äußerungen des Präsidenten: Es gebe keine Abkehr von der bisher geltenden Politik der „strategischen Zweideutigkeit".[142] Innenpolitisch ist die traditionelle Politik umstrittener denn je.[143] Im Kongress artikuliert sich das Unbehagen etwa in dem nicht nur, aber vor allem von Republikanern initiierten Taiwan Invasion Prevention Act. Dieser gäbe dem Präsidenten eine Art Generalvollmacht zur militärischen Unterstützung Taiwans, um schnelles Handeln zu ermöglichen.[144]

Die amerikanische Presse ist voll von einem möglichen Krieg um Taiwan. Russlands Angriffskrieg gegen die Ukraine hat Schockwellen bis in den Indopazifik ausgelöst. Aussagen wie die des US-Luftwaffengenerals Michael Minihan, Kommandant des Air Mobility Command, dass es 2025 zum Krieg mit China kommen werde, geben dieser Stimmung Nahrung.[145] Der Vorsitzende der Joint Chiefs of Staff, General Mark Milley, warnte im März 2023 vor der „überhitzten" („overheated") Rede von einem drohenden Krieg zwischen China und den USA. Weder stehe er bevor, noch sei er unausweichlich.[146]

Plant China bereits eine Invasion Taiwans in den nächsten Jahren? Hochrangige amerikanische Militärs haben in den letzten Jahren immer wieder auf diese Möglichkeit hingewiesen. Und spricht nicht einiges dafür? In Geheimdienstberichten ist die Rede davon, dass die Volksrepublik plane, bis 2027 die Fähigkeit zu einem militärischen Vorgehen gegen Taiwan zu besitzen. Wiederholt hat die Pekinger Führung davon gesprochen, dass es zu einer Wiedervereinigung Taiwans mit Festlandchina kommen müsse. Doch ein genauerer Blick lässt bezweifeln, dass die militärische Option eine beschlossene Angelegenheit ist. Auch wenn Xi Jinping, wie es scheint, die Volksbefreiungsarmee angewiesen hat, bis 2027 zu einem militärischen Vorgehen in der Lage zu sein, bedeutet dies nicht, dass eine Entscheidung gefallen ist – so auch die Einschätzung der amerikanischen Geheimdienste. Es geht um militärische Fähigkeiten, politisch scheint Peking nach wie vor darauf zu setzen, die Kontrolle über Taiwan mit anderen Mitteln als mit einem Krieg zu erlangen.

Peking würde es sicherlich bevorzugen, wenn die bisherige Einschüchterungspolitik – beständige militärische Drohgebärden, wirtschaftlicher Druck, diplomatische Isolierung – zu einem Stimmungsumschwung in Taiwan führen und der Selbstbehauptungswille gebrochen würde – und Kräfte an die Macht kämen, die sich offen für die politischen Forderungen der Volksrepublik zeigen. Dass für militärische und auch wirtschaftliche Entwicklungen bestimmte Daten gesetzt werden, hat in der Volksrepublik durchaus Tradition. 2027 ist der 100. Jahrestag der Gründung der Volksbefreiungsarmee. Auch Äußerungen, in denen die Dringlichkeit und historische Unvermeidlichkeit einer Wiedervereinigung beschworen werden und die militärische Option nicht ausgeschlossen wird, haben nicht minder eine lange Tradition. Weniger im Inhalt, sondern eher im Ton unterscheidet sich Xi Jinping von seinen Vorgängern. Bislang weist öffentlich nichts darauf hin, dass in Peking Planungen für eine Besetzung und Verwaltung Taiwans im Gange sind und die politischen Kader auf einen Krieg mit potenziell hohen Kosten vorbereitet werden.[147] Ein militärischer Konflikt um Taiwan würde dem Bestreben zuwiderlaufen, eine weltweite Führungsposition einzunehmen – worauf auch in der amerikanischen Debatte gelegentlich hingewiesen wird.[148]

Die Diskussionen in den USA sind stark fixiert auf eine potenzielle Invasion Taiwans durch die Volksbefreiungsarmee. In den USA gibt es unterschiedliche Auffassungen darüber, ob China bald den Zenit seiner Macht überschreiten und daher die chinesische Führung in den nächsten Jahren die „Wiedervereinigung" mit Taiwan erzwingen werde. Doch auch wenn Chinas Bevölkerung schrumpft, heißt das nicht, dass mit einem schnellen wirtschaftlichen Abstieg des Landes zu rechnen sei; China bleibe auch dann zweitstärkste Wirtschaftsmacht – so andere Stimmen in der amerikanischen Debatte.[149]

Sollte sich Peking zu einem militärischen Vorgehen gegen Taiwan entschließen, würde das vermutlich erfordern, frühzeitig amerikanische Stützpunkte auf Guam und in Japan anzugreifen. Doch selbst wenn China dies mit Erfolg durchführen könnte, blieben den USA Möglichkeiten, gegen anlandende chinesische Kräfte vorzugehen, etwa mit Raketen und Marschflugkörpern, die von Langstreckenbombern und U-Booten abgefeuert würden. Doch es gibt für Peking auch andere Möglichkeiten als eine hochriskante amphibische Landung, um die Kontrolle über Taiwan zu erlangen. Weniger riskant und doch wirkungsvoll könnte eine Strategie sein, die auf die Isolation Taiwans zielt: eine See- und Luftblockade der Insel. Würden die USA und andere Staaten versuchen, diese Blockade zu durchbrechen, könnte auf ihnen die Last ruhen, den ersten Schuss abgefeuert zu haben. Verzichteten sie darauf, die Blockade zu durchbrechen, könnte dies den Durchhaltewillen Taiwans schwächen und das Land zur Kapitulation vor den Forderungen Pekings zwingen.[150]

Eine chinesische Blockade der Insel würde die USA in eine gefährliche Konfrontation mit China verwickeln. Wirtschaftliche Verflechtung mag die Vermeidung eines Krieges als rationales Gebot erscheinen lassen; Interdependenz kann jedoch in einer sich zuspitzenden Krisensituation die wechselseitige Erwartung nähren, die andere Seite werde aus rationalem Kalkül zuerst nachgeben – mit der Konsequenz, dass die Krise in einen militärischen Konflikt mündet.[151]

Sollte es zu einer Konfrontation kommen, rechnet man in Washington mit chinesischen Cyberangriffen. China ist es offenbar gelungen, einen schädlichen Code in Netzwerke einzuschleusen, die die Strom- und Wasserversorgung sowie die Kommunikationssysteme amerikanischer Militärstützpunkte in den USA und im Ausland steuern. Befürchtet wird, China könne im Falle eines Konfliktes um Taiwan so die militärischen Operationen der USA stören. Unklar ist, ob die chinesischen Aktivitäten im Falle einer Krise auch auf die Sabotage der zivilen Infrastruktur in den USA zielen. Bislang hatten die Cyberaktivitäten Chinas, soweit bekannt, eine nachrichtendienstliche Stoßrichtung. Am bekanntesten ist der Diebstahl von Dateien des Office of Personal Management, die die Akten von 22 Millionen Sicherheitsüberprüfungen enthielten – und damit eine Fülle persönlicher Informationen zu Beamten und Regierungsmitarbeitern. Das führte zu einer Vereinbarung zwischen Obama und Xi Jinping, die, wie es heißt, kurzzeitig zu einer Verringerung der chinesischen Cyberaktivität in den USA führte. Die USA, auch das ist bekannt, hatten sich in das Netzwerk von Huawei eingehackt.[152]

Im Falle einer schnellen erfolgreichen Besetzung Taiwans würden die Machtressourcen Pekings wachsen. U-Boote und Anlagen zur Unterwasseraufklärung ließen sich dort stationieren. Von Taiwan aus könnten chinesische U-Boote, seien es Jagd-U-Boote oder strategische U-Boote mit ballistischen Raketen, in das Philippinische Meer auslaufen und jenen Engstellen ausweichen, an denen die USA bislang ihre Route verfolgen können.[153]

Weltwirtschaftlich hätte ein militärischer Konflikt um Taiwan enorme Auswirkungen. Denn Taiwan ist das „Epizentrum der weltweiten Halbleiterproduktion".[154] Die Taiwan Semiconductor Manufacturing Company (TSMC) gehört zu den wertvollsten börsengehandelten Firmen. In Taiwan erfolgen 37 Prozent der weltweiten Produktion an Logikchips, bei den leistungsfähigsten sind es sogar mehr als 90 Prozent.[155] Wenn in den USA 53 Milliarden US-Dollar Fördermittel in die heimische Produktion von Mikrochips fließen, wie es nach dem im Juli 2022 verabschiedeten Chips and Science Act vorgesehen ist, dann hat das auch mit der Möglichkeit eines Konflikts um Taiwan zu tun.[156] Schon eine Blockade Taiwans, die den internationalen Handel des Landes unterbinden würde, hätte gravierende weltwirtschaftliche Auswirkungen. Wertschöpfungsketten in zentralen Bereichen der Industrieproduktion wären dann unterbrochen.[157]

2.3.3 Rüstungskonkurrenz und Instabilitätsrisiken

Die USA und China sehen sich als potenzielle Gegner und richten ihre militärischen Planungen entsprechend aus. Die Möglichkeit einer militärischen Konfrontation zwischen den USA und der Volksrepublik China über Taiwan besteht. Eine sich zuspitzende Krise birgt beträchtliche militärische Instabilitätsrisiken. Washington nimmt an, China werde in einer Krise offensive präemptive Optionen verfolgen. Jedenfalls sind nach Einschätzung der USA die Anreize zu einem solchen Vorgehen gegen ihre Streitkräfte im Pazifik groß, etwa in Form massiver Raketensalven. Umgekehrt bestehen für die USA Anreize, zügig Raketensysteme auf dem chinesischen Festland auszuschalten, die amerikanische Überwasserschiffe gefährden könnten. Ein solcher Angriff könnte unbeabsichtigt auch chinesische Atomraketen oder ihre Kommando- und Kontrolleinrichtungen neutralisieren, da konventionelle und nukleare Kräfte auf chinesischer Seite zu einem gewissen Grad räumlich vermischt sind. Es ist daher nicht auszuschließen, dass China in einer ernsthaften Konfrontation versucht sein könnte, Nuklearwaffen kürzerer Reichweite einzusetzen, bevor sie außer Gefecht gesetzt werden: sei es, um den USA die Risiken einer Eskalation vor Augen zu führen, sei es, um eine befürchtete Unterlegenheit bei den konventionellen Kräften auszugleichen, sei es in einem Konflikt um Taiwan, in dem Emotionalität schwerer wiegen könnte als Rationalität.[158]

Als Folge dieser Entwicklung sind die amerikanisch-chinesischen Beziehungen vom Sicherheitsdilemma geprägt. Nun ist es keineswegs leicht für Staaten, aus dem Sicherheitsdilemma auszubrechen. Um den Gegner der eigenen defensiven Absichten zu versichern, sind Schritte notwendig, die womöglich als zu riskant gelten – zumindest dann, wenn die gegenwärtigen oder künftigen Absichten des Gegners als offensiv aufgefasst werden.[159] Sicherheitsdilemmata zwischen Staaten lassen sich zwar mit wechselseitigen transparenz- und vertrauensbildenden Maßnahmen und Rüstungskontrolle abmildern.[160] Aber in den amerikanisch-chinesischen Beziehungen scheint die Sensibilität für mögliche Sicherheitsdilemmata auf beiden Seiten begrenzt zu sein, da die vorherrschenden Narrative der eigenen Seite grundsätzlich defensive Absichten zuschreiben. Ob die chinesische Führung selbst an das von ihr propagierte Narrativ glaubt, lässt sich nicht beantworten. Dominante Narrative enthalten jedoch Parameter für die eigene Außenpolitik und bilden den Deutungsrahmen für die Wahrnehmung anderer Akteure. China sieht sich im offiziellen Selbstverständnis als lange erniedrigte Macht, die den einstigen respektierten zentralen Platz nach dem Jahrhundert der Erniedrigung wieder einnehmen wird. Demnach sei China, wie die Geschichte gezeigt habe, ein friedlich gesinntes, nicht aggressiv-expansives Land, dessen Wiederaufstieg die Vereinigten Staaten behindern.[161] Auch in den USA ist die Sensibilität für das Sicherheitsdilemma nicht besonders ausgeprägt. Ihrem Selbstverständnis nach sind die USA als liberale Demokratie per se keine Bedrohung für andere Staaten. Daher liege es im Interesse aller Wohlmeinenden, wenn Washington mit überlegener militärischer Stärke die internationale Stabilität garantiere.[162] Die Wechselwirkung zwischen defensivem, friedlichem Selbstbild und der Tendenz, dem Gegner offensive, aggressive Absichten zu attestieren, kann eine Konfliktspirale auslösen.[163]

In Präsident Bidens Umfeld blickt man mit Sorge auf eine mögliche künftige Rüstungskonkurrenz zwischen China und den USA gerade im Bereich von Überschall-, Cyber- und Weltraumwaffen. Washington ist daher an Gesprächen über Fragen strategischer Stabilität interessiert. Zunächst soll es darum gehen, unbeabsichtigte militärische Konflikte zu vermeiden, zumal es keine festen Kommunikationskanäle zwischen dem amerikanischen und dem chinesischen Militär gibt. Danach soll über die Nuklearstrategien beider Länder ebenso geredet werden wie über Instabilitätsrisiken, die aus Cyber- und Antisatellitenangriffen entstehen können. Schließlich könnten, so die Hoffnung, irgendwann in der Zukunft Rüstungskontrollgespräche auf die Tagesordnung kommen.[164]

Die USA haben zwar wiederholt einen Dialog über strategische Stabilität angeboten, aber nie gesagt, was sie unter strategischer Stabilität verstehen. Auch haben die USA kein Interesse an Parität oder engen Grenzen für Raketenverteidigungssysteme. Aus chinesischer Sicht muss das, wie es ein amerikanischer Experte formuliert hat, den Eindruck erwecken, „dass das Ziel der USA darin besteht, die militärische Überlegenheit und Hegemonie zu bewahren".[165]

3. Dimensionen und Dynamik der strategischen Rivalität

Das amerikanisch-chinesische Verhältnis lässt sich als komplexe „strategische Rivalität" interpretieren. Die beiden Protagonisten verstehen sich in der Wahrnehmung der politischen Führungen nicht nur als Statuskonkurrenten um Macht und Einfluss und als Systemantagonisten, sondern auch als potenzielle militärische Gegner.[1]

Die sich zuspitzende strategische Rivalität, die in unvereinbaren Zielen und wechselseitigen Bedrohungsvorstellungen wurzelt, hat eine regionale, eine globale und eine technologische Dimension. Regional geht es um die Vormacht im pazifischen Asien, global um Einfluss und im technologischen Bereich um die Führungsrolle. Das Wetteifern um Letztere ist deshalb so ausgeprägt, weil die Einführung neuer bahnbrechender Technologien wirtschaftliches Wachstum schafft und weltwirtschaftlich Wettbewerbsvorteile sichert, die auch militärisch nutzbar sind.[2] Das ist ein gewichtiger Unterschied zur Rüstungskonkurrenz zwischen den USA und der Sowjetunion: Gegen einen technologisch rückständigen Gegner konnte Washington die militärtechnologische Konkurrenz auf Bereiche verlagern, in denen die Sowjetunion schwach war. Nun aber sehen sich die USA einem Kontrahenten gegenüber, bei dem diese Option nicht besteht. Denn China hat technologisch aufgeholt und ist sogar führend in einigen Bereichen wie Quantencomputing und Robotik. Die Bewahrung oder Wiederherstellung technologischer Führerschaft hat also eine große militärische Bedeutung.[3] Kontrovers ist, ob China militärtechnologisch wirklich mithalten kann. Gemeinhin wird angenommen, aufstrebende Staaten könnten militärtechnologisch rasch aufholen, da sie als „Trittbrettfahrer" existierende Waffensysteme durch Technologietransfer und Spionage imitieren oder replizieren können. Einer Studie zufolge lassen sich hochkomplexe moderne Waffensystem aber keineswegs so einfach kopieren wie Waffen in früheren Zeiten; denn in ihre Produktion fließt eine Menge an erfahrungsgebundenem und organisatorischem Know-how ein.[4]

3.1 Die regionale Dimension: Rivalität um die Vormachtstellung im pazifischen Asien

Der amerikanisch-chinesische Konflikt ist im westlichen Pazifik, vor allem im Südchinesischen Meer, aufgrund der Interessenlagen und Bedrohungsvorstellungen auf beiden Seiten ausgeprägter als an der kontinentalen Peripherie Chinas.[5] Im „maritimen Asien" ist die Beziehung antagonistisch, von militärischen Bedrohungsvorstellungen durchtränkt und vom chinesischen Bestreben gekennzeichnet, die USA in ihrer bisherigen Rolle herauszufordern.[6]

Auf amerikanischer Seite ist die Wahrnehmung verbreitet, China sei dabei, eine exklusive „maritime Einflusssphäre" im Südchinesischen Meer zu etablieren.[7] Demnach baue China seine militärischen Fähigkeiten aus, um der amerikanischen Interventionsfähigkeit an seiner Peripherie etwas entgegenzusetzen und seine militärische Macht in den ostasiatischen Raum und darüber hinaus zu projizieren. In Verbindung mit verstärkter wirtschaftlicher Einflussnahme diene dies dazu, die USA von Asien zu „entkoppeln" und die eigene Vorherrschaft in der Region zu gewährleisten.[8] Eine der großen Befürchtungen infolge der starken wirtschaftlichen Rolle Chinas lautet, das Land könne asymmetrische Wirtschaftsbeziehungen nutzen, um die sicherheitspolitische Orientierung anderer Staaten zu beeinflussen. China könne versuchen, die Bündnisbeziehungen asiatisch-pazifischer Staaten mit den USA zu unterminieren und diese Länder dazu zu veranlassen, sich an China anzulehnen. Ausgeblendet bleibt bei dieser Sorge, dass die Volkswirtschaften der ostasiatischen Staaten (abgesehen von Nordkorea) global integriert sind. Chinas Fähigkeit, wirtschaftliche Stärke sicherheitspolitisch zu instrumentalisieren, dürfte daher begrenzt sein.[9]

Im chinesischen Diskurs herrscht die Selbstwahrnehmung vor, dass China keineswegs, wie auf amerikanischer Seite vermutet, externe Akteure aus der Region verdrängen will. China sei vielmehr einem offenen Regionalismus verpflichtet. Das chinesische Verhalten im Südchinesischen Meer, namentlich die entschlossene Behauptung fragwürdiger, historisch begründeter territorialer Ansprüche und der Aufbau militärischer Außenposten auf künstlichen Inseln, lässt sich jedoch als Indiz werten, dass China sich auf eine Politik des Ausschlusses zubewegt. Ob China auf Dauer an der Linie festhält, keine Exklusionsdoktrin zu verfolgen, ist fraglich. Zu berücksichtigen ist jedoch, dass es in China eine historisch begründete Abneigung gegen Doktrinen dieser Art gibt, erinnern sie doch an die japanische Einflusssphärenpolitik der 1930er Jahre.[10]

Im Südchinesischen Meer kollidieren zum einen Chinas Ansprüche auf einige Inseln, aus der Flut ragende Erhebungen und Felsenriffe mit denjenigen der Anrainerstaaten Vietnam, den Philippinen, Malaysia und Brunei. Zum anderen erhebt China Souveränitätsansprüche im Gebiet der sogenannten Neun-Striche-Linie, das den Großteil des Südchinesischen Meeres ausmacht und sich mit den ausschließlichen Wirtschaftszonen

(Exclusive Economic Zones) der zuvor genannten vier Staaten und Indonesiens überlappt. Zudem interpretiert China (wie einige andere Länder) die Seerechtskonvention in dem Sinne, dass Staaten das Recht haben, in ihrer ausschließlichen Wirtschaftszone, die bis 200 Seemeilen vor die Küste reicht, militärische Aktivitäten anderer Staaten zu regulieren und zu verbieten. Diese Auffassung weisen die USA entschieden zurück.[11]

Im Südchinesischen Meer prallen unvereinbare seerechtliche Positionen aufeinander, deren Konflikthaltigkeit für die amerikanisch-chinesischen Beziehungen im Laufe des letzten Jahrzehnts immer deutlicher geworden ist.[12] Grundlage dafür ist der zentrale Konflikt zwischen dem amerikanischen Anspruch auf Freiheit der Meere und dem chinesischen Anspruch auf eine Einflusssphäre. Gespeist wird der Konflikt durch die wechselseitige Bedrohungsvorstellung, die andere Seite könne in einer Krise Seeverbindungen im Südchinesischen Meer blockieren, die für die Handelsschifffahrt wichtig sind. Sollte China sich zu einem solchen Schritt entschließen, wären die wirtschaftlichen Kosten vermutlich eher gering, wenn der Schiffsverkehr nach Australien, Japan oder Südkorea umgeleitet würde, etwa über die Sunda- oder die Lombokstraße. Doch ein großer Teil der Güter, die über das Südchinesische Meer verschifft werden, kommt von China oder geht dorthin. China hat insofern großes Interesse an ungehindertem Schiffsverkehr. Die chinesische Seite befürchtet, die USA könnten in einer Krise die Straße von Malakka abriegeln und so die chinesische Energieversorgung empfindlich treffen.[13] Diese 805 Kilometer lange, 65 bis 250 Kilometer breite Seeverbindung zwischen dem Indischen Ozean und dem Südchinesischen Meer ist für den internationalen Handelsverkehr von enormer Bedeutung, ganz besonders für China, nicht nur mit Blick auf die Öllieferungen aus dem Nahen und Mittleren Osten, sondern auch für die chinesischen

Exporte. In der chinesischen Diskussion ist vom „Malakka-Dilemma" die Rede. Die Bezeichnung stammt von dem chinesischen Präsidenten Hu Jintao, der damit im November 2003 die chinesische Verwundbarkeit durch eine maritime Blockade durch die USA in der Straße von Malakka ansprach.[14]

Der geopolitische Konflikt um das Südchinesische Meer ist zudem mit der nuklearen Dimension verwoben.[15] China scheint dieses Meer im Sinne einer geschützten Bastion für nuklear bewaffnete U-Boote auszubauen, mit denen das Land die Zweitschlagfähigkeit gegenüber den USA sicherstellen will.[16] Lange verfügte China über keine seegestützten strategischen Raketen, die vom Südchinesischen Meer aus nicht nur Alaska und Guam, sondern auch die kontinentalen USA erreichen können. Mit 7200 Kilometer ist die Reichweite der JL-2-Rakete dafür nicht ausreichend. Wie der Kommandeur der amerikanischen Pazifikflotte im November 2022 mitteilte, kann die neue seegestützte JL-3-Rakete mit ihrer Reichweite von etwa 10 000 Kilometern aus chinesischen Gewässern den nordwestlichen Teil der kontinentalen USA erreichen. Um Ziele im Osten der USA abzudecken, etwa in Washington, D. C., müssten die strategischen U-Boote aber das Südchinesische Meer verlassen. Im Vergleich mit amerikanischen und russischen nuklearen U-Booten sind die chinesischen recht laut und daher leichter zu entdecken und zu bekämpfen (die neue, im Bau befindliche Generation strategischer U-Boote scheint dank russischer Technologie leiser zu sein). Es wäre somit für China riskant, die Unterwasserschiffe durch die Engstellen der ersten Inselkette (die von den Kurilen über die japanischen Inseln und Taiwan bis Borneo reicht) in den Pazifik zu verlagern. Es ist folglich damit zu rechnen, dass im Konfliktfall die strategischen U-Boote in der geschützten Bastion des Südchinesischen Meeres bleiben.[17] Die Sicherung dieses Meeresgebiets gegen die amerikanischen

Kräfte zur strategischen U-Boot-Bekämpfung ist enorm herausfordernd – der Ausbau künstlicher Inseln ist auch in diesem Zusammenhang zu sehen.[18]

War der Ost-West-Konflikt in seiner europäischen Zentralregion durch klar definierte Einflusssphären in gewissem Sinne stabilisiert, so ist die geostrategische Situation in Ostasien eine andere, instabilere. Es fehlt an einer deutlichen Abgrenzung von Einflusssphären und an respektierten Pufferzonen. Chinas Bemühen, innerhalb der ersten Inselkette eine Art Sicherheitszone zu schaffen, fordert die Seemacht USA heraus.[19] Die USA und China sind in dieser Region in einem geradezu klassischen geopolitischen Konflikt verfangen – in einem Machtkonflikt, in dem es um Einfluss und Kontrolle in einem strategisch wichtigen Raum geht.[20]

In der Region des Indopazifiks betreibt die Biden-Administration eine Politik modularer Gegenmachtbildung. Militärisch ist diese gestützt auf die Präsenz von rund 100 000 Soldaten in der Region, die vor allem in Japan und Südkorea stationiert sind. Nur wenig hat sich seit Mitte der 1990er Jahre verändert: Die Truppenstärke in Südkorea wurde Anfang des Jahrtausends um 10 000 auf etwa 28 500 verringert, und vor nicht allzu langer Zeit wurden etwa 9000 Marinesoldaten von Okinawa nach Guam verlegt, sodass noch etwa 50 000 Soldaten in Japan stationiert sind. Zu nennen sind ferner als Reaktion auf die neue Sicherheitslage einige weitere Veränderungen im Laufe der letzten Jahre: darunter die Stationierung von 2500 Marinesoldaten in Darwin in Australien und der verbesserte Zugang zu Stützpunkten und Häfen im Indischen Ozean und in Südostasien.[21] Chinas Arsenal an zielgenauen Raketen ist aus amerikanischer Sicht eine wachsende Bedrohung für die amerikanischen Luftwaffenstützpunkte in der Region. Die USA haben darauf mit der Verlagerung der amerikanischen Luftstreitkräfte weg von wenigen großen Stützpunkten hin zu einer größeren Zahl kleinerer Basen in der Region reagiert.[22]

Anders als in Europa beruht die Sicherheitspolitik der USA in dieser Region nicht auf einem breiten multilateralen Bündnis wie der NATO, sondern auf einer Reihe von bilateralen Beziehungen. Nun sind die USA bestrebt, die Beziehungen der verbündeten und befreundeten Staaten untereinander auszubauen, im Sinne sich überlappender Sicherheitspartnerschaften. Dies soll auch dazu dienen, die Interoperabilität zwischen den Streitkräften zu verbessern.[23]

Ein „Gitterwerk von Bündnissen und Partnerschaften" soll entstehen, alte Bündnisse werden überholt, neue Komponenten hinzugefügt.[24] So aktivierte die Biden-Administration den Quadrilateral Security Dialogue (Quad) zwischen den USA, Indien, Japan und Australien. Sichtbarer Ausdruck war das Gipfeltreffen im September 2021 in Washington. Ursprünglich war die Quad-Gruppe 2004 auf Initiative des US-Präsidenten George W. Bush ins Leben gerufen worden, um die Hilfe nach dem Tsunami im Indischen Ozean zu koordinieren. Wiederbelebt wurde die Gruppierung in den Jahren 2017–2019 aufgrund des Aufstiegs Chinas. Auch wenn dies so deutlich nicht ausgesprochen wird, geht es um Gegenmachtbildung. Peking nimmt die Quad auch so wahr, wenn sie diese – sicher übertrieben – als eine gegen China gerichtete „Asian NATO" kritisiert. Für die USA liegt der Charme dieses Formats darin, dass Indien einbezogen ist und sich so eine gewisse Übereinstimmung der vier größten Demokratien in der Region des Indopazifiks demonstrieren lässt (wenn man denn Indien als „illiberale Demokratie" dazurechnet). Jedoch hat Indien mit seiner Betonung strategischer Autonomie und seinen Beziehungen zu Russland und Iran eine besondere Rolle. Neu-Delhi will den Eindruck vermeiden, Teil eines gegen China gerichteten Bündnisses zu sein. Für die USA geht es jedenfalls darum, die Beziehungen zu Indien zu verdichten. Ausdruck davon ist etwa die 2023 verkündete U.S.-India Initiative on Critical and Emerging Technology. Die USA wollen die technologische Kooperation mit Indien in den Bereichen fortgeschrittene Waffensysteme, Supercomputer und Halbleiter ausbauen. Zwar wurden in kleinerem Umfang gemeinsame Manöver der vier Staaten durchgeführt, doch das sicherheitspolitische Interesse ist keineswegs deckungsgleich. Die USA, Japan und Australien blicken vor allem auf das Südchinesische Meer und einen möglichen Konflikt um Taiwan, in Indien richtet sich der Blick auf die territorialen Konflikte mit China in Ladakh und Tibet.[25]

Neu geschaffen wurde AUKUS, eine Sicherheitspartnerschaft zwischen Australien, Großbritannien und den USA.[26] Begonnen hatte dies mit dem Wunsch Australiens, nuklearangetriebene U-Boote zu erwerben, ein Wunsch, der im April 2021 an die Biden-Administration gerichtet wurde. Ursprünglich wollte Canberra dieselelektrische U-Boote aus Frankreich kaufen. Diese gelten jedoch inzwischen mit Blick auf Chinas wachsende Seemacht als unzureichend. Denn für offensive Operationen auf offener See, für die Machtprojektion, sind nukleare U-Boote weit besser geeignet. Diese haben eine größere Reichweite, sie können länger unter Wasser bleiben und sind schwerer zu entdecken als dieselgetriebene U-Boote. Das wichtigste Element von AUKUS ist die Vereinbarung, dass mit amerikanischer und britischer Unterstützung acht nukleargetriebene U-Boote in Australien gebaut werden. In der Praxis bedeutet dieses Kooperationsvorhaben eine starke Verschränkung der Rüstungsindustrien der drei beteiligten Länder. Die USA hatten die Technologien zum Bau nukleargetriebener U-Boote in der Vergangenheit nur Großbritannien zur Verfügung gestellt. Doch bis die geplanten Boote im Einsatz sind, vergehen noch etliche Jahre, voraussichtlich wird dies erst Anfang der 2040er Jahre sein. Für die nächsten Jahre ist vorgesehen, dass die USA und Großbritannien vermehrt eigene U-Boote im Pazifik patrouillieren lassen. Die USA machen das ohnehin, neu an dem Vorhaben ist allerdings, dass die Schiffe einen Marinestützpunkt in Australien nutzen. Eine andere Zwischenlösung ist der geplante Verkauf dreier amerikanischer U-Boote der Virginia-Klasse (nuklear getriebener Angriffs-U-Boote) an Australien, vorausgesetzt, der US-Kongress gibt grünes Licht. Die politische Bedeutung des U-Boot-Geschäftes liegt in der Verdichtung der amerikanischen Bündnisbeziehungen im Indopazifik. Dazu gehören auch der Verkauf von 400 Tomahawk-Marschflugkörpern an Japan, die Ziele in China erreichen können, und die Vereinbarung mit Manila über den Zugang zu weiteren Stützpunkten.

Die Philippinen, einst eine amerikanische Kolonie und seit 1951 mit den USA in einem Beistandsvertrag (Mutual Defense Treaty) verbunden, spielen in der Politik der Gegenmachtbildung eine militärisch wichtige Rolle. Unter dem populistischen Präsidenten Rodrigo Duterte gestalteten sich die Beziehungen schwierig; 2020 drohte er das Visiting Forces Agreement aufzukündigen und damit die amerikanische Militärpräsenz im Land zu beenden. Unter seinem Nachfolger Ferdinand Marcos Jr., Sohn des 1986 gestürzten Diktators und seit Mai 2022 im Amt, näherte sich das Land den USA wieder an. Im Februar 2023 gab die Regierung in Manila bekannt, dem amerikanischen Militär zusätzlich zu den bereits bestehenden fünf die Nutzung von vier weiteren namentlich nicht genannten Stützpunkten zu erlauben. Subic Bay, einst größter amerikanischer Stützpunkt außerhalb der USA, und Clark Base gehören wohl nicht dazu. Beide Stützpunkte spielten im Vietnamkrieg eine wichtige Rolle; in den 1990er Jahren untersagte Manila deren

Nutzung. Laut der Verfassung des Landes sind permanente Stützpunkte einer anderen Macht im Land nicht erlaubt, es sei denn, dass Parlament würde dem zustimmen. Warum ist die Nutzung von Stützpunkten auf den Philippinen für die USA mit Blick auf China so wichtig? Ganz einfach: Vom Norden des Landes sind es nur 400 Kilometer bis Taiwan. Zum ersten Mal seit einem Jahrzehnt fanden im April 2023 wieder gemeinsame philippinisch-amerikanische Militärmanöver statt. [27]

Die amerikanisch-chinesische Einflusskonkurrenz hat auch dafür gesorgt, dass Washington gut ein Dutzend kleinerer Inselstaaten im Pazifik hofiert, die sich auf die drei Inselgruppen Melanesien, Mikronesien und Polynesien verteilen. Dieses Gebiet ist sowohl für China als auch für die USA geopolitisch von wachsender Bedeutung. Militärisch sind die USA auf den Inseln zum einen mit eigenen Stützpunkten präsent: auf Hawaii und auf Guam und Wake, zwei Außengebieten (nicht inkorporierten Territorien) der USA; zum anderen haben sie Zugangsrechte auf den Marshallinseln, den Föderierten Staaten von Mikronesien und Palau, die zur sogenannten zweiten Inselkette gehören. Im Falle eines Krieges mit China können die USA vor dort sicherer operieren, als es von der ersten Inselkette der Fall wäre, wo amerikanische Kräfte in Reichweite chinesischer Raketen agieren müssten. China ist seit Längerem dabei, die wirtschaftlichen und politischen Beziehungen mit Inseln im westlichen Pazifik auszubauen. Zehn pazifische Inselstaaten haben sich der Belt and Road Initiative angeschlossen. Am erfolgreichsten war Peking bislang in den Beziehungen zu den Salomonen. Die chinesischen Avancen gipfelten dort in einer im April 2022 abgeschlossenen Vereinbarung, die zu einer Präsenz chinesischer Sicherheitskräfte auf der Inseln führen könnte. Fehlgeschlagen ist das Bemühen Pekings, über die Finanzierung der Modernisierung einer Hafenanlage die Möglichkeit eines militärischen Zugangs auf Papua-Neuguinea zu erhalten. Hier kamen die USA und Australien zum Zuge.

Die USA haben die Inseln in dieser Region in ihrer Bedeutung für die Einflussrivalität mit China entdeckt. Eine Reihe diplomatischer Initiativen unter Präsident Biden zeugt davon: Im September 2022 fand erstmals ein U.S.-Pacific Island Country Summit statt, das Weiße Haus veröffentlichte eine Pacific Partnership Strategy.[28] Konkreter Ausdruck dieser neuen Aufmerksamkeit ist das Partnerschaftsabkommen, das die USA im September 2022 mit 14 dieser Inseln unterzeichneten. Washington stellt Kooperation und Investitionen in jenen Bereichen in Aussicht, die für diese Inseln von großer Bedeutung sind, darunter die Resilienz gegen die Auswirkungen des Klimawandels. Unterzeichnet haben dieses Partnerschaftsabkommen Fidschi, Papua-Neuguinea, Samoa, Tonga, Tuvalu, die Cookinseln, Französisch-Polynesien und Neukaledonien, die Salomonen, Vanuatu und Nauru. Der Präsident der Salomonen unterzeichnete das Partnerschaftsabkommen jedoch erst, nachdem die Erwähnung Taiwans aus dem Text gestrichen wurde.[29]

Mit ihrer neuen Aufmerksamkeit für die Inseln im westlichen Pazifik stehen die USA nicht allein. Partners in the Blue Pacific (PBP), ein informelles Koordinationsgremium, wurde im Juni 2022 von Australien, Neuseeland, dem Vereinigten Königreich und den USA lanciert. Zwei Milliarden US-Dollar an Entwicklungshilfe wollen die beteiligten Staaten jährlich für die Inselstaaten aufbringen. Deutschland und Kanada haben die Absicht bekundet, sich der Initiative formell anzuschließen, Frankreich, die EU, Südkorea und Indien scheinen an einer Mitarbeit interessiert zu sein.[30]

Im pazifischen Asien können die USA auf die verbündeten liberalen Demokratien Australien, Japan, Südkorea und Taiwan zählen. Im August 2023 fand das erste trilaterale Gipfeltreffen zwischen den USA, Südkorea und Japan statt. Vereinbart wurde eine verstärkte sicherheitspolitische Zusammenarbeit, darunter ein jährliches gemeinsames Manöver und die Koordination von Abwehrmaßnahmen gegen ballistische Raketen – das alles sehr zum Unbehagen Pekings. Bemerkenswert ist die Tatsache, dass die USA Südkorea und Japan zusammenbrachten. Beide Staaten sind zwar Verbündete der USA, doch ihre Beziehung ist von historisch bedingtem Misstrauen überschattet.[31] Auch Vietnam hat sich ähnlich wie Singapur offen für eine gewisse sicherheitspolitische Kooperation mit Washington gezeigt.

Die meisten Staaten in der Region sehen offensichtlich China nicht als existenzielle Bedrohung für ihre Souveränität und Sicherheit und haben kein Interesse, sich an einer Politik der Gegenmachtbildung zu beteiligen. Für eine Eindämmungspolitik fehlen den USA weithin die Partner, auch im wirtschaftlichen Bereich. Die Zeichen stehen eher auf Verdichtung denn auf Lockerung der Beziehungen zwischen China und den südostasiatischen Staaten. Peking hat neun bi- und multilaterale Freihandelsabkommen mit Staaten in der Region abgeschlossen. Die meisten Länder in der Region wollen nicht zwischen den USA und China wählen.[32] Der Außenminister Singapurs, Vivian Balakrishnan, brachte im Juli 2023 vor dem Treffen der ASEAN-Staaten die Botschaft an US-Außenminister Blinken so auf den Punkt: „Wir entscheiden uns nicht für eine Seite. Wir wollen keine Stellvertreter sein, wir wollen keine Vasallenstaaten sein, wir wollen nicht geteilt werden."[33]

Der amerikanischen Gegenmachtpolitik im Indopazifik fehlt eine starke wirtschaftliche Unterfütterung, wie sie die Obama-Administration im Rahmen ihrer Politik des „rebalancing", ihrer stärkeren Ausrichtung auf das pazifische Asien, im Sinne hatte. Die auf vertiefte wirtschaftliche Integration zielende Transpazifische Partnerschaft (TPP) war ein zentrales

Element dieser Politik. Zusammen mit dem Transatlantischen Freihandelsabkommen (Transatlantic Trade and Investment Partnership, kurz TTIP) sollte TPP helfen, die Führungsrolle der USA bei der Festlegung der Regeln des internationalen Handelssystems zu sichern.[34]

In Trumps wirtschaftlichem Nationalismus hatten solche multilateralen Freihandelsabkommen keinen Platz. Sie standen für vermehrte Importe, Verluste amerikanischer Arbeitsplätze und die Einschränkung amerikanischer Handlungsfreiheit. Als eine seiner ersten Amtshandlungen vollzog er im Januar 2017 den im Wahlkampf angekündigten Ausstieg aus TTP. Geopolitisch ergab dies keinen Sinn, schließlich war TPP als ein Element der Begrenzung der hegemonialen Ambitionen Chinas konzipiert. Die verbleibenden elf Mitgliedsstaaten unterzeichneten 2018 das Comprehensive and Progressive Agreement on Trans-Pacific Partnership (CPTPP). China hat die Mitgliedschaft beantragt. Zudem kam es 2020 zu einem Abkommen zwischen China und 14 asiatischen Staaten: der Regional Comprehensive Economic Partnership (RCEP). Die USA haben zwar bilaterale Freihandelsabkommen mit Australien, Singapur und Südkorea; doch in der multilateralen Arena drohten sie zum Zaungast zu werden und China das Feld zu überlassen. Dem soll die erste wichtige wirtschaftliche Initiative der Biden-Administration in der asiatisch-pazifischen Regionen etwas entgegensetzen: das Indo-Pacific Economic Framework for Prosperity (IPEF), eine Initiative, die die USA zusammen mit 13 anderen Staaten im Mai 2022 auf den Weg brachten. Dabei handelt es sich nicht um ein klassisches Freihandelsabkommen, sondern um die Zusammenarbeit in einigen Feldern, darunter ausgewählte Handelsfragen, Resilienz von Lieferketten, saubere Energie, Steuern und Korruptionsbekämpfung.[35]

3.2 Die globale Dimension: Rivalität um weltweiten Einfluss

In der Zeit der Trump-Administration setzte sich in Washington die Sicht durch, dass Chinas wachsende weltweite politische und wirtschaftliche Präsenz und der damit gewonnene Einfluss auf Kosten der USA gingen. China will weltweit an Einfluss gewinnen, nicht zuletzt, um Unterstützung für eigene politische Positionen zu gewinnen und Kritik an der Menschenrechtssituation im Land möglichst verstummen zu lassen.[36] Mit Argwohn verfolgt Washington vor allem Chinas Belt and Road Initiative. In der BRI und beim Aufbau der Asiatischen Infrastruktur-Investitionsbank (Asian Infrastructure Investment Bank, AIIB) verbinden sich wirtschaftliche und geopolitische Ziele. China erschließt neue Märkte, um seine industriellen Überkapazitäten zu nutzen, baut Straßen- und Schienennetze aus, um die Abhängigkeit von verwundbaren Seeverbindungen zu verringern, und erweitert mit Blick auf die Machtkonkurrenz seine wirtschaftlichen Einflussmöglichkeiten.[37]

Anfänglich hatte die Trump-Administration noch recht zurückhaltend auf die Initiative reagiert und gar einen Vertreter zum ersten BRI-Forum im Jahre 2017 entsandt. Doch bald verhärtete sich die amerikanische Position. Andere Länder wurden vor der „Schuldenfallendiplomatie" gewarnt, mit der China seinen politischen Einfluss erhöhen wolle. Immer wieder ist das Beispiel Sri Lanka zu hören. Dort übernahm China im Dezember 2017 den Hafen in Hambantota, der mit chinesischen Krediten gebaut wurde, die die Regierung Sri Lankas dann nicht zurückzahlen konnte.[38] Dass dieser Fall bei näherer Analyse der chinesischen Politik eher die Ausnahme als die Regel ist, wird in der amerikanischen Kampagne gegen die Beteiligung an BRI-Projekten ausgespart.[39]

Chinas Investitionen in Häfen im Rahmen der Belt and Road Initiative haben ein strategisches Kalkül. Es besteht jedoch nicht darin, wie manchmal behauptet, Länder in eine Schuldenfalle zu locken und so in den Besitz von Einrichtungen zu gelangen. China will die Risiken verringern, die sich aus der amerikanischen Fähigkeit zur Kontrolle wichtiger Seeverbindungen ergeben, besonders der Seewege in den Nahen und Mittleren Osten, der Region, aus der ein großer Teil der Ölimporte kommt. Geostrategische und wirtschaftliche Interessen Chinas verbinden sich bei den Investitionen in Häfen. Erleichtert wurden solche Investitionen durch den Umstand, dass Entwicklungsbanken und die meisten anderen Geberländer mit Ausnahme Japans in diesem Bereich nicht engagiert sind.[40]

Die Trump-Administration propagierte den „Free and Open Indo-Pacific" als eine Art Gegennarrativ zur BRI. Den Begriff hatte ursprünglich der japanische Ministerpräsidenten Shinzō Abe 2007 in die Diskussion eingebracht. Trump verwendete ihn im November 2017 auf dem Gipfeltreffen der Asia Pacific Economic Cooperation (APEC). Es handelt sich dabei um ein „strategisches Narrativ", eine Erzählung mit dem Ziel, die eigenen Interessen zu befördern. Narrative reduzieren Komplexität und dienen auch dazu, innenpolitische und internationale Unterstützung zu mobilisieren. Auf der internationalen Ebene stellt das Narrativ die regelbasierte internationale Ordnung gegen eine von China gestaltete Ordnung. Auf der nationalen Ebene signalisiert es den Gegensatz von Demokratie und Autokratie. Auf der thematischen Ebene markiert es den Unterschied zwischen einer defensiven, Status-quo-orientierten und einer expansiv-revisionistischen Politik.[41]

Um weltweit mit Chinas Geldströmen zur Finanzierung von Entwicklungsprojekten mithalten zu können, beschlossen die USA im Oktober 2018 per Gesetz, eine International Development Finance Corporation (IDFC) zu gründen. Sie soll US-Auslandsinvestitionen unterstützen und absichern. Wie es im entsprechenden Gesetz heißt, lautet ihr Ziel, „robuste Alternativen zu staatsgelenkten Investitionen durch autoritäre Regierungen" bereitzustellen. Diese neue Organisation begann im Dezember 2019 mit ihrer Arbeit. Sie übernimmt und erweitert Aufgaben, die bislang von der Overseas Private Investment Corporation (OPIC) und Teilen der U.S. Agency for International Development (USAID) ausgeführt wurden. Das für die IDFC vorgesehene Volumen von 60 Milliarden US-Dollar bleibt weit unter dem, was China im Rahmen der BRI investiert. Schätzungen zufolge waren dies zwischen 2014 und 2017 etwa 340 Milliarden US-Dollar.[42]

Auf dem G7-Gipfel im Juni 2021, dem Treffen der führenden Industriestaaten, wurde auf Betreiben der Biden-Administration die Initiative Build Back Better World (B3W) ins Leben gerufen. Dabei handelt es sich um einen Plan zur Koordinierung von Infrastrukturvorhaben in Ländern mit niedrigem und mittlerem Einkommen. Die Rede war von Investitionen in den Bereichen Klima, Gesundheit, digitale Technologien und Geschlechtergleichheit.[43] Die Namenswahl war nicht glücklich, hieß doch bereits ein innenpolitisches Projekt Build Back Better, das im Senat keineswegs auf Wohlgefallen stieß. Die internationale Initiative wurden auf dem nächsten G7-Gipfel im Juni 2022 unter anderem Namen noch einmal auf den Weg gebracht: Jetzt war die Rede von der Partnership for Global Infrastructure and Investment, in die auch eine von der EU im Dezember 2021 gestartete Initiative namens Global Gateway aufgenommen wurde.[44] Danach wollen die USA bis 2027 200 Milliarden US-Dollar mobilisieren, zusammen mit den anderen G7-Staaten sollen es 600 Milliarden sein – aus öffentlichen und privaten Mitteln.[45] Auf dem G20-Gipfeltreffen im

September 2023 kündigten die USA, Indien, Saudi-Arabien, die Vereinigten Arabischen Emirate, Frankreich, Deutschland, Italien und die EU eine weitere Initiative an, mit der der BRI etwas entgegengesetzt werden soll: der India-Middle East-Europe Economic Corridor (IMEC). Wirtschaftliche Entwicklung und Verflechtung zwischen Europa und Asien sollen durch eine Vielzahl von Verkehrs- und Energieprojekten gefördert werden.[46]

Afrika galt unter Präsident Trump als „neue Front" in der amerikanisch-chinesischen Einflusskonkurrenz. Peking versucht, so glaubte die Trump-Administration, mit Krediten, Bestechung und fragwürdigen Abkommen afrikanische Länder im Sinne chinesischer Interessen gefügig zu machen. Als der damalige Sicherheitsberater John Bolton im Dezember 2018 in einer Rede bei der Heritage Foundation die „neue Afrikastrategie" der USA vorstellte, geißelte er die „räuberischen" („predatory") Praktiken Chinas in Afrika.[47] Die damalige amerikanische Botschafterin der USA bei den Vereinten Nationen, Nikki Haley, versuchte kurz vor ihrem Ausscheiden zu verhindern, dass ein chinesischer Diplomat zum Sonderbotschafter der UN für die Region der Großen Seen in Ostafrika ernannt wurde. Da mag die Befürchtung eine Rolle gespielt haben, der Betreffende könne seine Rolle nutzen, um Peking mehr Einfluss in der Region zu verschaffen. Dahinter steht aber eine generelle Sorge wegen des wachsenden chinesischen Einflusses innerhalb der UN.[48]

Afrika ist jene Region im Globalen Süden, in der China seit Langem präsent ist. Einst konkurrierten in Afrika die Kolonialmächte um Einfluss, dann während des Kalten Krieges die USA und die Sowjetunion und jetzt vor allem die USA und China. Afrika ist mittlerweile die Region, in der China die Überlegenheit seines Entwicklungsmodells zu demonstrieren sucht. Ursprünglich war Afrika aus chinesischer Sicht vor allem als

Rohstofflieferant und Absatzmarkt interessant. Im Jahr 2000 kam es zur Gründung des Forum on China-Africa Cooperation (FOCAC), dessen Treffen alle drei Jahre stattfinden. Seitdem verdichteten sich die wirtschaftlichen Beziehungen. Im Jahr 2009 war China für die afrikanischen Länder als Handelspartner bereits wichtiger als die USA; 2021 war das Handelsvolumen zwischen China und Afrika viermal so groß wie das zwischen den USA und Afrika. Die chinesischen Direktinvestitionen sind doppelt so hoch wie die amerikanischen. China finanzierte und finanziert auf dem afrikanischen Kontinent – vor allem in Form von Krediten, nicht in Form von Darlehen – große Infrastrukturprojekte, und das ohne die für manche afrikanische Regierungen lästigen Bedingungen wie die Respektierung der Menschenrechte oder demokratische und marktwirtschaftliche Reformen. Mit dem Fokus auf den Ausbau der Infrastruktur bietet Chinas etwas an, was in der Entwicklungspolitik westlicher Länder kaum mehr eine Rolle spielt. Hier liegt der Schwerpunkt in den Bereichen Gesundheit, Bildung und „gute Regierungsführung". Fast alle Staaten südlich der Sahara haben mit China Kooperationsabkommen im Rahmen der Belt and Road Initiative. Die Volksrepublik ist zusammen mit Russland der Hauptlieferant von Waffen in die Region. Chinas enge Beziehungen zu Afrika sichern Peking in den Vereinten Nationen und anderen multilateralen Foren die Unterstützung von gut fünfzig Staaten. Diese können im Gegenzug darauf bauen, dass China für sie unangenehme UN-Resolutionen im Sicherheitsrat blockiert, schließlich ist die Volksrepublik dort eine von fünf Vetomächten. Im Übrigen beteiligt sich China auch an UN-Friedensmissionen auf dem afrikanischen Kontinent.[49]

China investiert viel Zeit und Aktivität in den Ausbau der Beziehungen zu afrikanischen Politikern, zu Militärs, zu Geschäftsleuten, Wissenschaftlern und Studierenden. Seminare und Austauschprogramme, multilaterale Treffen, Stipendien für Studierende, gemeinsame Forschungsprojekte zwischen afrikanischen und chinesischen Wissenschaftlern – all diese Formen des Austauschs und des sozialen Kontakts sorgen dafür, Chinas Image und Einfluss auf dem afrikanischen Kontinent zu mehren und das chinesische Entwicklungsmodell afrikanischen Eliten nahezubringen. „Soft Power" nennt man dies.[50] In Afrika, das zeigt eine Umfrage in 34 afrikanischen Staaten, ist die Haltung gegenüber China sehr positiv; zwei Drittel bewerteten den Einfluss Chinas auf dem Kontinent als „etwas positiv" oder „sehr positiv". Dazu tragen die weithin sichtbaren Infrastrukturprojekte bei: Eisenbahnen, Brücken und Straßen. Für die Elite in afrikanischen Ländern sind es auch die Angebote für Studium und Ausbildung in China, die einen positiven Eindruck hinterlassen.[51]

Die USA sind in der Einflusskonkurrenz in Subsahara-Afrika ins Hintertreffen geraten. Dem will die Biden-Administration entgegenwirken. Die Veröffentlichung einer „Strategie für das sub-saharische Afrika" im August 2022, der U.S.-Africa Leaders Summit in Washington im Dezember 2022, das zweite Gipfeltreffen dieser Art (das erste fand 2014 statt) und eine Reihe von Treffen amerikanischer Spitzenpolitiker mit Vertretern afrikanischer Staaten zu Beginn des Jahres 2023 sind Ausdruck dieser neuen Aufmerksamkeit für Afrika.[52]

Während Chinas Beziehungen zu Afrika bis in die 1950er Jahre zurückreichen, ist das Interesse an Lateinamerika erst später erwacht, zu Beginn des 21. Jahrhunderts. 2001 besuchte erstmals ein chinesischer Präsident diese Region. China hielt sich lange mit dem Engagement in einer Region zurück, die als Einflusssphäre der USA gilt. Wirtschaftliche Interessen spielen bei der Verdichtung der Beziehungen zu Lateinamerika eine wichtige Rolle: Zugang zu Rohstoffen, Erschließung neuer Absatzmärkte und technologische Zusammenarbeit. Hinzu kommt ein weiteres Interesse: die Isolation Taiwans. Denn zu den nicht allzu vielen Ländern, die diplomatische Beziehungen zu Taiwan unterhalten, gehören Staaten in Mittel- und Südamerika.[53] Wenige noch, nachdem es Peking gelungen ist, die Dominikanische Republik, El Salvador, Panama und Honduras mit wirtschaftlichen Anreizen zur Abkehr von Taiwan zu bewegen. Zu den 13 Staaten (Stand Oktober 2023), die mit Taiwan formelle diplomatische Beziehungen unterhalten und sich dem Bestreben der Volkrepublik verweigern, Taiwan diplomatisch weiter zu isolieren, gehören sieben Länder in Süd-und Mittelamerika sowie der Karibik: Belize, Guatemala, Haiti, Paraguay, St. Vincent und die Grenadinen, St. Kitts und Nevis sowie St. Lucia (im Pazifik sind es die Marshallinseln, Nauru, Palau und Tuvalu; in Afrika Eswatini und in Europa der Vatikan). Wie schon in anderen Fällen zuvor waren für Honduras die finanziellen Verlockungen der Volksrepublik entscheidend, die mehr bieten konnte als Taiwan. Es mag erstaunen, dass es überhaupt noch einige, meist sehr kleine Staaten gibt, die Taiwan die Stange halten. Die Motive sind unterschiedlich. Taiwanesische finanzielle Unterstützung spielt eine Rolle, bei manchen auch die Solidarität zwischen kleinen Staaten und Respekt für die Souveränität eines Landes, über seine Geschicke zu entscheiden.[54]

China ist längst zum wichtigsten Handelspartner Südamerikas geworden, für Lateinamerika insgesamt liegt China auf Platz zwei hinter den Vereinigten Staaten. Mit Chile, Costa Rica, Ecuador und Peru hat China Freihandelsabkommen abgeschlossen. Chinesische Banken im Staatsbesitz sind zu einem wichtigen Kreditgeber für Staaten im Süden der westlichen Hemisphäre geworden; die Summen beliefen sich zwischen 2005 und 2021 auf 139 Milliarden US-Dollar. Hinzu kommen massive Investitionen. 21 lateinamerikanische und karibische

Staaten beteiligen sich an der Belt and Road Initiative. Mittlerweile halten Staatsbanken in der Region auch Reserven in der chinesischen Währung. In Argentinien ist dies inzwischen ein Drittel der Zentralbankreserven.[55]

Unter den Präsidenten George W. Bush und Barack Obama wurde das chinesische Engagement in Lateinamerika trotz Bedenken über den wachsenden Einfluss Pekings im Ganzen durchaus positiv gesehen, als wirtschaftliche Chance für die Region. Nur sollte die wirtschaftliche Aktivität in transparenter, internationale Regeln und Umwelt- sowie Arbeitsstandards beachtender Form erfolgen – so das Ziel der USA in den sieben bilateralen Konsultationen, die von 2006 bis 2015 zwischen Washington und Peking stattfanden. Unter der Trump-Administration überwog das Misstrauen gegenüber chinesischen Unternehmungen und Aktivitäten in Lateinamerika und der Karibik. Bei seinem Besuch in Panama warnte Außenminister Pompeo den damaligen Präsidenten des Landes Juan Carlos Varela davor, die wirtschaftlichen Beziehungen mit China zu intensivieren. Washington befürchtete offenbar, Panama könne zum „Brückenkopf" für den wachsenden wirtschaftlichen Einfluss Chinas in der westlichen Hemisphäre werden. China, dessen Schiffe den Panamakanal stark nutzen, ist an einigen Infrastrukturprojekten in Panama beteiligt. In den Mittelpunkt der amerikanischen Aufmerksamkeit war die chinesische Rolle in Panama geraten, als die dortige Regierung im Juni 2017 den Abbruch der diplomatischen Beziehungen zu Taiwan ankündigte, gefolgt von der Dominikanischen Republik und El Salvador.[56]

Als es 2017/18 absehbar war, dass diese drei Staaten die Beziehungen zu Taiwan abbrechen würden, reagierte die Trump-Administration – und das war neu – mit Warnungen in Bezug auf die Folgen eines solchen Schrittes. Vergeblich. Doch andere Länder sollten von einem solchen Vorgehen abgeschreckt werden. Dem dient ein Passus im TAIPEI Act (Taiwan Allies International Protection and Enhancement Initiative), den Präsident Trump im März 2020 unterzeichnete. Dieser ermöglicht es dem Präsidenten, das wirtschaftliche, sicherheitspolitische und diplomatische Engagement mit Staaten zu verändern, die ernsthafte oder signifikante Schritte unternehmen, die die Sicherheit oder das Wohlergehen Taiwans untergraben. Kurzum: Staaten, die sich von Taiwan ab- und der Volksrepublik China zuwenden, müssen mit nicht näher genannter Bestrafung rechnen.[57]

Im amerikanisch-kanadisch-mexikanischen Freihandelsabkommen (United States-Mexico-Canada Agreement, USMCA) ist auf Druck der Trump-Administration ein auf China gemünzter Passus enthalten. Er verpflichtet die Vertragsparteien dazu, sich untereinander mindestens drei Monate im Voraus zu informieren, wenn sie Handelsverhandlungen mit einer „Nichtmarktwirtschaft" beginnen, und so viel Informationen wie möglich über die Ziele dieser Verhandlungen bereitzustellen. Sollte eine der Vertragsparteien ein Freihandelsabkommen mit einer Nichtmarktwirtschaft schließen, steht es den anderen Parteien des USMCA frei, dieses mit sechsmonatiger Kündigungsfrist zu beenden und durch ein bilaterales Abkommen zu ersetzen. Das hieße, faktisch die Vertragspartei auszuschließen, die mit einer Nichtmarktwirtschaft ein Freihandelsabkommen unterzeichnet. Rein rechtlich mag diese Klausel im konkreten Fall wenig bedeuten und eher als symbolisch, als Signal einzustufen sein. Ohnehin kann jede Vertragspartei das USMCA mit halbjähriger Frist aufkündigen. Die Klausel legitimiert jedoch eine potenzielle amerikanische Reaktion, die ansonsten als einseitige Ausübung wirtschaftlichen Drucks wahrgenommen werden könnte.[58]

Die Biden-Administration will erklärtermaßen Lateinamerika nicht nur durch die Brille der strategischen Konkurrenz mit China wahrnehmen.[59] So einfach ist das jedoch nicht. Die Präsenz einer raumfremden Macht in der westlichen Hemisphäre ist für manchen Politiker in den USA schwer zu ertragen. So war die Aufregung im Kongress groß, als bekannt wurde, dass China eine Spionagestation auf Kuba betreibt.[60] In ihrer Rhetorik hat die Biden-Administration ein verstärktes Engament mit dem südlichen Teil der westlichen Hemisphäre in Aussicht gestellt. Der neunte Summit of the Americas, zu dem die Administration 31 Staaten der Region im Juni 2022 nach Los Angeles eingeladen hatte, bot ihr die Gelegenheit, einige neue Initiativen zu verkünden, darunter die Americas Partnership for Economic Prosperity (APEP).[61] Versprochen sind unter anderem mehr private amerikanische Investitionen. Doch da hat es die chinesische Führung leichter: Sie kann Auslandsinvestitionen gezielt in strategisch wichtige Bereiche lenken.[62] Wie auch bei ihrem asiatischen Pendant, dem Indo-Pacific Economic Framework for Prosperity, fehlen bei APEP klassische Elemente von Handelsabkommen, also Zollerleichterungen und ein verbesserter Marktzugang. Das sind Politikbereiche, in denen der Kongress mitsprechen müsste und alles komplizierter würde.[63]

Die Region des Nahen und Mittleren Ostens ist für China wirtschaftlich und energiepolitisch von erheblicher Bedeutung. Mehr als 40 Prozent der Ölimporte des Landes kommen von dort. In dieser Region, neben Europa und Ostasien seit Langem eine der geopolitischen Kernregionen amerikanischer Weltpolitik, verstehen sich die USA als Garant für Sicherheit und Stabilität. Die Sicherheit Israels, die Sicherung der Energieversorgung, die Stabilität der Golfmonarchien, die Verhinderung der Verbreitung von Massenvernichtungswaffen und die Eindämmung der vom islamistischen Fundamentalismus ausgehenden Bedrohung – all dies sind Interessen, die die USA im Nahen und Mittleren Osten verfolgen. Sicherheitspolitisch und mit Waffenlieferungen sind die USA eng mit strategisch wichtigen Staaten vor

Ort verbunden: mit Ägypten, Jordanien, Israel, Saudi-Arabien, den Vereinigten Arabischen Emiraten und Katar. In etwa einem Dutzend Staaten in der Region unterhalten die USA militärische Einrichtungen, rund 30 000 Soldaten sind dort stationiert. Die Volksrepublik China ist militärisch im Nahen und Mittleren Osten nur mit einem Stützpunkt in Dschibuti präsent. Doch wirtschaftlich hat China seit Ende der 1990er Jahre dort in starkem Maße Fuß gefasst und ist mittlerweile wichtigster Handelspartner. Bei den Direktinvestitionen liegt die Volksrepublik zwar noch hinter den USA zurück, doch sie sind weiter gestreut als die amerikanischen, die vor allem in Saudi-Arabien, den Vereinigten Arabischen Emiraten und Israel zu finden sind. Auch politisch hat China die Beziehungen zu zahlreichen Staaten im Nahen und Mittleren Osten ausgebaut, wie das China-Arab States Cooperation Forum oder der China-Arab States Summit bezeugen. Der Anteil Chinas an den Waffenexporten in die Region liegt zwar bei weniger als fünf Prozent, Hauptlieferant sind die USA. Doch bietet Peking Waffensysteme an, die Washington an manche Staaten nicht liefern will: insbesondere Drohnen und präzisionsgesteuerte Raketen. Die USA bleiben zwar der wichtigste Sicherheitspartner der Golfmonarchien, allerdings bauen diese die Beziehungen zu Peking aus – zum Unbehagen Washingtons: Bestimmte Formen der Sicherheitszusammenarbeit mit China könnten, so heißt es, die Sicherheitspartnerschaft mit den USA aufs Spiel setzen.[64]

Im Nahen und Mittleren Osten offeriert sich China mittlerweile als alternative Ordnungsmacht zu den USA. Die unter Vermittlung Chinas zustande gekommene Annäherung zwischen Saudi-Arabien und Iran ist Ausdruck dieses neuen chinesischen Ehrgeizes. Die Zeremonie zur Wiederaufnahme der diplomatischen Beziehungen zwischen den beiden Staaten fand im März 2023 in Peking statt. Die chinesische Führung stilisierte dies zu einem erfolgreichen Beispiel für die Global Security Initiative. Xi Jinping hatte dieses Vorhaben ein Jahr zuvor verkündet: Mit „chinesischen Lösungen und Weisheit" sollten sicherheitspolitische Herausforderungen in Angriff genommen werden.[65]

Die Global Security Initiative sowie die Global Development Initiative und die Global Civilisation Initiative sind Ausdruck des Bemühens, Chinas Einfluss in der Welt zu stärken und sicherzustellen, dass ein starker Block in den Vereinten Nationen Peking unterstützt. Im Jahr 2020 hat China im Rahmen der UN die sogenannte Group of Friends of the Global Development Initiative gegründet, die mittlerweile rund 70 Staaten umfasst. Die Liste der Mitglieder ist nicht öffentlich bekannt. Länder wie Kambodscha, Pakistan, Tadschikistan, Usbekistan und Simbabwe, die bei China hochverschuldet sind, gehören zu den treuesten Gefolgsleuten Pekings, wenn es um Abstimmungen in der UN-Vollversammlung geht. Finanzielle Abhängigkeit mag nicht der einzige Grund für diese Loyalität sein, auf die die Volksrepublik bauen kann – gerade auch, wenn sie im UN-Menschenrechtsrat (UN Human Rights Council) Debatten über Menschenrechtsverstöße im eigenen Land verhindern will, wie dies im Oktober 2022 geschah. Das war überhaupt erst das zweite Mal, dass ein Antrag auf eine solche Debatte abgelehnt wurde. Bemerkenswert war es auch, weil kurz zuvor das Büro des UN High Commissioner for Human Rights ernsthafte Menschenrechtsverletzungen gegen Muslime in der Provinz Xinjiang festgestellt hatte. Kurze Zeit später mobilisierte Peking 66 Staaten, meist Empfänger chinesischer Kredite, für die Zustimmung zu einer Resolution, die voll des Lobes für die chinesische Menschenrechtsbilanz war. Eine Resolution, in der China wegen Menschenrechtsverstößen kritisiert wurde, fand dagegen nur die Zustimmung von 50 Staaten.[66]

Chinas wachsender Einfluss in den UN hat unter Präsident Biden dazu geführt, dass die USA in die UNESCO (United Nations Educational, Scientific and Cultural Organization) zurückkehrten. Die Biden-Administration kündigte im Juni 2023 an, dass die USA wieder dieser Sonderorganisation der UN beitreten und gut 600 Millionen US-Dollar an Beitragsrückständen begleichen würden. Mit der Finanzierung der UNESCO hatten die USA 2011 aufgehört. Das war damals eine Reaktion auf die Aufnahme Palästinas als Mitglied. Die Trump-Administration hatte 2017 den Austritt aus der UNESCO erklärt und als Gründe die antiisraelische Tendenz der Organisation und ihre Managementprobleme genannt. Die Biden-Administration begründete die Entscheidung zum Wiedereintritt mit Blick auf China, das die Lücke gefüllt habe, die die USA hinterlassen hätten. Die Abwesenheit der USA habe China gestärkt.[67]

China wirbt um Einfluss im Globalen Süden – mit einigem Erfolg. Infrastrukturausbau, Armutsbekämpfung und Innovation sind Themen, mit denen China dort punkten kann. China – so das Ergebnis einer Studie der Universitäten Harvard, Yale und Groningen – kann sich besser verkaufen als die USA. Das Experiment, das diese Schlussfolgerung nahelegt, sah so aus: Teilnehmenden aus sechs Kontinenten und 19 Ländern wurden Videos gezeigt, die im Auftrag Washingtons und Pekings produziert worden waren und ein Bild des jeweiligen Landes zeichneten. Bevor die Teilnehmenden die Videos ansahen, hielten nur 16 Prozent China für überlegen; danach stieg die Zahl auf 54 Prozent. China betreibt eine weltweite Medienstrategie, die besonders auf die Länder des Südens fokussiert ist.[68]

Politisch und wirtschaftlich ist China weltweit präsent, militärisch jedoch nicht. Rund 2500 chinesische Soldaten beteiligen sich an UN-Friedensmissionen in Afrika und dem Mittleren Osten, militärisches Personal in einer Stärke von etwa 540 Personen ist in Dschibuti stationiert, dem ersten und einzigen offiziellen Überseestützpunkt, und geschätzt 300 Mann auf einem Stützpunkt in Tadschikistan.[69] Der Stützpunkt in Dschibuti hat operativ in erster Linie Bedeutung für kleinere Einsätze, etwa die Pirateriebekämpfung, humanitäre Einsätze oder Rettungsmissionen. Mittlerweile hat China offenbar beträchtliche Fortschritte beim Bau eines Marinestützpunkts in Kambodscha gemacht. Vermutlich könnte dort nach Fertigstellung ein Flugzeugträger vor Anker gehen. Strategisch hätte eine solche Marinebasis Bedeutung besonders im Falle einer militärischen Konfrontation im Südchinesischen Meer. Die Stützpunkte, die China dort unter anderem auf künstlichen Inseln errichtet hat, könnten die USA ausschalten, ohne das Territorium eines Drittlandes anzugreifen. Dies wäre jedoch der Fall, wenn sie gegen einen Stützpunkt in Kambodscha vorgingen. China und Kambodscha bestreiten, dass es sich um den Bau einer Marinebasis mit Zugang für die Volksbefreiungsarmee handelt.[70]

Verglichen mit den USA, die außerhalb des Kontinents über rund 750 Stützpunkte verfügen, sind die chinesischen Fähigkeiten zur militärischen Machtprojektion sehr begrenzt. Es gibt zwar ein Netzwerk von mehr als etwa 100 Häfen, die chinesische Firmen zum Teil oder ganz allein betreiben, in Singapur etwa, Daressalam in Tansania oder Piräus. Diese haben jedoch vor allem eine kommerzielle Bedeutung, schließlich läuft Chinas Außenhandel zu 90 Prozent über See. Logistisch sind diese Anlagen zwar auch für die Volksbefreiungsarmee von Nutzen; Schiffe der chinesischen Marine können dort auftanken, mit Nachschub versorgt oder repariert werden. Doch für den Fall eines militärischen Konflikts dürften diese von chinesischen Firmen betriebenen Hafenanlagen von geringem Nutzen sein. Vereinbarungen mit den Gastländern, die eine militärische Nutzung im Kriegsfalle erlauben würden, bestehen nicht. Nützlich sind die Hafenanlagen, die chinesische Firmen betreiben, vermutlich auch nachrichtendienstlich, wenn sich dort Informationen über wirtschaftliche Transaktionen und Schiffsbewegungen gewinnen lassen. Zudem liegen einige dieser Hafenanlagen in der Nähe militärischer Stützpunkte anderer Staaten. Auch das dürfte nachrichtendienstlich von Nutzen sein.[71]

So warnte Washington Israel vor Infrastrukturprojekten mit China. In erster Linie ging es darum, dass die staatliche Shanghai International Port Group den Hafen von Haifa betreiben wollte.[72] Israel hat sich trotz amerikanischer Bedenken nicht davon abbringen lassen. 2019 kam es zu einem Vertrag mit der chinesischen Firma über den Betrieb des neuen Terminals. Die Tätigkeit begann dann 2021. Noch ein weiteres chinesisches Staatsunternehmen kommt in Israel zum Zug – und zwar beim Ausbau des Hafens in Aschdod. In beiden Hafenstädten sind Stützpunkte der israelischen Marine beheimatet. Angeblich erwartet die Biden-Administration, dass die israelischen Behörden regelmäßig überprüfen, ob China im Hafen von Haifa Spionagetechnologie einsetzt.[73]

Beunruhigung auf amerikanischer Seite haben insbesondere Bauaktivitäten im Hafen von Khalifa in Abu Dhabi in den Vereinigten Arabischen Emiraten hervorgerufen. Dort ist ein chinesisches Hafenunternehmen präsent, und es wird befürchtet, China könnte im Sinn haben, auch einen militärischen Stützpunkt zu errichten – und das in einem Land, das traditionell ein wichtiger Sicherheitspartner der USA ist. 5000 amerikanische Soldaten sowie Kriegsschiffe sind dort stationiert. Die Vereinigten Arabischen Emirate sind zudem der drittgrößte Abnehmer amerikanischer Rüstungsgüter. Offiziell hieß es im Dezember 2021, die chinesische Bauaktivität sei eingestellt worden. Öffentlich gewordene Geheimdiensteinschätzungen lassen jedoch

Zweifel daran. Aus Washington war zu vernehmen, man werde nicht hinnehmen, dass China dort einen Stützpunkt etabliert, von dem eine Gefährdung für eigene militärische Aktivitäten im Mittleren Osten ausgehen könne.[74]

Die Biden-Administration hat die unter Trump begonnenen Bemühungen fortgesetzt, europäische Staaten dazu zu bewegen, chinesische Investitionen in strategisch wichtigen Infrastruktureinrichtungen zu begrenzen. Dazu gehören Investitionen in Häfen, in Eisenbahn- und Energienetze, in Telekommunikation und Halbleiterproduzenten. Als Kroatien den Bau eines Containerterminals im Hafen von Rijeka ausschrieb, sollte der Auftrag zunächst an drei chinesische Firmen gehen. Doch auf Drängen Washingtons, wohl auch unterstützt von Brüssel, wurde der Auftrag erneut ausgeschrieben; nun kam mit stiller Unterstützung Washingtons eine dänische Firma zum Zuge. Die chinesischen Firmen hatten sich beim zweiten Mal gar nicht mehr beworben. In den Gesprächen mit den USA erinnerte die kroatische Regierung Washington mit Erfolg daran, dass sie schon lange an der Aufnahme in das Visa Waiver Program und am Abschluss eines Vertrages über den Verzicht auf Doppelbesteuerung interessiert sei. Offiziell wiesen beide Seiten ein solches Quidproquo von sich.[75]

Nicht nur in Europa haben die USA Huawei im Visier (mehr dazu in Kapitel 3.3. ab S. 129). Dieser chinesische Großkonzern schickte sich an, über seine günstigen Preise in weltweitem Umfang die nächste Generation der Telekommunikationstechnologie zu dominieren und so zur Ausdehnung chinesischen Einflusses beizutragen. In Europa war die amerikanische Kampagne gegen Huawei ziemlich erfolgreich. Zahlreiche Regierungen verboten den Einsatz von Huaweis Technologie in 5G-Netzwerken oder legten fest, dass diese mittelfristig daraus zu entfernen seien.[76]

Die USA versuchen zudem, europäische Staaten von Auftragsvergaben an Nuctech Co. abzubringen, eine Firma, die
Screeningsysteme für Waren, Gepäck und Passagiere an Flughäfen, Häfen und Grenzen herstellt. Nuctech hat sich nach
amerikanischen Angaben in mehr als einem Dutzend europäischer Staaten um Aufträge beworben. Das Unternehmen be-
sitzt in Europa bereits einen großen Marktanteil an solchen
Scannern, nicht zuletzt aufgrund der günstigen Angebote
im Vergleich zu europäischen Konkurrenten. Im Bereich des
Gütertransports auf See stammen angeblich 90 Prozent, an
Flughäfen knapp 50 Prozent der Geräte von der chinesischen
Firma, Zahlen, deren Höhe Nuctech bestreitet. Scanner an
See- und Flughäfen sind zunehmend mit Datenbanken verbunden, die Informationen über Fracht und Passagiere spei-
chern. Aus amerikanischer Sicht stellt der mögliche Zugang
einer chinesischen Firma zu solchen Daten über zivile und militärische Transporte ein Sicherheitsrisiko für die NATO-Mit-
glieder dar. Washington wirbt im Übrigen darum, dass amerikanische Unternehmen bei anstehenden Auftragsvergaben
zum Zuge kommen. Auf amerikanischen Flughäfen sind Anlagen des chinesischen Herstellers 2014 von der U.S. Transpor-
tation Security Administration weitgehend verboten worden.
Im Dezember 2020 setzte das Handelsministerium Nuctech
auf die Entity List (mehr zu dieser Sanktionsliste im nächsten
Kapitel); Lieferungen an die Firma unterliegen damit Exportbeschränkungen. Auch im Europäischen Parlament wird Nuctech mit Argwohn wahrgenommen. Eine Gruppe von etwa 50
Abgeordneten warnte im Dezember 2022 in einem Brief an die
Europäische Kommission davor, Anlagen von Nuctech an den
europäischen Grenzen einzusetzen, und verlangte, die Firma
von Aufträgen des Customs Control Equipment Instrument
auszuschließen. Dieses Programm stellt Mittel für den Kauf

und die Modernisierung von Screeningsystemen an den EU-Außengrenzen bereit.[77]

Schließlich ist auch die Arktis in amerikanischer Perspektive zu einer Region geworden, in der die Großmachtrivalität ausgetragen wird. Der Blick richtet sich nicht allein auf Russland, sondern auch auf China, das sich als „near arctic state" sieht. So enthielt im Jahr 2019 der jährliche Bericht des Pentagon zur chinesischen Militärmacht erstmals einen Abschnitt zur Arktis. Darin warnt das Verteidigungsministerium vor der wachsenden Präsenz Chinas in der Region sowie vor der Möglichkeit der dortigen Stationierung nuklearer U-Boote durch China: „Die zivile Forschung könnte eine verstärkte chinesische Militärpräsenz im Arktischen Ozean unterstützen, wozu auch die Stationierung von U-Booten in der Region zur Abschreckung gegen nukleare Angriffe gehören könnte."[78] Im Monat darauf, beim Treffen des Arktisrates, kritisierte Außenminister Pompeo Chinas „aggressives Verhalten" in der Arktis.[79]

Die USA reagieren hier auf Chinas zunehmendes Interesse an der Region, wie es die chinesische Regierung im Januar 2018 in ihrer Arktispolitik formuliert hat und wie es sich in zahlreichen Aktivitäten niederschlägt.[80] Laut Außenminister Pompeo hat China zwischen 2012 und 2017 Investitionen von fast 90 Milliarden US-Dollar in der Arktis getätigt. Aufgrund des Klimawandels und des schmelzenden Polareises ist diese für China attraktiv geworden: Zum einen verkürzt sich über die nördliche Seeroute die Verbindung zwischen China und Europa beträchtlich, zum anderen würde China gern (Energie-) Ressourcenvorkommen in der Arktis erschließen. Nach einer Schätzung des U.S. Geological Survey aus dem Jahre 2008 sind etwa 13 Prozent der unentdeckten Öl- und rund 30 Prozent der unentdeckten Gasvorkommen der Welt in der Arktis zu finden. Die ersten Lieferungen von Flüssiggas von der Jamal-Halbinsel in Russland gingen im Sommer 2018 über die Nordroute.[81] China investiert nicht nur in Russland, sondern auch in anderen arktischen Anrainerstaaten, allen voran in Island und dem zu Dänemark gehörenden Grönland. Der Kauf einer ehemaligen amerikanischen Marinebasis in Grönland sowie der Plan, einen Flughafen auszubauen, scheiterten jedoch am Einspruch der dänischen Regierung, im Falle des Flughafenprojekts nach Intervention des damaligen US-Verteidigungsministers James Mattis.[82] Das von Präsident Trump geäußerte Interesse am Kauf Grönlands ist im Kontext der Besorgnisse um chinesischen und russischen Einfluss in der Region zu sehen. Überlegungen, Grönland stärker an die USA zu binden, gab es im Weißen Haus offenbar seit einiger Zeit. Trumps Vorstoß kam jedoch ohne formellen Abstimmungsprozess und ohne das Außenministerium einzubeziehen.[83]

Chinas Bemühungen, in der Arktis stärker Fuß zu fassen, treffen auf Vorsicht und Vorbehalte. Investitionen und die Präsenz Chinas im nordamerikanischen Teil der Arktis sind, wie ein RAND-Report zusammenfasste, bislang zwar „ziemlich begrenzt".[84] Aus amerikanischer Sicht verkörpert die chinesische Präsenz in der Arktis jedoch eine Gefahr für die Sicherheit. In seinem Bericht vom Juni 2019 zur Arktisstrategie bezeichnet das Pentagon die Region als „potenziellen Vektor für einen Angriff auf das Heimatland der USA".[85] Die Stationierung strategischer Unterwasserschiffe in der Arktis hätte aus chinesischer Sicht zwei Vorteile: Zum einen ließe sich vermutlich die Verwundbarkeit gegenüber der amerikanischen U-Boot-Bekämpfung reduzieren, wenn solche Unterwasserschiffe unter dem Eis operieren könnten. Zum anderen würde sich die Flugzeit bei chinesischen Raketenangriffen von Schiffen der Volksrepublik auf Ziele in den USA erheblich verringern, verglichen mit Abschussgebieten im Pazifik. Doch eine solche Entwicklung ist eine sehr ferne Möglichkeit und vorerst spekulativ. Sie würde wahrscheinlich voraussetzen, dass chinesische U-Boote eine ausgebaute Infrastruktur im arktischen Russland nutzen könnten.[86] Aber die amerikanischen Militärplaner scheinen dies in ihren Worst-Case-Annahmen in Rechnung zu stellen, und das nicht ohne Grund. Zwar spielen im chinesischen Weißbuch zur Arktispolitik militärische Aspekte keine Rolle, aber im chinesischen Diskurs ist die strategische Bedeutung der Arktis ein wichtiges Thema.[87]

3.3 Die technologische Dimension: Rivalität um die Vorherrschaft im digitalen Zeitalter

Der Konflikt zwischen USA und China hat eine ausgeprägt technologische Dimension. Es handelt sich um einen Kampf um die Vorherrschaft im digitalen Zeitalter.[88] Die chinesische Führung strebt an, den Westen im Bereich fortgeschrittener Technologie „einzuholen und zu überholen". Aus Pekings Sicht hat die bisherige Überlegenheit des Westens auf diesem Feld seine weltweite Dominanz gesichert.[89] Die chinesische Führung hat in „Made in China 2025" ehrgeizige Pläne formuliert. Dieses Programm wurde im Mai 2015 vom Staatsrat, dem höchsten staatlichen Organ, verabschiedet. Es steht in einer Reihe von Programmen zur Modernisierung der chinesischen Wirtschaft, mit der die „middle income trap" vermieden und der Übergang in eine „high-income economy" geschafft werden soll. Die Erfahrung hat nämlich gezeigt, dass es zwar etliche Länder mit niedrigem Einkommen geschafft haben, nach einer Phase recht schnellen Wachstums in die Gruppe der Länder mit mittlerem Einkommen vorzustoßen, doch nur wenige wie etwa Südkorea und Taiwan schafften es in die Gruppe der Länder mit hohem

Einkommen. China gehört zur Spitze der Länder mit mittlerem Einkommen, doch krankt die Wirtschaft an einigen Problemen, die in „Made in China 2025" identifiziert wurden, darunter mangelnde Innovationsfähigkeit in der verarbeitenden Industrie und eine ineffiziente Nutzung von Ressourcen. Ziel ist es, eigene Produkte zu erfinden und die chinesische Wirtschaft auf der Wertschöpfungskette voranzubringen, namentlich in Schlüsselsektoren wie Informationstechnologie, Robotik, Luftfahrt und Elektromobilität. „Made in China 2025" ist die erste Stufe in diesem Prozess der Innovation. Daran anschließen soll sich bis 2035 der Durchbruch in wichtigen Bereichen. Bis 2049, zum 100. Jahrestag der Gründung der Volksrepublik, soll China die Führungsposition unter den Industrienationen erlangt haben.[90]

All dies soll mit Unterstützung auch amerikanischer Firmen erreicht werden, etwa im Flugzeugbau: Mindestens zehn amerikanische Unternehmen beteiligen sich über Joint Ventures an der Entwicklung des Flugzeugs Comac C919, mit dem China zum Konkurrenten von Boeing und Airbus auf dem weltweiten Markt für Passagierflugzeuge würde.[91] Aus Sicht der US-Wirtschaft zielt „Made in China 2025" darauf ab, die Dynamik globaler Märkte in Kernsektoren zu verändern. China will mit dieser Art der Industriepolitik nicht nur „nationale", sondern „globale Champions" entwickeln, also Unternehmen, die in ihrer Branche weltweit führend sind.[92] Sollte China damit Erfolg haben, wären aufgrund der wachsenden chinesischen Konkurrenz weitere Arbeitsplatzverluste in den USA zu erwarten. Sind bislang vor allem Jobs in der verarbeitenden Industrie dem Wettbewerb mit China zum Opfer gefallen, bedrohen chinesische Praktiken wie der Diebstahl geistigen Eigentums und der erzwungene Technologietransfer mittlerweile das höhere Segment der amerikanischen Wirtschaft im Dienstleistungs- und im Hightechbereich.[93]

Was wird befürchtet, wenn China den USA technologisch enteilt? Die ehemaligen Senatoren Saxby Chambliss (Republikaner aus Georgia) und Kent Conrad (Demokrat aus North Dakota) haben die überparteilich geteilte Befürchtung so ausgedrückt: „Wenn es China gelingt, den technologischen Wettlauf zu gewinnen, wird es Billionen von Dollar an wirtschaftlichem Wert einheimsen, die Welt zunehmend von seiner Technologie und seinen Lieferketten abhängig machen und sich einen entscheidenden militärischen Vorsprung sichern, der die nationale Sicherheit der Vereinigten Staaten und unserer Verbündeten untergraben würde."[94]

Die USA unter Präsident Trump schwenkten daher auf eine Politik der wirtschaftlich-technologischen Schwächung Chinas ein. Es ist kein Zufall, dass anfänglich Huawei im Zentrum der Auseinandersetzung stand, einer der wichtigsten Technologiekonzerne Chinas, der in den USA bezichtigt wurde, Firmengeheimnisse gestohlen, Iransanktionen umgangen und eine polizeiliche Untersuchung behindert zu haben. Michael Pillsbury vom Hudson Institute, ein Berater der Trump-Administration, brachte es so auf den Punkt: „Die Amerikaner werden die globale technologische Vormachtstellung nicht kampflos aufgeben, und die Anklage gegen Huawei ist der erste Schuss in diesem Kampf."[95]

In der öffentlichen Diskussion war häufig die Rede davon, China könne die Technologie von Huawei in den 5G-Netzen für Spionage nutzen. Präsident Trump sprach von Huawei als „the spyway". Dass die Firma chinesische Spionage unterstützen könnte, war jedoch nicht die grundlegende Befürchtung, die im amerikanischen Verteidigungsministerium und im Nationalen Sicherheitsrat unter Trump gehegt wurde. Auch die Verletzung amerikanischer, gegen Iran gerichteter Sanktionsgesetze war im Grunde nur ein Nebenaspekt. Es ging um mehr.[96] Für die „Chinafalken" in der Administration – namentlich Peter Navarro, Trumps Berater in Handelsfragen und Direktor des Office of Trade and Manufacturing Policy im Weißen Haus – war der Kampf gegen Huawei eine wichtige Etappe in der Rivalität um die künftige technologische Vorherrschaft.[97] Ihnen ging es darum, die USA wirtschaftlich so weit wie möglich von China abzukoppeln. Davon erhofften sie sich, die wirtschaftlich-technologische und damit auch die sicherheitspolitische Verwundbarkeit zu reduzieren, die aus der Interdependenz entstanden ist. Aus Sicht der „Falken" in Washington ist China die große Bedrohung für die industriellen Grundlagen der USA. In dieser Perspektive sind wirtschaftliche und nationale Sicherheit untrennbar.[98]

Huawei als die technologisch führende, global präsente chinesische Firma schickte sich an, in Bereichen eine zentrale Rolle zu spielen, die aus amerikanischer Sicht die eigene, auch militärisch bedeutsame Technologieführerschaft bedrohte. Der ehemalige republikanische Senator Ben Sasse machte aus der amerikanischen Zielsetzung 2020 keinen Hehl: „Die USA müssen Huawei erdrosseln. Moderne Kriege werden mit Halbleitern geführt, und wir lassen Huawei unsere amerikanischen Designs nutzen."[99]

Doch nicht nur der direkte Beitrag, den eine Firma wie Huawei zur militärischen Modernisierung Chinas leisten konnte, war ein Dorn im Auge Washingtons. Ungebremst, so die Befürchtung, würde Huawei China auf dem Weg zum Design hochmoderner Halbleiter voranbringen. Das sollte verhindert werden. Denn Halbleiter sind die „Achillesferse der chinesischen Wirtschaft". Nichts importiert China in größerem Umfang als Mikrochips, die chinesische Unternehmen benötigen, um elektronische Produkte herzustellen. Chips werden in einem aufwendigen Fertigungsprozess produziert, den chinesische Unternehmen nicht ohne Weiteres meistern können. Und hier haben die USA einen Hebel, bei dem sie ansetzen können. Denn die USA und einige wenige verbündete Länder kontrollieren die Nadelöhre der Computerchipherstellung. Ein Großteil der Halbleiter auf der Welt wird unter Verwendung amerikanischer Technologien hergestellt. Selbst produzieren amerikanische Firmen nur etwa zehn Prozent der Mikrochips weltweit. Die großen Produzenten finden sich in Asien, vor allem in Südkorea und Taiwan. Diese Firmen benötigen jedoch zum Design und zur Herstellung von Halbleitern Software und Ausrüstung, und es sind nur wenige Firmen, die die am fortgeschrittensten Technologien in diesen Bereichen herstellen. Wer Designsoftware für Mikrochips braucht, kommt kaum an drei amerikanischen Firmen vorbei: Cadence Design Systems, Synopsys und Mentor Graphics haben zusammen einen Marktanteil von 85 Prozent. Wer Mikrochips herstellen will, der ist auf wenige Marktführer und deren Maschinen angewiesen. Applied Materials, Lam Research und KLA-Tencor, drei amerikanische Firmen, haben einen Marktanteil von rund 50 Prozent; die japanische Firma Tokyo Electron und die niederländische Firma ASML kommen zusammen auf ein Drittel des Marktes. An deren lithografischen Maschinen für die Produktion der allerschnellsten Halbleiter – diese Maschinen firmieren unter der Bezeichnung EUV(Extreme Ultraviolet)-Lithografie – führt weltweit kein Weg vorbei. ASML bezieht wiederum Vorprodukte von einer Tochterfirma in den USA. Fortgeschrittene Logikchips werden außer von Intel nur von zwei Firmen hergestellt, von Samsung in Südkorea und TSMC in Taiwan, jener Firma, die den größten Teil fortgeschrittener Prozessorchips produziert.[100]

Die Struktur der Chipherstellung mit ihren wenigen Nadelöhren gibt den USA einen Hebel in die Hand, mit dem sich faktisch der Export fast aller Computerchips an Huawei beschränken lässt. Unter Trump begannen die USA, diese Dominanz mithilfe ihrer Exportgesetzgebung in einer Weise zu nutzen, die Firmen dazu zwingt, zwischen dem amerikanischen und dem chinesischen Markt zu wählen.

In der Kampagne gegen Huawei wurden die Schrauben immer fester gezogen, um dem Konzern und jenen Firmen, die mit ihm zusammenarbeiten, den Zugang zu Computerchips und der für ihre Herstellung notwendigen Technologie zu verweigern. Im Mai 2019 wurde Huawei faktisch von amerikanischen Zulieferungen abgeschnitten. Zunächst setzte das amerikanische Handelsministerium den Konzern auf die sogenannte Entity List, auf der ausländische Personen, Firmen, Behörden, Forschungseinrichtungen oder andere juristische Personen aufgeführt sind, die amerikanischen Exportbeschränkungen unterworfen sind. Seither müssen amerikanische Unternehmen eine Genehmigung beantragen, wenn sie an Huawei liefern wollen. Ausländische Firmen benötigen ebenfalls eine Lizenz, wenn ihre Lieferungen an den Konzern in einem bestimmten Umfang amerikanische Komponenten enthalten. Nach diesem Verfahren sind Genehmigungen in der Regel zu verweigern, es sei denn, zwingende Gründe sprechen dafür. Im Jahre 2018 stammten von den 92 wichtigsten Zulieferern des chinesischen Konzerns 33 aus den USA.[101]

Doch dieser erste Schritt reichte nicht aus, Huawei den Zugang zu fortgeschrittenen Halbleitern gänzlich zu verwehren. Denn Firmen in Taiwan und Südkorea konnten weiterhin fortgeschrittene Logicchips an Huawei liefern (zeitweise erhielten amerikanische Firmen eine Exportlizenz für Computerchips geringeren Leistungsvermögens). Ausgeweitet wurden die amerikanischen Exportbeschränkungen im Mai 2020 dann über die sogenannte Foreign Direct Product Rule.[102] Danach müssen weltweit alle Firmen, die in irgendeiner Form amerikanische Technologie nutzen, eine Ausfuhrlizenz in Washington beantragen, wenn sie Halbleiter an Huawei verkaufen wollen. Dies war ein heftiger Schlag für Huawei; denn chinesische Firmen können solche Halbleiter nicht herstellen. Und das sollte auch in Zukunft unterbunden werden – und zwar über die Kontrolle der für die Herstellung von Halbleitern notwendigen Technologie. Dieser Ansatz kulminierte in den Beschränkungen, die das zuständige Bureau of Industry and Security im US-Handelsministerium am 7. Oktober 2022 bekannt gab und die sofort in Kraft traten. Sie kamen, wie es in einem Artikel der *New York Times* hieß, der „Erklärung des Wirtschaftskrieges" gegen China gleich.[103] Denn es handelt sich um einen Frontalangriff auf die führenden Technologiesektoren des Landes. China wird von der Lieferung fortgeschrittener Halbleiter und der zu ihrer Herstellung notwendigen Technologie sowie jeglicher Zusammenarbeit mit amerikanischen Firmen abgeschnitten. Deren Beratungs- und Wartungsleistungen spielen für den kontinuierlichen Betrieb chinesischer Chipfabriken eine wichtige Rolle.

Dieses Vorgehen der Biden-Administration war ein einseitiger Schritt, erfolgreich konnte er nur sein, wenn sich andere wichtige Staaten einbinden ließen. Taiwan war schon an Bord, als die neuen Beschränkungen erlassen wurden. Im Januar 2023 folgten die Niederlande und Japan, jene beiden Ländern außerhalb der USA, in denen Firmen modernste Maschinen für die Massenproduktion von Chips herstellen. Die leistungsstärksten Maschinen durften auf Drängen der USA bereits seit 2019 nicht mehr nach China exportiert werden. Nach einer Vereinbarung vom Januar 2023 mit den USA, der lange Verhandlungen vorausgingen, beschränkten Japan und die Niederlande auch den Export jener Drucker, die mit der DUV(Deep-Ultraviolet)-Lithografie arbeiten. Dies ist ein Verfahren zur Produktion von Halbleitern, das nicht ganz so leistungsstark wie die EUV-Methode ist.[104]

Kurz- und mittelfristig werden die Beschränkungen wohl enorme Folgen für China haben – nicht nur in Bezug auf die Entwicklung fortgeschrittener Waffensysteme, sondern auch auf die technologische Entwicklung in wichtigen Sektoren. Längerfristig hängen die Auswirkungen davon ab, inwieweit das Land eine eigene Produktion fortgeschrittener Halbleiter aufzubauen in der Lage sein wird oder ob ausländische Hersteller sich frei von amerikanischer Technologie und damit frei von amerikanischen Restriktionen machen, um den chinesischen Markt zu bedienen.[105]

Für China ist klar: Die Volksrepublik muss sich von der westlichen Abhängigkeit von Halbleitern lösen. Vom „neuen langen Marsch" ist die Rede, vom „großen Halbleitersprung nach vorn".[106] Dies ist ein Unterfangen, das Unsummen und einen langen Atem erfordert. China kann sich, so sehen es Experten, allenfalls in einer ferneren Zukunft von der Abhängigkeit von den wenigen ausländischen Firmen lösen, die eine zentrale Rolle in den Lieferketten für Halbleiter einnehmen.[107]

Die im Oktober 2002 erlassenen Exportkontrollen für Halbleiter waren offenbar als Auftakt für eine Reihe weiterer Beschränkungen in Technologiebereichen gedacht, die die Biden-Administration als kritisch ansieht.[108] So wurden im Oktober 2023 Exportbeschränkungen für bestimmte Mikrochips angekündigt, die in Datenzentren für künstliche Intelligenz (KI) zum Einsatz kommen. Verbesserte chinesische Fähigkeiten in diesem Bereich gelten als eine Gefahr für die nationale Sicherheit der USA. Denn die Volksrepublik könnte bessere und schnellere KI-Modelle unter anderem für die elektronische Kriegsführung und für autonome Waffensysteme nutzen.[109]

Die USA wollen, wie Bidens Sicherheitsberater Jake Sullivan erklärte, ihre technologische Überlegenheit in jenen kritischen Bereichen bewahren, die im nächsten Jahrzehnt eine herausragende Bedeutung haben könnten: Das sind einmal jene Technologien wie Mikroelektronik, Quantencomputing und künstliche Intelligenz, dann Biotechnologie und Biomanufacturing und schließlich saubere Energietechnologien. Sie gelten als „force multipliers". Bei ihnen die Führung zu bewahren, ist, wie Sicherheitsberater Sullivan erklärte, ein „Imperativ nationaler Sicherheit". In der Vergangenheit waren die USA bestrebt, beim technologischen Fortschritt einige Generationen Vorsprung zu haben. Jetzt geht es darum, einen größtmöglichen Vorsprung aufrechtzuerhalten.[110] Dieser Ansatz – gelegentlich als „Sullivan-Doktrin" tituliert – läuft darauf hinaus, ganze chinesische Industriezweige zu „untergraben", wie es der *Economist* pointiert formulierte.[111]

Damit ist eine fundamentale Neubewertung von Exportkontrollen verbunden – eine Abkehr von der seit den 1990er Jahren geltenden Auffassung, strategische Exportkontrollen könnten nur eine sehr beschränkte Rolle spielen und eine zu strenge Handhabung würde die Gewinne und indirekt auch die Innovationsfähigkeit amerikanischer Firmen schmälern.[112] Diese Neubewertung von Exportkontrollen zeichnete sich bereits in dem im August 2018 in Kraft getretenen Export Control Reform Act ab, der Ausfuhrbeschränkungen für „neu entstehende und grundlegende" Technologien autorisiert, die als essenziell für die nationale Sicherheit der USA gelten, aber nicht den bestehenden Kontrollen unterliegen. Ein dauerhafter interministerieller Abstimmungsprozess wurde eingerichtet, um solche Technologien zu identifizieren. Zu den Technologien, die das für diesen Prozess federführende Bureau of Industry and Security im Handelsministerium im Sinne hatte, gehören jene, die für „Made in China 2025" zentral sind, darunter Biotechnologie, künstliche Intelligenz und Quantencomputing.[113] Neu war auch die Absage an die Unterscheidung zwischen einer militärischen und zivilen Nutzung von Technologien. Aus dieser Sicht, die bereits in der Trump-Administration maßgebend wurde, gab es keine rein zivilen Ausfuhren nach China mehr; der chinesische Ansatz der „military-civil fusion" habe eine solche Differenzierung hinfällig gemacht. China – so die in Washington vorherrschende Sichtweise – setze Technologie mit dem Ziel ein, militärische Dominanz zu erlangen. Entsprechend haben die USA in ihrer Exportkontrollpolitik im Hinblick auf China die Kategorie „Civil End User" abgeschafft.[114]

Mittlerweile unterliegen die wirtschaftlichen Beziehungen mit China zahlreichen Beschränkungen. Auf der Entity List standen Ende 2022 603 (juristische) Personen in China, nachdem die Biden-Administration die unter Trump eingeschlagene Linie fortgesetzt hatte.[115] Bis Ende November 2021 hatte Handelsministerin Gina Raimondo nicht weniger als 66 weitere chinesische Firmen aufgelistet. Mitte Dezember 2021 setzte das Handelsministerium gut ein Dutzend im Bereich Biotechnologie arbeitende chinesische Betriebe und Institute auf die Entity List, da deren Forschung und Produkte für die Repression der uigurischen Minderheit und für militärische Zwecke eingesetzt würden.[116]

Zudem weitete die Biden-Administration die Zahl jener chinesischen Firmen aus, in die Amerikaner aufgrund ihrer Verbindung zur Volksbefreiungsarmee nicht mehr investieren dürfen und aus denen sie ihre Investitionen abziehen müssen. Im Dezember 2021 setzte das dafür zuständige Treasury Department weitere acht chinesische Betriebe auf die 2020 unter Trump eingerichtete Chinese Military-Industrial Complex Companies List, auf der bereits 60 Firmen standen.[117]

In der Biden-Administration wurde mehr als zwei Jahre darüber beraten, ob und wie amerikanische Investitionen in China stärker kontrolliert werden sollten. Erlaubt sind nämlich Investitionen in Unternehmen, die sich nicht auf der Chinese Military-Industrial Complex Companies List befinden. Zwischen 2017 und 2020 flossen fast 800 Milliarden US-Dollar an Investitionen nach China. Im Juni 2022 beliefen sich die amerikanischen Investitionen in chinesischen Aktien und Anleihen auf 1,87 Billionen. Washington befürchtet, dass amerikanisches Kapital die Entwicklung auch militärisch nutzbarer Technologien unterstützt. Doch es ist nicht einfach, die Grenze zwischen in dieser Hinsicht problematischen und weniger problematischen Bereichen zu ziehen. Das gilt insbesondere für künstliche Intelligenz.[118]

Im August 2023 unterzeichnete Präsident Biden eine Exekutivverordnung, in der er das Finanzministerium anwies, Regulierungen für Investitionen in bestimmten Technologiesektoren in „countries of concern" zu erlassen (dass es um die Volksrepublik China geht, ist aus dem Annex ersichtlich). Zum einen sollen US-Staatsbürger bestimmte Transaktionen dem Finanzministerium bekannt geben müssen, zum anderen werden bestimmte Transaktionen untersagt. Wie die Beschränkungen genau aussehen werden, ist noch nicht klar. Zunächst holt das Finanzministerium formelle Stellungnahmen ein, unter anderem von betroffenen Firmen.[119] Die Stoßrichtung ist jedoch klar: Untersagt werden sollen Investitionen in Firmen, die in den folgenden drei Technologiebereichen tätig sind: fortgeschrittene Halbleiter, Quantencomputer und künstliche Intelligenz, die für militärische und nachrichtendienstliche Zwecke einsetzbar ist. Die Benachrichtigungspflicht soll für Investitionen gelten, bei denen es um die Entwicklung weniger fortgeschrittener Halbleiter oder Systeme künstlicher Intelligenz geht. Von engen, fokussierten Beschränkungen im Dienste nationaler Sicherheit ist die Rede. Ziel ist es nicht, den gesamten Fluss von Investitionen nach China zu unterbinden. China, dessen ist sich die Administration bewusst, mangelt es nicht an Kapital. Passive Investitionen in börsengehandelte chinesische Unternehmen sind nicht so sehr das Problem, sondern der Transfer von Know-how, der Zugang zu potenziellen Anbietern und Kunden, zu Experten, also der immaterielle Nutzen, der mit bestimmten Investitionen einhergeht, etwa bei Risikokapitalinvestitionen.[120]

Die amerikanischen Direktinvestitionen in China sind ohnehin bereits zurückgegangen. Im ersten Quartal 2023 beliefen sie sich auf 400 Millionen US-Dollar, 2021 waren es über das Jahr genommen noch 35 Milliarden. Insgesamt machten die Kapitalzuflüsse aus den USA in den Jahren 2021 und 2022 nur knapp fünf Prozent der gesamten Direktinvestitionen aus, die aus dem Ausland nach China flossen. Die Bedeutung der Investitionsbeschränkungen liegt wohl in erster Linie im Sinne eines Präzedenzfalles, eines Ansatzes, der in Zukunft vielleicht erweitert und von anderen westlichen Staaten übernommen werden könnte. Im Übrigen: Auch China beschränkt Auslandsinvestitionen. Der Staat versucht sie in strategisch wichtige Bereiche zu lenken – wie etwa in die Luftfahrindustrie und die künstliche Intelligenz.[121]

Die USA sind bestrebt, den technologischen Fortschritt Chinas in zentralen Sektoren gezielt zu verlangsamen und sich einen größtmöglichen Vorsprung zu sichern. Dem dienen nicht nur Export- und Investitionsbeschränkungen, sondern auch eine Reihe anderer Maßnahmen. Die eigene technologische Basis soll besser geschützt werden: Industriespionage durch China wird stärker verfolgt, chinesische Investitionen in den USA werden intensiver überprüft. Der Foreign Investment Risk Review Modernization Act of 2018 weitete die Überprüfungen vor allem auf „kritische Technologie" aus.[122] Bei den chinesischen Direktinvestitionen in den USA gab es einen beträchtlichen Rückgang. Dies scheint in erster Linie eine Folge erweiterter

Beschränkungen für abfließendes Kapital auf chinesischer Seite zu sein, hängt aber sicherlich auch damit zusammen, dass das Committee on Foreign Investment in the United States (CFI-US) chinesische Investitionen stärker unter die Lupe nimmt.[123]

Hinzu kommen Bestrebungen, den Wissenstransfer durch chinesische Studierende und Wissenschaftler in den USA zu reduzieren. So wurde die Vergabe von Visa an chinesische Studierende eingeschränkt, die sich mit als sensibel geltenden Forschungsgegenständen befassen. Chinesischen Wissenschaftlern, die nach Auffassung des FBI Beziehungen zu chinesischen Nachrichtendiensten unterhalten, wurden Visa verweigert.[124] Unter Biden setzte das FBI anfänglich die unter Trump eingeleitete China Initiative fort, mit der chinesische Spionage in den USA unterbunden werden soll. Infolge dieser Initiative gerieten aus China stammende Wissenschaftler an amerikanischen Universitäten ins Visier des FBI.[125] Zwar beendete die Biden-Administration die China Initiative, doch haben das chinakritische Klima und die Stigmatisierung wissenschaftlicher Zusammenarbeit mit China dazu geführt, dass chinesischstämmige Wissenschaftler in wachsender Zahl die USA verlassen, zumal Peking mit Anreizen für eine Rückkehr wirbt.[126] Das National Counterintelligence and Security Center warnt amerikanische Firmen und Universitäten vor den Risiken, die aus einer Zusammenarbeit mit chinesischen Einrichtungen bei neuen Schlüsseltechnologien wie künstlicher Intelligenz, Biotechnologie und Quantencomputing erwachsen könnten.[127]

Offen ist die Zukunft der wissenschaftlich-technologischen Kooperation zwischen den USA und China. Aus amerikanischer Sicht ist es schwierig, mit chinesischen Firmen und Forschungseinrichtungen zu kooperieren, ohne dass dies der Rüstungsmodernisierung des Landes dient. Gleichzeitig hätte es beträchtliche Kosten, auf eine wissenschaftliche Zusammenarbeit mit einer

Technologiemacht wie China zu verzichten, sei es auf der Ebene universitärer Forschungseinrichtungen, sei es auf Firmenebene.[128]

Umstritten ist in Washington, ob das 1979 vereinbarte Abkommen über die wissenschaftlich-technologische Zusammenarbeit beendet werden soll. Dessen Verlängerung, die alle fünf Jahre notwendig ist, stand Ende August 2023 an. Doch die Biden-Administration hatte eine Verlängerung für nur sechs Monate im Sinn. In dieser Zeit sollte das Abkommen „ergänzt und gestärkt" werden, wie es aus dem US-Außenministerium hieß. Etliche Republikaner im Kongress wollen dem Abkommen ein Ende bereiten. Mike Gallagher, der Vorsitzende des Select Committee on the Chinese Communist Party, ist die treibende Kraft. Die USA müssten aufhören, „ihre eigene Zerstörung zu befeuern" („fueling its own destruction"), heißt es in einem Brief, den er und eine Reihe von Kollegen an Außenminister Blinken geschrieben haben. Kritiker einer wissenschaftlichen Entkopplung sehen den Fortschritt in wichtigen Forschungsfeldern wie Biotechnologie und saubere Energie beeinträchtigt, wenn die Zusammenarbeit mit China weiter zurückgefahren werde. Nach einer Zusammenstellung beruhen mehr als 40 Prozent qualitativ hochwertiger Veröffentlichungen von Wissenschaftlern in den USA auf der Zusammenarbeit mit ausländischen Kollegen, allen voran mit Wissenschaftlern aus der Volksrepublik China. Aus der Sicht amerikanischer Forscher hat China einiges zu bieten: gut ausgestattete Labore und große Teams fortgeschrittener Studierender. Befürworter der Zusammenarbeit verweisen auch auf die Resultate, die die 2011 zwischen Präsident Obama und Hu Jintao vereinbarte Initiative Clean Energy Partnership (CEP) erbracht hat: darunter mehr als 300 begutachtete Veröffentlichungen und 26 Patentanträge.[129]

4. Der neue strukturelle Weltkonflikt und seine Folgen

Aus Washingtoner Sicht will die Volksrepublik China den USA die internationale Führungsrolle streitig machen und die internationale Politik nach eigenen Vorstellungen verändern. Aus Pekinger Sicht wollen die USA den Aufstieg Chinas verhindern und seinen Einfluss eindämmen. Die wechselseitigen Wahrnehmungen haben zu einer sich selbst verstärkenden Dynamik in Richtung Konfrontation geführt.[1] Die strategische Rivalität zwischen den USA und China droht sich zu einem vielschichtigen strukturellen Weltkonflikt zu entwickeln. Dessen Konsequenzen können dramatisch sein, wenn sich die wirtschaftliche Verflechtung zwischen den USA und China ausdünnt, vielleicht sogar wirtschaftliche Blöcke oder geschlossene wirtschaftliche Räume entstehen.[2] Wenn sich der amerikanisch-chinesische Konflikt weiter zuspitzt und der Bipolarisierung des internationalen Systems Vorschub leistet, dürfte zudem die Basis für einen globalen Multilateralismus schwinden.[3]

Die Kooperation zwischen USA und China ist schwierig geworden. Auch in den sino-amerikanischen Beziehungen zeigt sich: Die Zusammenarbeit von Staaten wird in unterschiedlicher Weise vom „Schatten der Zukunft" (Robert Axelrod) beeinflusst, von der Sorge um die Interaktion in der Zukunft. In einer von Misstrauen geprägten Beziehung verringert der „Schatten der Zukunft" eher die Kooperationsbereitschaft, in einem stabilen politischen Beziehungsgeflecht erhöht er sie dagegen eher. Dann wird es leichter, auf kurzfristige einseitige Gewinne zugunsten einer längerfristigen Zusammenarbeit in beiderseitigem Interesse zu verzichten.[4]

4.1 Konfrontationskurs

Da die amerikanisch-chinesische Rivalität zumindest aus Sicht der USA einen Konflikt um die regionale und globale Führungsrolle darstellt, lassen sich nur die Intensität seiner Austragung und die damit einhergehenden Risiken mäßigen.[5] Auch im chinesischen Experten- und Elitendiskurs scheint die Sichtweise vorzuherrschen, dass die strategische Rivalität mit den USA intensiv und von langer Dauer sein dürfte und eines Konfliktmanagements bedarf, das die Risiken verringert.[6] Doch dies ist alles andere als einfach. Zu tief sitzt das wechselseitige „strategische Misstrauen"[7] über die Ziele der anderen Seite, zu schwach ist die Bereitschaft zu einer strategischen Verständigung, zu stark sind die tradierten Interessen, die keinen Raum lassen für einen beidseitig akzeptablen geopolitischen Kompromiss. Sowohl in der chinesischen als auch in der amerikanischen Debatte finden sich gelegentlich Vorschläge zu einer Art „grand bargain". So ist in der US-Diskussion die Idee artikuliert worden, die Zusage zu widerrufen, Taiwan gegen eine chinesische Aggression zu verteidigen. Als Gegenleistung solle sich China verpflichten, die maritimen und territorialen Streitigkeiten im Süd- und im Ostchinesischen Meer friedlich zu regeln und die angestammte sicherheitspolitische Rolle der USA in Ostasien zu akzeptieren.[8] In der chinesischen Diskussion kam die Idee auf, die USA sollten Chinas Führungsposition in Asien, die aus der wirtschaftlichen Bedeutung des Landes erwachse, anerkennen und in einem Teil des westlichen Pazifiks China „strategischen Raum" zugestehen. Im Gegenzug würde China die globale militärische Überlegenheit der USA und ihre Dominanz in anderen Weltregionen akzeptieren. Vorschläge dieser Art haben, nüchtern betrachtet, allenfalls dann eine Aussicht auf politische Wirksamkeit, wenn zumindest einer der beiden Antagonisten zu einer veränderten Sicht der eigenen Kerninteressen gelangen würde.[9] Für die USA lässt sich mit einiger Gewissheit sagen: Ein geopolitischer Ausgleich entlang der genannten Linien ist unvereinbar mit der traditionellen Bestimmung der eigenen Interessen und dem nach wie vor ungebrochenen Anspruch auf die Vormachtposition.[10]

In der amerikanischen Chinapolitik hat sich eine „Koalition für Konfrontation" etabliert.[11] Weithin herrscht Einigkeit, dass die Politik des „engagement" gescheitert sei. In der Chinapolitik ist der Kongress ein Faktor, der eine harte Linie eher unterstützt und verstärkt als mäßigt. Das gilt besonders für die Republikaner, aber auch für viele Demokraten.[12] In den Initiativen des Kongresses spiegelt sich die veränderte Stimmung gegenüber China in Gesellschaft, Wirtschaft und Politik wider. Die als aggressiv angesehene Politik im Südchinesischen Meer, die merkantilistischen Wirtschaftspraktiken, die autoritäre Verhärtung – all dies hat die amerikanische Wahrnehmung Chinas zum Negativen verändert.[13] In der amerikanischen Wirtschaft, lange die einflussreiche Lobby für einen integrativen Ansatz gegenüber China, hat sich wegen unfairer Praktiken Ernüchterung breitgemacht. Menschenrechtsgruppen, die traditionell einen schweren Stand gegen die Chinalobby in der Wirtschaft hatten, sehen sich in ihrer Besorgnis bestätigt, da China den Überwachungsstaat ausweitet und Umerziehungslager errichtet hat.[14]

In den USA hat sich zudem eine in dieser Form neue Sorge verbreitet: nämlich die Befürchtung, China suche auf vielfältige Weise Gesellschaft und Politik der USA zu beeinflussen, sei es über chinesischstämmige Amerikaner (2,4 Millionen Einwanderer aus China leben in den USA), sei es über Denkfabriken, Universitäten (2021/22 belief sich die Zahl der aus China stammenden Studierenden in die USA auf 296 000), Medien oder die Geschäftswelt, sei es über die Konfuzius-Institute.[15] Diese Institute, die Kurse in chinesischer Sprache anbieten, waren umstritten, seit sie 2005 an amerikanischen Universitäten andockten. Von etwa 118 Konfuzius-Instituten, die es im Jahre 2017 in den USA gab, sank die Zahl auf etwa sieben bis Ende 2022. Im August 2020 hatte die Trump-Administration das Confucius Institute U.S. Center, die Dachorganisation dieser Institute in den USA, als eine „foreign mission" der Volksrepublik China designiert. Verpflichtend waren nun regelmäßige Berichte an das amerikanische Außenministerium über die Aktivitäten der Institute.[16]

Die Volksrepublik China wird in den USA mittlerweile nicht nur als geopolitische und geoökomische Bedrohung wahrgenommen, sondern auch als Bedrohung im Inneren. FBI-Direktor Wray hat diese umfassende Bedrohungswahrnehmung so formuliert: „Es besteht kein Zweifel, dass die größte langfristige Bedrohung für die Ideen unserer Nationen, unsere wirtschaftliche Sicherheit und unsere nationale Sicherheit von der kommunistischen Regierung Chinas ausgeht."[17]

Der Minister für Heimatschutz (Secretary of Homeland Security) Alejandro Mayorkas attestierte, die Volksrepublik China stelle „eine besonders große Bedrohung für unser Heimatland dar".[18] China spioniere, stehle geistiges Eigentum, bereite mögliche Angriffe gegen die amerikanische Infrastruktur vor, schüchtere chinesische Dissidenten in den USA ein, übe Druck auf Chinesen und chinesischstämmige US-Bürger aus und exportiere Repression, indem es illegale „Polizeistationen" in den USA (und anderen Ländern) unterhalte (nach chinesischer Darstellung handelt es sich dabei um Serviceeinrichtungen für Chinesen im Ausland, wo sie etwa ihre Fahrerlaubnis verlängern können). Im April 2023 wurden 44 Chinesen der „transnationalen Repression" gegen in den USA lebende Personen beschuldigt. Mehr noch: China sei bestrebt, amerikanische Regierungsbehörden zu „unterminieren und zu infiltrieren". Die Loyalität amerikanischer Führungspersonen soll durch Geld oder Einschüchterung gewonnen und der demokratische Prozess untergraben werden. China versuche Politiker zu rekrutieren, die in den Anfängen ihrer Karriere seien, gerade auch auf einzelstaatlicher oder lokaler Ebene.[19]

Die Angst vor chinesischer Unterwanderung hat sich mittlerweile in einer Vielzahl gesetzgeberischer Initiativen in den Einzelstaaten niedergeschlagen, namentlich in jenen Staaten, in denen die Republikanische Partei die Mehrheit in beiden Häusern und den Gouverneur stellt. Hervorgetan hat sich besonders Florida unter Gouverneur Ron DeSantis, einem der republikanischen Präsidentschaftsaspiranten. Noch rechtzeitig vor der Bekanntgabe seiner Kandidatur setzte er seine Unterschrift unter drei Gesetze, die sich gegen das „kommunistische China" richteten. Chinesische Firmen dürfen kein Land mehr in Florida aufkaufen, in staatlichen Einrichtungen ist es nicht mehr erlaubt, über drahtlose Netzwerke einige Apps chinesischer Firmen (TikTok, Tencent QQ, WeChat) zu benutzen, und zwischen höheren Bildungsanstalten soll es keine Verbindungen mehr zu China geben. Florida steht mit solchen Gesetzen und Gesetzesinitiativen keineswegs allein da. China wird dabei nicht immer beim Namen genannt, die Zielrichtung ist aber dennoch deutlich. Besonders im Blick sind Landaufkäufe durch Chinesen oder chinesische Firmen. Kaufen sie Land in der Nähe militärischer Einrichtungen oder kritischer Infrastruktur, mag die Sorge vor Spionage oder Sabotage plausibel erscheinen. Doch darum allein geht es nicht. Die Sorge um den Verkauf amerikanischen Farmlandes an ausländische Investoren hat eine lange Tradition. Nicht nur die nationale Sicherheit, auch die Nahrungsmittelsicherheit, so heißt es, könne durch Verkäufe an

Chinesen gefährdet sein. In 33 amerikanischen Bundestaaten wurden im Laufe des Jahres 2023 allein bis zum Sommer insgesamt 81 Gesetzesentwürfe eingebracht, mit denen der Landverkauf an Chinesen verboten werden sollte. In Texas sollte es sogar Bürgern mit amerikanischer und chinesischer Staatsangehörigkeit untersagt werden, Land zu kaufen. Doch so weit ging das verabschiedete Gesetz dann doch nicht.[20]

Ins Visier von US-amerikanischen Politikern ist insbesondere TikTok geraten. Der Gebrauch der App der chinesischen Firma ByteDance wurde in zahlreichen Staaten verboten, in Montana ist es sogar untersagt, die App nur herunterzuladen. Die unter jungen Amerikanern beliebte App gilt so manchen Politikern als Gefahr für die nationale Sicherheit, als Instrument chinesischer Propaganda und als Mittel, um Benutzerdaten abzuschöpfen. Das unter Präsident Trump 2020 ausgesprochene Verbot scheiterte an einem Bundesgericht, das eine 30 Jahre alte Bestimmung im International Emergency Economic Powers Act verletzt sah. Diese Bestimmung, das sogenannte Berman-Amendment, erlaubt den freien Fluss von „Informationsmaterial". Ein Gesetzentwurf im Senat, der RESTRICT Act, würde diese Hürde beseitigen. Doch dann bleibt noch der Erste Verfassungszusatz (free speech), der einem Verbot entgegenstehen könnte.[21] Die Biden-Administration drängte darauf, dass ByteDance das Geschäft in den USA an ein amerikanisches Unternehmen verkaufen solle. Doch diese Lösung verfing nicht; China lehnte einen Verkauf ab. Ob sich im Kongress diejenigen durchsetzen, die die App in den USA schlichtweg verbieten wollen, bleibt zu sehen. Die Biden-Administration steckt indes in einem Dilemma: Stimmt sie einem Verbot der beliebten App zu, vergrault sie vielleicht junge Wähler. Nimmt sie die weitere Nutzung der App in den USA hin, haben die Republikaner ein Argument, die Administration der Schwäche gegenüber China zu bezichtigen. Die Administration unterstützt einen Gesetzentwurf, den die Senatoren Mark R. Wagner (Demokratische Partei, Bundesstaat Virginia) und John Thune (Republikanische Partei, Bundesstaat South Dakota) eingebracht haben: Danach bekäme der Präsident die Befugnis, TikTok in den USA zu verbieten, muss es aber nicht tun. Einige liberale Demokraten im Repräsentantenhaus haben sich gegen ein Verbot ausgesprochen; aus ihrer Sicht handelt es sich um eine „Hysterie", die in Rassismus und Xenophobie wurzele – wie es der Abgeordnete Jamaal Bowman ausdrückte.[22]

US-Bürger hören über die Medien von Politikern beider Parteien seit einigen Jahren immer wieder chinakritische Töne. In der Folge hat sich die öffentliche Meinung verhärtet, die Sicht auf die Volksrepublik ist weithin negativ. Laut einer Umfrage glaubte im Oktober/November 2021 gut die Hälfte der Amerikaner, dass China die größte Bedrohung für die USA darstelle.[23] Im Frühjahr 2023 galt dies für 83 Prozent der Amerikaner. Angestiegen ist auch der Anteil der Amerikaner, die China mittlerweile nicht mehr nur als Konkurrenten, sondern als „Feind" sehen: Es sind 38 Prozent (52 Prozent schätzen China als Konkurrenten ein).[24] In diesem Meinungsklima gibt es kaum Anreize für Politiker, sich dieser Stimmung zu entziehen. So entsteht eine „Rückkopplungsschleife, in der sich Ereignisse, Worte und Handlungen der Führungspersönlichkeiten, Medienberichterstattung und öffentliche Meinung gegenseitig verstärken".[25]

Auch in China ist mit einer Rückkopplungsschleife zu rechnen, die selbst den Handlungsspielraum eines autoritären Führers einengen könnte. Die Propagandamaschinerie fördert eine Sicht, nach der die USA eine existenzielle Bedrohung für China darstellen. Stimmen, die Zweifel an einer militärischen Lösung der Taiwanfrage haben, kommen in den Medien nicht zu Wort.[26] Man mag Meinungsumfragen in China mit etwas

Vorsicht interpretieren. Wie frei fühlen sich die Befragten in ihren Antworten, wie sehr richten sie sich nach dem aus, was ihnen die staatliche Propaganda vorgibt? Nach Umfragen aus dem Jahr 2023 gilt China für viele als das einflussreichste Land der Welt. Groß ist das Misstrauen gegenüber den USA, negativ die Sicht der amerikanischen Rolle in Asien, gering das Interesse daran, in die USA zu reisen oder dort zu arbeiten.[27]

Vermutlich wäre eine Beschwichtigungspolitik von chinesischer Seite notwendig, um die verhärteten Positionen im amerikanischen Diskurs aufzuweichen.[28] Doch ist eine solche unwahrscheinlich. Denn „angesichts der Intensität und zentralen Bedeutung des Nationalismus in der chinesischen Politik und der vorherrschenden Überzeugung, dass die Vereinigten Staaten die größte äußere Bedrohung für China darstellen, kann es sich Xi nicht leisten, bei der Konfrontation mit dieser Bedrohung oder der Reaktion darauf als ‚weich‘ wahrgenommen zu werden".[29] Zudem geben, wie eine Analyse der maritimen Politik im Südchinesischen Meer nahelegt, die Machtkonzentration in den Händen Xi Jinpings – er ist Staatspräsident, Parteivorsitzender und militärischer Oberbefehlshaber – und seine globalen Ambitionen außen- und sicherheitspolitischen Akteuren in Ministerien und Behörden Anreize, durch hartes, aggressives Verhalten Loyalität und „politische Korrektheit" zu demonstrieren.[30]

Solange Pekings Politik die amerikanische Wahrnehmung nährt, China bilde eine geopolitische Bedrohung und sei Teil eines ideologischen Antagonismus, dürfte sich am Kurs der amerikanischen Chinapolitik wenig ändern. Für das amerikanische Militär ist China zur erstrangigen Bedrohung geworden, auf das es seine Fähigkeiten ausrichtet.[31] Die CIA reorganisiert ihre Tätigkeit mit Blick auf China, indem sie ihre Ressourcen in einem China Mission Center bündelt.[32] Auf Betreiben der neuen republikanischen Mehrheit im Repräsentantenhaus wurde 2023 ein Select Committee on the Chinese Communist Party einge-richtet – mit 365 zu 65 Stimmen. Zwar hat der Ausschuss keine gesetzgeberische Funktion, doch mit Anhörungen zu allen mög-lichen Aspekten der amerikanisch-chinesischen Beziehungen kann er die öffentliche Meinung beeinflussen und den Hand-lungsspielraum für die Administration einengen.[33] Für den Vor-sitzenden dieses Ausschusses, den Republikaner Mike Gallagher, befinden sich die USA in einem „existenziellen Kampf um die Frage, wie das Leben im 21. Jahrhundert aussehen wird: Die grundlegendsten Freiheiten stehen auf dem Spiel."[34]

4.2 Wirtschaftliche Entflechtung und ihre Risiken

Machtrivalitäten tendieren nach historischer Erfahrung dazu, sich auf die wirtschaftlichen Beziehungen auszuwirken.[35] Die-ser Effekt hängt nicht nur direkt von staatlichen Restriktionen ab, etwa Exportkontrollen und Investitionsbeschränkungen, sondern indirekt auch von Entscheidungen wirtschaftlicher Akteure, deren Verhalten die Verschlechterung der politischen Beziehungen reflektiert. Mittlerweile beginnt ein neuer Be-griff Konjunktur zu erleben: geoökonomische Fragmentierung. Gemeint ist damit „eine politisch motivierte Umkehrung der globalen wirtschaftlichen Integration, die häufig von strategi-schen Überlegungen geleitet wird".[36] Die Großmachtrivalität zwischen den USA und China könnte im Extremfall dazu füh-ren, dass sich eine neue „geoökonomische Weltordnung" her-ausbildet, in der die Frage der relativen Nutzenverteilung und die Sorge vor den sicherheitspolitisch problematischen Folgen wirtschaftlicher Interdependenz eine weit wichtigere Rolle spie-len als in den letzten Jahrzehnten.[37] Noch ist die Entwicklung nicht so weit. Doch in den Köpfen, im Denken hat sich bereits eine Veränderung vollzogen. Gegenseitige Abhängigkeit gilt als problematisch, die daraus erwachsenden Risiken sollen verringert werden. Das Narrativ hat sich geändert, wie es der Chefökonom der WTO, Ralph Ossa, auf den Punkt brachte.[38]

Die wirtschaftliche Globalisierung beruhte auf der Annahme, dass der freie Austausch von Waren und der ungehinderte Fluss von Direktinvestitionen in allseitigem Nutzen wäre, dass nicht Staaten miteinander konkurrieren, sondern Unternehmen und dass staatliche Interventionen, gar in der Form einer gezielten Industriepolitik, eher schädliche als förderliche Folgen mit sich brächten. Nicht mehr länger gelten diese Annahmen. Die Sicherheitslogik ist an die Stelle der wirtschaftlichen Logik getreten.[39]

Für die USA gilt: Eine neue internationale Umwelt, die geprägt ist von geopolitischen Sicherheitskonkurrenzen, erfordert eine neue Außenwirtschaftspolitik. Außenpolitik für die Mittelschicht heißt die Devise in den USA. Industriepolitik ist eines der Mittel, um Innen- und Außenpolitik miteinander zu verschränken. Handelsliberalisierung wird mit Skepsis gesehen: Statt gute Jobs in den USA zu schaffen, sei die industrielle Basis ausgehöhlt worden. Abhängigkeiten seien entstanden, die geopolitisch zuungunsten der USA genutzt werden könnten. Ein „neuer Konsens" sei notwendig – so Sicherheitsberater Sullivan in seiner Absage an den „Washington-Konsens", dem seit den 1990ern vorherrschenden Paradigma der internationalen Wirtschaftspolitik, dem Glauben an die segensreichen Wirkungen von Freihandel und Globalisierung.[40]

Gemeinhin wurde erwartet, dass sich wirtschaftliche Interdependenz mäßigend auf politische Konflikte auswirkt. Doch im Verhältnis zwischen China und anderen Staaten ist seit geraumer Zeit eine andere Entwicklung zu verzeichnen: Die wirtschaftlichen Beziehungen zu China haben zu einem Gefühl der Unsicherheit, zur Wahrnehmung einer potenziellen Bedrohung geführt, zur Sorge, China könnte die wirtschaftlichen Beziehungen instrumentalisieren. Wirtschaftliche Verflechtung mit China gilt mittlerweile in den USA und in Europa als Sicherheitsrisiko – auch wegen der Kontrolle, die die Kommunistische Partei über große Unternehmen in strategisch wichtigen Bereichen ausübt. Wirtschaftliche Konflikte mit China haben daher eine neue Qualität erreicht. Es geht nicht mehr allein um die altbekannten Themen wie staatliche Subventionen oder eingeschränkter Marktzugang. Nicht mehr der chinesische „Staatskapitalismus" ist das Problem, sondern die Entwicklung zu einem „party-state capitalism", in dem die Kommunistische Partei entgegen einer lange erhofften marktwirtschaftlichen Liberalisierung die Kontrolle über Firmen in einer Weise verstärkt hat, die die Grenzen zwischen Staat und Firmen, auch privaten chinesischen Firmen, verschwimmen lässt.[41]

Anhand der Kampagne gegen Huawei ist die Abkehr von der Positivsummenlogik in den Wirtschaftsbeziehungen zu China deutlich zutage getreten. Solange Washington nicht den Aufstieg eines strategischen Rivalen befürchtete, herrschte die wirtschaftliche Logik vor. Absolut gesehen, profitierten die USA von wirtschaftlichen Austauschbeziehungen. Sicher: Es gab Verlierer in den USA. Laut einer Studie des National Bureau of Economic Research haben die Einfuhren aus China zwischen 1999 und 2011 direkt oder indirekt den Verlust von 2 bis 2,4 Millionen Jobs in der verarbeitenden Industrie zur Folge gehabt. Das wären rund zehn Prozent der Industriearbeitsplätze, die in diesem Zeitraum verloren gingen. In anderen Studien hingegen werden eher Produktivitätsfortschritte für den Abbau von Arbeitsplätzen verantwortlich gemacht. Die amerikanischen Exporte nach China sicherten jedoch auch geschätzt

1,8 Millionen Arbeitsplätze in den USA – ganz zu schweigen von den Vorteilen, die die Einfuhr günstiger, in China hergestellter Produkte amerikanischen Verbrauchern brachte.[42] Beide Seiten profitierten von der wirtschaftlichen Verflechtung, die sich über lange Jahre entwickelt hatte. Die USA boten der Volksrepublik „die weltweit größte Basis externer Nachfrage, die Chinas exportorientiertes Produktionsmodell unterstützen konnte. China seinerseits bot den Vereinigten Staaten ein breites Angebot an billigen Gütern zur Befriedigung ihrer hart bedrängten Verbraucher sowie eine riesige Quelle ausländischen Kapitals, das ihnen trotz fehlender inländischer Ersparnisse ein anhaltendes Wirtschaftswachstum ermöglichen konnte.“[43]

Lange spielte es keine nennenswerte Rolle, dass China möglicherweise relativ stärkeren Nutzen aus der wirtschaftlichen Verflechtung zog. Die ökonomische Logik, die auf absolute Nutzengewinne abstellt, war mit der Erwartung verknüpft, wirtschaftliche Interdependenz wirke kooperationsfördernd und friedensstabilisierend. Mit dem befürchteten Aufstieg Chinas zu einem globalen strategischen Rivalen ist diese wirtschaftliche Logik ins Hintertreffen geraten. Unter Trump dominierte in Rhetorik und Praxis die sicherheitspolitische Logik, verbunden mit der Sorge um die relative Nutzenverteilung[44] und der Auffassung, wirtschaftliche Interdependenz habe negative Folgen für die technologische Basis militärischer Überlegenheit. So identifizierte eine von Präsident Trump eingesetzte interministerielle Taskforce die chinesische Industrie- und Handelspolitik als einen von fünf Makrofaktoren, die die industriellen Grundlagen der USA und ihrer Innovationsfähigkeit gefährdeten – und damit auch die Voraussetzungen militärischer Vorherrschaft.[45]

Nationale Sicherheit ist in den USA inzwischen das Prisma, durch das Beziehungen zu China gesehen werden. Oder wie es

Bidens Finanzministerin Janet Yellen ausdrückte: „Die nationale Sicherheit ist in unseren Beziehungen zu China von überragender Bedeutung." Dass bestimmte Technologien nicht in die Hände des chinesischen Sicherheitsapparates fallen, sei ein „lebenswichtiges nationales Interesse". Die USA streben – so die Finanzministerin – nicht die Entflechtung der Wirtschaften beider Länder an. Eine „vollständige Trennung" wäre für beide Länder desaströs. Und „ein wachsendes China, das sich an die Regeln hält, kann für die Vereinigten Staaten von Vorteil sein".[46] Inzwischen hat – wie eine Rede von Sicherheitsberater Jake Sullivan nahelegt – die europäische Formulierung von der Risikominderung Eingang in den amerikanischen Sprachgebrauch gewonnen: „de-risking and diversifying, not decoupling".[47]

Zwar will die Biden-Administration erklärtermaßen keine wirtschaftliche Entflechtung, sondern „hohe Zäune" für kritische Technologien, die für die nationale Sicherheit wichtig sind. Doch diese Technologien sind für China auch wirtschaftlich von großer Bedeutung. Ob es so genannt wird oder nicht: Es handelt sich faktisch um eine Strategie selektiver Entkopplung. Auch für China ist dies zu einer Option geworden. Schließlich ist die chinesische Führung, wie Kevin Rudd schreibt, „in erhöhter Alarmbereitschaft gegenüber extern verursachten wirtschaftlichen Risiken und der damit verbundenen internen Instabilität".[48]

Im August 2020 sprach Xi Jinping vor einer Gruppe von Ökonomen in Peking über die kommende Zeit, in der China mehr und mehr Gegenwinden ausgesetzt sei. Ein neues Entwicklungsmuster sei notwendig. Was Xi Jinping hier und an anderen Stellen forderte, wurde bald unter dem Schlagwort „Doppelzirkulation" bekannt, in dem nichts Geringeres zum Ausdruck kommt als ein „radikal neues Verständnis von Globalisierung und Chinas Platz darin". China müsse technologisch unabhängig werden, denn – so die vorherrschende Überzeugung – die USA hätten das klare Ziel, Chinas technologisches Erstarken zu blockieren.[49] Die westliche Sanktionspolitik gegen Russland als Reaktion auf den Krieg gegen die Ukraine dürfte die chinesische Führung darin bestärkt haben, sich vom Import kritischer Technologien und vom US-Dollar unabhängiger zu machen. Ein Gutteil der chinesischen Auslandsreserven wird in US-Dollar gehalten, ein Großteil des Außenhandels über diese Währung abgewickelt.[50]

Faktisch setzten die Handelssanktionen, die die Trump-Administration nach Section 301 des Handelsgesetzes von 1974 verhängt hatte und die die Biden-Administration in Kraft ließ, bereits eine gewisse wirtschaftliche Entflechtung in Gang. Sanktionen dieser Art können gegen Länder zum Einsatz kommen, die sich aus amerikanischer Sicht unfairer Handelspraktiken bedienen. Zunächst setzte die Trump-Administration für chinesische Importe im Volumen von 50 Milliarden US-Dollar die Zölle auf 25 Prozent fest, dann wurden Einfuhren im Wert von 250 Milliarden US-Dollar mit Zöllen dieser Höhe belegt – darunter Produkte aus „strategischen Sektoren" wie Autos, Maschinen und Chemieprodukte. Ergänzt wurde das Ganze von Zöllen in Höhe von 7,5 Prozent auf weitere Güter im Wert von 120 Milliarden US-Dollar. China machte in Reaktion auf die Handelssanktionen zwar einige Zugeständnisse, was den leichteren Zugang amerikanischer Firmen zum chinesischen Markt anging, und sagte den vermehrten Import amerikanischer Produkte zu. Doch aus Washingtoner Sicht war das zu wenig. Als Folge der Sanktionen verringerte sich das Handelsbilanzdefizit zwischen den USA und China. Zwischen 2018 und 2021 sanken die Importe jener chinesischen Waren, auf die die höheren Zölle erhoben wurden, im Durchschnitt um 13 Prozent, bei

Halbleitern waren es 72 Prozent. Trumps Handelsbeauftragter Robert Lighthizer kommt rückblickend zu dem Schluss: „Wie die Auswirkungen unserer Section-301-Zölle gezeigt haben, können ausreichend hohe Zölle den gewünschten Abbau des Handelsdefizits und die Entkopplung bewirken."[51] Doch diese Zölle hatten ihren Preis für amerikanische Verbraucher und Firmen; auf 48 Milliarden US-Dollar beliefen sich nach einer Schätzung die Kosten.[52]

Das Volumen des amerikanisch-chinesischen Handels ist nach wie vor hoch. Es betrug im Jahre 2022 nach Angaben des amerikanischen Handelsministeriums 690,6 Milliarden US-Dollar. Höher war die Gesamtsumme nie (auch wenn die Zahlen nicht inflationsbereinigt sind). Die USA führten Waren im Wert von 536,8 Milliarden aus China ein; die Ausfuhren nach China lagen bei 153,8 Milliarden US-Dollar. Zahlreiche Konsumgüter wie etwa Mobiltelefone und Computer unterliegen nicht den höheren Zöllen.[53] Doch bei einem genaueren Blick zeigt sich, dass auch hier eine gewisse wirtschaftliche Entflechtung im Gange ist. Das gilt nicht nur für die Halbleiter, die neuen Ausfuhrkontrollen unterliegen. Die Ausfuhr größerer Industriegüter wie Autos und Flugzeuge ist eingebrochen. Die Ausfuhr landwirtschaftlicher Erzeugnisse nach China lag auf Höchstniveau, doch nur gemessen an den Preisen. Im Umfang sind sie gesunken. China hat sich nach anderen Lieferanten umgesehen.[54]

Zwischen 2017 und 2022 sank der gesamte Anteil Chinas an den Einfuhren in die USA von 21,6 auf 16,3 Prozent. Auch hier zeigt sich, dass sich Importeure auf andere Lieferländer umorientiert haben. Doch das bedeutet nicht, dass sich die Abhängigkeit von China in dem Maße verringert hat, wie es die Zahlen auf den ersten Blick nahelegen mögen. Produkte aus China wurden zu einem beträchtlichen Teil durch Waren aus Ländern ersetzt, die mit China in einer dichten Wertschöpfungskette verwoben sind, darunter Taiwan und Vietnam. Das heißt: Die USA sind mit China indirekt stärker durch industrielle Lieferketten verbunden, als es das bilaterale Handelsvolumen erkennen lässt.[55] Manchmal werden in China hergestellte Waren nur woanders umgepackt und dann in die USA exportiert. Die Abhängigkeit von chinesischen Produkten wurde durch die Handelszölle nicht wirklich verringert. Die Folge war eher, dass sich die wirtschaftlichen Beziehungen zwischen China und südostasiatischen Staaten verstärken – eine Entwicklung, die, wie der *Economist* anmerkte, nicht im amerikanischen Interesse liegen könne.[56] Auch über Mexiko fließen Produkte aus China in die USA. Dort und in Vietnam sind zudem mehr chinesische Direktinvestitionen zu beobachten.[57] Chinesische Firmen beliefern „Made in Mexico" den amerikanischen Markt mit Konsumgütern – zollfrei. Schließlich gibt es zwischen den USA und dem südlichen Nachbarn ein Freihandelsabkommen.[58]

Wirtschaftlich mit China verwoben, ja abhängig von den Lieferungen aus der Volksrepublik bleiben die USA bei einer Vielzahl von Materialien und Metallen, auf die auch die amerikanische Rüstungsindustrie angewiesen ist. China stellt daher, so die Einschätzung der von Präsident Trump eingesetzten interministeriellen Taskforce China, „ein beträchtliches und wachsendes Risiko für die Versorgung mit Materialien und Technologien dar, die als strategisch und kritisch für die nationale Sicherheit gelten".[59] Dazu gehören etwa seltene Erden. Nach dieser Analyse ist China außerdem die einzige Quelle oder der Hauptlieferant für eine Reihe „kritischer energetischer Materialien" in Munition und Raketen.[60] Die Rüstungsproduktion in den USA hängt von Zulieferungen aus China ab. Ob F-35 Kampfflugzeuge oder Zerstörer – der Bedarf an seltenen Erden ist enorm. Gerade die hohe Bedeutung der Metalle der seltenen Erden in vielen Waffensystemen und die marktbeherrschende Rolle Chinas in diesem Bereich stellen ein Problem dar, mit dem sich das Pentagon schon seit Jahren befasst hat, ohne jedoch eine zufriedenstellende Lösung zu finden.[61] Chinas Beinahemonopol in diesem Bereich wurde erstmals weithin als Problem wahrgenommen, als Peking im September 2010 „inoffiziell" die Ausfuhr von Metallen der seltenen Erden nach Japan stoppte. Damit reagierte Peking auf einen maritimen Zwischenfall in den Gewässern um die Diaoyu-/Senkaku-Inseln, auf die sowohl China als auch Japan territoriale Ansprüche erheben.[62]

Präsident Trump hatte zwar eine Executive Order erlassen mit dem Ziel, die einheimische Produktion von Seltenerdmetallen anzukurbeln. Und die Biden-Administration versucht über den Defense Production Act entsprechende Projekte voranzubringen. Doch viel ist nicht passiert. Das ist auch nicht verwunderlich. Es muss eine ganze Industrie aus dem Boden gestampft werden. Es gibt nur eine Mine zum Abbau seltener Erden in den USA, die Mountain Pass Rare Earth Mine in Kalifornien. Und die verschifft das, was sie abbaut, zur Verarbeitung nach China. Auch fehlt es wohl an Expertise und einschlägiger Forschung in den USA. Die Behörde, die hier eine Rolle spielte, das U.S. Bureau of Mines, wurde 1996 abgeschafft.[63]

Metalle der seltenen Erden gehören zu den 50 mineralischen Rohstoffen, die nach einer Einschätzung der US-Regierung aus dem Jahre 2022 als „kritisch" gelten – und zwar in ihrer Bedeutung für die wirtschaftliche und nationale Sicherheit. Darunter fällt etwa Lithium, das für die Produktion von Lithium-Ionen-Batterien benötigt wird. Die USA decken ihren Verbrauch an kritischen Mineralen zur Hälfte aus Einfuhren. Gerade für den Übergang zu „sauberer Energie" entsteht ein wachsender Bedarf nach bestimmten Mineralen, ein Bedarf, wie er in dieser Höhe noch nie da gewesen ist. Nach Schätzungen müssen weltweit bis

zum Jahr 2035 mehr als 300 neue Minen eröffnet werden, um
den Bedarf zu decken, der aus dem Übergang zur Elektromobilität erwächst. Für die Produktion eines Elektroautos bedarf es
sechsmal mehr Minerale als für den Bau eines herkömmlichen
Wagens. Auch der Bau von mehr Windkraft- und Solaranlagen
lässt die Nachfrage in großem Maße wachsen. Doch die Lieferketten sind verwundbar. Der Abbau vieler dieser Rohstoffe
und insbesondere die Verarbeitung sind auf relativ wenige Länder konzentriert. Bei der Verarbeitung hat China eine zentrale
Rolle. Chinas Marktanteil bei der Verarbeitung von Nickel lag
2019 bei 35 Prozent, für Kupfer bei 40 Prozent, für Lithium
bei 58 Prozent, für Kobalt bei 65 Prozent und für seltene Erden
bei 87 Prozent – was für diese faktisch auf ein Monopol bei der
Verarbeitung hinausläuft, das sich geopolitisch als Druckmittel
nutzen lässt. Die USA sind, was verarbeitete seltene Erden an-
geht, ganz auf Importe angewiesen. Der Verbrauch an seltenen
Erden belief sich im Jahre 2021 nach einer Einschätzung des
Verteidigungsministeriums zwar nur auf 613 Millionen US-
Dollar. Doch die wirtschaftlichen Aktivitäten, in die seltene
Erden einfließen, summieren sich am Ende auf 496 Milliarden
US-Dollar.[64]

China hat seine marktbeherrschende Stellung bei den seltenen Erden geschickt konsolidiert. Im Jahr 2021 mussten sich
die drei größten staatseigenen Firmen, die seltene Erden ab-
bauen, zur China Rare Earth Group zusammenschließen. So
lassen sich Synergien nutzen und Produktionskosten senken.
Firmen in anderen Ländern dürfte dies nicht gerade ermutigen,
in diesen Markt einzusteigen und sich in die Konkurrenz mit
dem chinesischen Platzhirsch zu begeben. Hier wird es staatlicher Anreize bedürfen, soll das chinesische Monopol gebrochen
werden. Dass auch China bereit und in der Lage ist, Exportbeschränkungen politisch zu nutzen, zeigte Peking mit den im

August 2023 in Kraft getretenen Restriktionen für Gallium und Germanium, zwei Metalle, die im strikten Sinne nicht zu den Metallen der seltenen Erden gehören. Chinesische Firmen müssen fortan eine Ausfuhrlizenz für diese Metalle beantragen, die unter anderem für die Herstellung von Computerchips, Fiberglaskabeln und Solarpanelen benötigt werden.[65] Bei diesen zwei Metallen hat China zwar nicht eine derart marktbeherrschende Position wie bei den Seltenerdmetallen: Bei den schweren seltenen Erdelementen kommt China auf 100 Prozent Marktanteil, bei den leichten auf 85 Prozent. Doch liegt der chinesische Anteil am weltweiten Angebot mit 94 Prozent für Gallium und 83 Prozent für Germanium nicht weit darunter – wenn man die Angaben im jüngsten im Auftrag der Europäischen Kommission erstellten Bericht zu kritischen Rohstoffen zugrunde legt.[66] Gallium wird unter anderem für die Herstellung leistungsfähiger Mikrochips verwendet, die in einigen der modernsten amerikanischen Waffensysteme zum Einsatz kommen, und hat daher eine besondere militärtechnologische Bedeutung.[67]

China verfolgt, wie es scheint, eine Flaschenhalsstrategie. Für China sind die wirtschaftlichen Kosten recht gering, wenn der Export solcher kritischen Metalle beschränkt wird. Das gibt Verhandlungsmasse in dem sich abzeichnenden technologischen Machtpoker.[68] Wie sehr China diese nutzen kann und will, wenn die Drohung nicht wirkt, bleibt zu sehen. Peking wird hier den kurzfristigen Nutzen gegen die mittelfristig eher abträglichen Wirkungen abwägen müssen. Chinas Ruf als verlässlicher Lieferant würde Schaden nehmen, die von einem Embargo betroffenen westlichen Länder würden ihre Anstrengungen intensivieren, die Abhängigkeit von China zu reduzieren, China fände kaum alternative Abnehmer.[69]

Die USA sind in Verhandlungen mit einer Reihe von Staaten, um sich Zugang zu wichtigen Mineralen wie Lithium, Kobalt, Nickel und Grafit zu sichern. Offen ist, ob entsprechende Vereinbarungen zustande kommen und ob diese ausreichen, um die Nachfrage in den USA zu sichern. Nach Einschätzung der US-Administration muss sich allein das weltweite Angebot an Lithium bis 2050 um das 42-Fache erhöhen, wenn der Bedarf an Batterien für Elektroautos gesichert sein soll. Komplizierter wird alles noch dadurch, dass die Arbeits- und Umweltstandards in mineralreichen Ländern nicht allzu hoch sind. Das von der Biden-Administration angestrebte „friend-shoring", der Aufbau von Liefer- und Produktionsketten mit verbündeten Ländern und unter Ausschluss von China, dürfte Grenzen haben.[70]

Selbst wenn das „friend-shoring" gelänge – auf dem Weg dahin bleiben Zielkonflikte: Es wird schwierig werden, gleichzeitig die Abhängigkeit von fossilen Energieträgern und jene von chinesischen Solaranlagen und Batterien zu verringern. China hat eine marktbeherrschende Position bei zentralen Komponenten für Solaranlagen. China ist der wichtigste Produzent von Polysilizium, einem Material, das in Solaranlagen genutzt wird, und Xinjiang ist die Region, in der das meiste Polysilizium produziert wird. Nach Schätzungen stammen 45 Prozent dieses Minerals aus der Region, in der nach amerikanischer Auffassung die chinesische Regierung einen Genozid an den Uiguren und anderen islamischen Minderheiten begeht. Schon 2021 wurde deshalb ein Importverbot für Polysilizium von bestimmten Produzenten aus der Region verhängt. Das Mineral steht auf einer Liste von Gütern, die nach amerikanischer Auffassung unter Nutzung von Zwangs- und Kinderarbeit hergestellt werden.[71]

Wenn es nach dem Kongress ginge, dann ist auch die Einfuhr von Solarausrüstung aus Malaysia, Thailand, Kambodscha und Vietnam mit Strafzöllen zu belegen, da es chinesische Produkte seien, die aus diesen Ländern in die USA fließen. Die Biden-Administration hatte diese Zölle für zwei Jahre ausgesetzt, der Kongress verabschiedete eine Resolution, nach der dieses Moratorium aufzuheben sei. Doch Präsident Biden legte sein Veto ein. Innenpolitisch ist dies keine leichte Position. Doch die amerikanische Solarindustrie braucht Lieferungen aus dem Ausland, solange im Inland noch keine ausreichenden Produktionskapazitäten aufgebaut sind.[72]

So einfach lassen sich wirtschaftliche Interdependenzen nicht aufbrechen. Doch das Nachdenken über mögliche Entwicklungen und das Durchspielen von Szenarien geoökonomischer Fragmentierung eröffnen einen Blick auf damit einhergehende Kosten und Risiken. Mit Blick auf die Handelspolitik werden in einer Studie, die Ökonomen des Internationalen Währungsfonds veröffentlicht haben, zwei mögliche Szenarien unterschieden: In einem Szenario kommt der Hochtechnologiehandel zwischen China auf der einen Seite, den USA und Westeuropa auf der anderen Seite zum Erliegen. Der Berechnung nach würde dies zu einem dauerhaften Verlust des Bruttoinlandsprodukts weltweit in Höhe von 0,3 Prozent führen. Schwerwiegender wären die Auswirkungen, wenn – und das ist das zweite Szenario – alle Staaten wählen müssten, ob sie mit dem europäisch-amerikanischen Block oder dem chinesisch-russischen Handel betreiben möchten. Ein wirtschaftlicher Austausch zwischen den Blöcken würde nicht mehr stattfinden. In diesem Szenario würden sich die Wohlstandsverluste auf 2,3 Prozent des globalen Bruttoinlandsprodukts belaufen. Für Industrie- und Schwellenlänger würden die Verluste zwischen zwei und drei Prozent liegen, für Länder mit niedrigem Einkommensniveau käme es mit vier Prozent Verlusten schlimmer. Die Verluste würden sich insgesamt auf der Höhe bewegen, die 2020 als Folge der Covid-Pandemie zu verzeichnen waren. In dem skizzierten zweiten Szenario wären sie jedoch von Dauer.

Sollte die geoökomische Fragmentierung schnell erfolgen und Wertschöpfungsketten sich nur unter hohen Kosten dieser weltwirtschaftlichen Spaltung anpassen können, wäre mit Verlusten von bis zu sieben Prozent des globalen Bruttoinlandsprodukts zu rechnen.[73]

Doch was wären die politischen Risiken einer solchen Fragmentierung? Wirtschaftliche Interdependenz verhindert Kriege nicht, sie macht Letztere jedoch für miteinander verflochtene Staaten kostspieliger – und spielt so in das Kalkül jener hinein, die über Krieg und Frieden entscheiden. Doch ist es nicht so sehr das bestehende Niveau an wirtschaftlicher Interdependenz, das dabei entscheidend zu sein scheint. Es ist vielmehr die Erwartung künftiger Entwicklungen. Wenn Staaten erwarten, dass sie auch in Zukunft wirtschaftlichen Austausch zu beiderseitigem Nutzen unterhalten werden, dann ist dies tendenziell friedensfördernd. Wenn zumindest die Führung eines der beiden Staaten befürchtet, dass die absehbare Entwicklung der wirtschaftlichen Beziehungen zu einer gefährlichen Verwundbarkeit führt, da ihr Land von Handel und Investitionen ausgeschlossen werden könnte, begünstigt diese pessimistische Zukunftserwartung ein risikobereites Verhalten.[74]

Wenn die technologische Entkoppelung voranschreitet, dann verlieren amerikanische Sanktionen gegen China aus Pekinger Sicht ihren Schrecken. Das heißt: Der Preis, den China für einen militärischen Konflikt im Südchinesischen Meer oder über Taiwan zahlen müsste, würde sich verringern. Noch dürfte die Abhängigkeit von Mikrochips aus Taiwan abschreckend wirken. Wenn China allerdings erst einmal in diesem Sektor eigenständig geworden ist, muss es in dieser Hinsicht keine Rücksicht mehr nehmen.[75]

4.3 Wenig Raum für Kooperation

Die Biden-Administration steht vor einer zweifachen Herausforderung: Zum einen muss sie die geopolitische und geoökonomische Konkurrenz mit China und die Kooperation in jenen Fragen in Einklang bringen, die eine Mitwirkung Chinas erfordern. Zum anderen will Washington Regeln für die sich verschärfende militärische Gegnerschaft entwickeln. „Guardrails" – also Leitplanken, Absturzsicherungen – lautet der Begriff, den Präsident Biden und Mitglieder seiner Administration dafür gern verwenden.[76]

In der Klimapolitik wollen die USA China dafür gewinnen, die Kohlendioxidemissionen schneller als geplant zu verringern, das hieße vor allem, weniger Kohle zu verbrauchen. China hat in den letzten Jahren neue Kohlekraftwerke in Gebrauch genommen. Der Anteil der Volksrepublik an den weltweiten CO_2-Emissionen beträgt 31 Prozent, der amerikanische 14 Prozent. China, so die Botschaft Pekings an die USA, werde den CO_2-Ausstoß nach eigenem Zeitplan und eigenen Vorstellungen reduzieren. Die Biden-Administration würde gern die Klimapolitik losgelöst von den bestehenden Konflikten verhandeln, denn die Klimakrise erfordere die Zusammenarbeit beider Mächte, ungeachtet der sonstigen Probleme in den Beziehungen der beiden Staaten. Doch diese Botschaft von John Kerry, in der Biden-Administration für die internationale Klimapolitik zuständig, traf bei seinem Besuch in Peking im Juli 2023 keineswegs auf Resonanz. Wang Yi, der führende außenpolitische Berater des chinesischen Präsidenten, machte sehr deutlich: Die Zusammenarbeit in der Klimapolitik könne nicht „von der breiteren Umwelt" der Beziehungen zwischen den beiden Staaten getrennt werden.[77]

Die Kooperation Chinas ist aus amerikanischer Sicht nicht nur in der Klimapolitik wünschenswert, sondern auch bei der Bekämpfung des internationalen Drogenhandels. Täglich sterben in den USA etwa 200 Menschen an den Folgen des Opioids Fentanyl. Als die Opioidwelle in den USA einsetzte, kam ein Großteil des illegalen Fentanyls aus China. Seit 2015 hatte Washington gegenüber Peking darauf gedrängt, den Zufluss zu unterbinden. Als im Mai 2019 die Volksrepublik entsprechende Kontrollen einführte, versandete in der Folge der direkte Zufluss von Fentanyl und damit verwandter Substanzen aus China in die USA weitestgehend. Doch mexikanische Kartelle übernahmen das Geschäft. Sie beziehen für die Produktion von Fentanyl notwendige Vorprodukte aus China und synthetisieren diese in Mexiko. Nur einige dieser Vorprodukte unterliegen internationalen Kontrollen, andere können legal produziert und exportiert werden. China war eine Zeit lang offen für die Zusammenarbeit mit den USA. So konnte die Drug Enforcement Administration einige zusätzliche Büros in China eröffnen. Das begann sich zu ändern, als die US-Regierung im Mai 2020 ein zum Ministerium für öffentliche Sicherheit gehörendes Institut auf die Entity List setzte und damit Exportkontrollen unterwarf, weil es an Menschenrechtsverletzungen in Xinjiang beteiligt sei. Formell wurde die bilaterale Zusammenarbeit bei der Drogenbekämpfung im August 2022 ausgesetzt. Dies war eine Reaktion auf den Taiwanbesuch von Nancy Pelosi, der Sprecherin des Repräsentantenhauses.[78]

Die andere Herausforderung besteht darin, im Verhältnis zu China wie einst in den Beziehungen zur Sowjetunion Grenzen für die strategische Rivalität zu entwickeln, sodass beide Seiten die roten Linien der anderen Seite verstehen und respektieren und die Rivalität sich in eine Konkurrenz transformieren lässt, die auch begrenzte Kooperation ermöglicht,[79] ohne dass es wie einst im Verhältnis zur Sowjetunion zu einer Zuspitzung wie der Kubakrise kommt, die damals die Welt an den Rand eines Atomkrieges brachte.

Washington ist sehr daran interessiert, eine funktionierende Hotline zwischen den beiden Regierungen zu etablieren. Vorbild ist die direkte Kommunikationsverbindung, die zwischen Washington und Moskau nach der Kubakrise im Jahr 1963 eingerichtet wurde. Genutzt wird sie noch immer – etwa im Vorfeld des Besuches von Präsident Biden in Kiew im Februar 2023. Zwar wollte man den Besuch gegenüber Moskau nicht vorab ankündigen, aber die außergewöhnliche Flugaktivität über der Ukraine während des Besuches sollte die russische Seite nicht als bedrohlich missverstehen. Die Lösung war, Moskau unmittelbar vor dem Besuch des amerikanischen Präsidenten über die Hotline zu informieren. Zwar haben die USA auch mit China Vereinbarungen über einen solchen Draht geschlossen: einmal 1997 über eine Hotline zwischen den Präsidenten beider Länder, dann 2008 über einen direkten Draht zwischen den Verteidigungsministerien. Doch bislang hat Peking bei Anrufen aus Washington über diese Hotlines schlicht nicht den Hörer abgenommen. 2001 ereignete sich ein Vorfall zwischen einem amerikanischen und einem chinesischen Flugzeug, ein chinesischer Pilot kam dabei zu Tode, und die amerikanische Maschine wurde zur Landung auf der chinesischen Insel Hainan gezwungen. Präsident George W. Bush versuchte zwölfmal, den chinesischen Präsidenten über diese Hotline zu erreichen, vergeblich. Vergeblich waren auch die drei Versuche von Verteidigungsminister Lloyd Austin im Februar 2023, den chinesischen Amtskollegen während der Ballonkrise zu erreichen, als Präsident Biden einen die USA überquerenden chinesischen Spionageballon abschießen ließ. Für Washington ist ein direkter Draht ein wichtiges Element des Krisenmanagements, ein Mittel, um eine unbeabsichtigte Eskalation zu verhindern, die sich aus Zwischenfällen und Fehlwahrnehmungen ergeben könnte.[80] Zwischenfälle, die zu einer Zuspitzung führen könnten, sind so selten nicht. So kreuzte im Mai 2023 ein chinesisches Kampfflugzeug nur wenige Meter vor einem amerikanischen Aufklärungsflugzeug im internationalen Luftraum vor der chinesischen Küste. Das war eine Verletzung des „Memorandum of Understanding", in dem Washington und Peking im Jahre 2014 Regeln für die sichere Begegnung von Flugzeugen und Schiffen vereinbart hatten. Nach Angaben des Pentagon vom Oktober 2023 kam es in den vergangenen zwei Jahren zu 180 riskanten Vorfällen in der Luft, mehr als im ganzen vergangenen Jahrzehnt.[81]

Auf amerikanischer Seite besteht die Sorge, dass es an der chinesischen Peripherie zu einer unbeabsichtigten Konfrontation und einer daraus erwachsenden Krise kommen könnte. China scheint diese Sorge nutzen zu wollen, um das Risiko zu erhöhen und die USA dazu zu bringen, ihre militärische Aufklärungsaktivität in den Gewässern und im Luftraum nahe China zu reduzieren. Hotlines sind aus dieser Sicht ein Mittel des Krisenmanagements, das Washington zu riskanterem Verhalten in einer Krise ermutigen könnte – in der Erwartung, am Ende lasse sich durch direkte Kommunikation vermeiden, dass die Dinge außer Kontrolle geraten. Ja, es scheint bei manchen Entscheidungsträgern auf chinesischer Seite das Kalkül zu bestehen, eine militärische Krise könne gar nützlich sein, um zu vorteilhaften Regelungen über die militärischen Operationen der USA an der Peripherie Chinas zu kommen. Aus chinesischer Sicht ist die Militärpräsenz der USA im westlichen Pazifik das eigentliche Problem. Leitplanken für die militärischen Aktivitäten würden für die USA das Risiko mindern und ihren Handlungsspielraum erweitern und die amerikanische Militärpräsenz gleichsam legitimieren.[82]

Wie notwendig und zugleich wie schwierig die Krisenkommunikation ist, zeigte sich im letzten halben Jahr der Amtszeit von Präsident Trump. Chinesische Medien spekulierten Mitte September 2020 über eine „Oktober-Überraschung": über die Möglichkeit, Präsident Trump könne eine Krise mit China provozieren, um seine Wiederwahlchance zu verbessern. Anfang Oktober verurteilte die Volksbefreiungsarmee in einer Demarche die amerikanischen militärischen Aktivitäten im Südchinesischen Meer. Mitte Oktober war die Rede vom amerikanischen „Säbelrasseln" und von der Vorbereitung eines Angriffes auf chinesische Interessen in dieser Region. Am 19. Oktober 2020 stellte das United States Indo-Pacific Command aufseiten der Volksbefreiungsarmee ein „angespanntes strategisches Umfeld" („tense strategic environment with PLA [People's Liberation Army]") fest. Ausländische Medien berichteten am 21. Oktober, dass alle fünf regionalen Kommandobereiche der Volksbefreiungsarmee in hoher Alarmbereitschaft seien. Am nächsten Tag wies US-Verteidigungsminister Mark Esper den Vorsitzenden der Joint Chiefs of Staff, General Mark Milley, an, seinen chinesischen Amtskollegen Li Zuocheng zu kontaktieren. Diese seltenen Telefongespräche über die Defense Telephone Link zwischen Washington und Peking werden Tage, ja Wochen vorher unter Mitwirkung der Botschaft in Peking vorbereitet. Am 30. Oktober kam es zu einem Gespräch, in dem General Milley versicherte, dass die USA nichts im Schilde führten. Der zweite Anruf mit dem Ziel der Deeskalation fand am 8. Januar 2021 statt, zwei Tage nach dem Angriff eines Mobs auf das Kapitol in Washington. Ende Januar 2021 verringerte die Volksbefreiungsarmee den operativen Bereitschaftsgrad.[83]

4.4 Europa und Deutschland: Mit den USA gegen China?

Die strategische Rivalität mit China prägt die US-amerikani-sche Außenpolitik in starkem Maße. Washington wird, wie es scheint, die Welt und damit auch Europa mehr und mehr durch ein „Chinaprisma" wahrnehmen.[84] Die starke amerikanische Unterstützung für die Ukraine zeigt jedoch: Bislang hat sich die seit Längerem immer wieder zu hörende Befürchtung nicht be-stätigt, dass für die auf den Indopazifik und die Einflusskonkur-renz mit China fixierten Vereinigten Staaten Krisen in Europa zweitrangig würden und die Scheu vor kostspieligen Verwick-lungen die Politik in und um Europa dominieren werde.[85] Eher wachsen als nachlassen wird indes der Druck Washingtons auf die Verbündeten, im sich verschärfenden amerikanisch-chinesi-schen Konflikt Position zu beziehen und sich klar auf die Seite der USA zu stellen.[86] Aus amerikanischer Sicht sind die USA unter Aufwendung hoher eigener Kosten der Garant für Stabi-lität in Ostasien, von der Europa enorm profitiert, ohne selbst Lasten zu tragen. Die USA erwarten die Anerkennung dieser Rolle und die europäische Bereitschaft, amerikanische Sicher-heitsbedürfnisse zu berücksichtigen.

Die europäische Chinapolitik folgte lange dem liberalen integrativen Ansatz. Ihm lagen die optimistischen Erwartun-gen zugrunde, dass China im Prozess der Integration zu einem konstruktiven internationalen Akteur sozialisiert werden und dass die wirtschaftliche Modernisierung auch eine politische Liberalisierung bewirken würde. Die sicherheitspolitische Di-mension des chinesischen Aufstiegs spielte im europäischen Po-litikansatz lange keine nennenswerte Rolle. Doch auch in Euro-pa hat sich der Blick auf China verändert. Die Hoffnung auf die politische Liberalisierung hat getrogen. Chinas Einfluss in und auf Europa ist deutlich zu spüren. Mitunter macht er eine einheitliche Position unmöglich, wenn es um Menschenrechte oder Chinas Ansprüche im Südchinesischen Meer geht. Die Befürchtung, China könne seine wirtschaftliche Macht als Druckmittel einsetzen, wurde bestätigt, als Peking 2021 faktisch ein Handelsembargo gegen Litauen verhängte. Dies war eine Reaktion auf die Entscheidung des baltischen Staates, Taiwan die Eröffnung einer Repräsentanz mit dem Namen „Vertretung Taiwans" zu gestatten – anstelle des sonst üblichen Namens „Vertretung Taipehs". Als im März 2021 die EU unter ihrem „Globalen Menschenrechtssanktionsregime" Strafmaßnahmen gegen vier für die Unterdrückung der Uiguren in der Region Xinjiang verantwortliche Personen und das Büro für öffentliche Sicherheit dieser Region verhängte, reagierte Peking mit Sanktionen gegen vier Einrichtungen und zehn Personen, darunter Abgeordnete des Europäischen Parlaments. Die Ratifizierung des zwischen der EU und China ausgehandelten „Umfassenden Investitionsabkommens" wurde auf Eis gelegt.[87] Zu einer veränderten Sicht hat auch beigetragen, dass China die russische Position im Krieg gegen die Ukraine unterstützt.

China wird in Europa längst nicht mehr in erster Linie als wirtschaftliche Chance gesehen. Erster deutlicher Ausdruck einer veränderten Sicht war ein Dokument der Europäischen Kommission vom März 2019, in dem China je nach Politikfeld als „Kooperationspartner" („cooperation partner"), als „wirtschaftlicher Konkurrent" („economic competitor") und als „systemischer Rivale" („systemic rival promoting alternative models of governance") betrachtet wird.[88] Diese Sichtweise auf China – Partner, Konkurrent, systemischer Rivale – findet sich auch in der 2023 veröffentlichten Chinastrategie der Bundesregierung. Die Zusammenarbeit mit China (Partner) gilt aus zwei Gründen als notwendig: Zum einen sei China ein „unverzichtbarer Akteur für die Lösung zentraler globaler Herausforderungen", insbesondere bei der Bewältigung der Klimakrise, schließlich ist das Land der größte Emittent von Kohlendioxid. Zum anderen sei China Deutschlands größter einzelner Handelspartner. Zugleich wird China als Konkurrent im wirtschaftlichen Bereich gesehen. Die wirtschaftliche Entwicklung Chinas solle zwar nicht behindert, jedoch die Risiken gemindert werden, die sich aus asymmetrischen Abhängigkeiten ergeben. Als systemischer Rivale gilt China mit Blick auf die Ausgestaltung der internationalen Ordnung, die die Pekinger Führung den Interessen ihres Einparteiensystems entsprechend zu gestalten suche. Vom chinesischen Anspruch auf eine „regionale Vormachtstellung" im Indopazifik ist die Rede, auch vom „globalen Gestaltungsanspruch" der Kommunistischen Partei Chinas.[89]

Allerdings bedeutet ein skeptischerer europäischer und deutscher Blick auf China nicht, dass die Politikansätze auf beiden Seiten des Atlantiks deckungsgleich geworden sind. Chinas Aufstieg berührt die USA und Europa in unterschiedlichem Maße, sodass auch die Bedrohungswahrnehmungen weiterhin voneinander abweichen dürften.[90] Zwischen Europa und China besteht weder ein Statuskonflikt noch eine globale Einflusskonkurrenz. Zwar hat die Covid-Pandemie auch in Europa zu einer veränderten Sicht der Abhängigkeiten von China geführt; jedoch nicht im Sinne einer möglichst weiten Entkopplung, sondern einer Diversifizierung von Lieferketten und Produktionsstätten.[91] Außerdem prägen keine Sicherheitsdilemmata die Beziehung. Zwar werden auch auf der Seite der europäischen Staaten – mit unterschiedlicher Ausprägung – die Beziehungen mit China mittlerweile unter einem Sicherheitsaspekt gesehen, jedoch nicht im Sinne einer militärischen Bedrohung, sondern als potenzielle Bedrohung der Versorgungssicherheit.[92] Insofern spielt das Problem der relativen Nutzenverteilung in den wirtschaftlich-technologischen Beziehungen für Europa nicht dieselbe Rolle wie in den Beziehungen zwischen den USA und China. Die Sorge, eine Partei könne stärker von der Zusammenarbeit profitieren und würde so dazu befähigt, ihre wirtschaftlich-technologische und damit auch militärische Position zu verbessern, ist charakteristisch für eine spannungsreiche bipolare Beziehung, in der der Einsatz militärischer Gewalt nicht ausgeschlossen ist.[93]

Europa hat im Verhältnis zu China wirtschaftlich mehr zu verlieren als die USA. Nach einer Analyse der Investmentbank Morgan Stanley belaufen sich die Einkünfte aus dem Chinageschäft auf acht Prozent für börsennotierte europäische Firmen, für amerikanische Firmen nur auf vier Prozent. Die Investitionen europäischer Firmen in China summieren sich auf zwei Prozent des Bruttoinlandsprodukts, im Falle der USA liegt der Wert bei einem Prozent. Für die nähere Betrachtung der Exposition einzelner Länder gegenüber China hat der *Economist* drei Bereiche in den Blick genommen: den Export von Gütern und von Dienstleistungen sowie die Verkäufe von europäischen Tochterunternehmen in China. Für die größten europäischen Volkswirtschaften (Deutschland, Frankreich, Großbritannien, die Niederlande, Italien und Spanien) liegt der Wert bei 5,6 Prozent ihres gesamten Bruttoinlandsprodukts; für die USA bei 4,2 Prozent. Nun gibt es unter den genannten europäischen Staaten beträchtliche Unterschiede: Für Italien und Spanien sind es ein bis zwei Prozent, für Frankreich und Großbritannien vier bis fünf Prozent, für Deutschland 9,9 Prozent. Bemerkenswert ist, dass rund zwei Drittel der Erträge aus dem Chinageschäft der sechs Länder aus den Verkäufen von Tochterunternehmen in China resultieren.[94]

Deutlich ist: Nicht alle EU-Staaten sind gleichermaßen wirtschaftlich mit China verflochten. Deutschland sticht mit weitem Abstand hervor.[95] Nach einer Studie des Instituts der Deutschen Wirtschaft muss die Abhängigkeit Deutschlands von China jedoch differenziert gesehen werden. Im Maschinenbau sind es danach 90 000 Arbeitsplätze, die am Export nach China hängen. Blickt man auf die Gesamtzahl der Arbeitsplätze in der deutschen Industrie, so waren 2018 rund fünf Prozent der Arbeitsplätze davon abhängig, dass Waren und Dienstleistungen in die Volksrepublik flossen. Einzelne Unternehmen, etwa die deutschen Autohersteller, sind in beträchtlichem Maße auf den chinesischen Markt konzentriert.[96]

Mit Blick auf die wirtschaftlichen Daten ist es nicht verwunderlich, dass sich die Interessenlagen der einzelnen europäischen Länder in ihren Beziehungen zu China unterscheiden.[97] Unterschiedliche Interessenlagen in einzelnen europäischen Ländern und teils überstimmende, teils nach wie vor abweichende Bedrohungswahrnehmungen und Interessen zwischen den USA und Europa erfordern Abstimmung und Kooperation. Die USA – das war selbst der bündnisskeptischen Trump-Administration klar – können der Herausforderung durch China nicht ohne die Mitwirkung anderer Staaten begegnen. Die Einsicht in die Notwendigkeit internationaler Kooperation dürfte auch erklären, warum die USA am 25. Juni 2020 dem Vorschlag Joseph Borrells, des Hohen Vertreters der EU für Außen- und Sicherheitspolitik, zustimmten, einen US-EU-Dialog zu China einzurichten. Die amerikanische Erwartung war, dass die Diskussionen „handlungsorientiert" („action-oriented") sind und zu „abgestimmteren politischen Ergebnissen" („more coordinated policy outcomes") im Sinne geteilter Interessen führen.[98] Für die EU sollte es bei diesem Dialog insbesondere darum gehen, die globalen chinesischen Ambitionen und die damit verbundenen Herausforderungen zu analysieren, die europäisch-amerikanische

Koordination in Sachen China zu verstärken und sich über die jeweiligen Ansätze auszutauschen.[99] Umgesetzt wurde das Dialogvorhaben erst nach dem Amtswechsel im Weißen Haus. Das erste Treffen zwischen Vertretern des Europäischen Auswärtigen Dienstes und dem US-Außenministerium fand im Mai 2021 statt unter Leitung von Stefano Sannino, dem Generalsekretär des Auswärtigen Dienstes, und Wendy Sherman, der stellvertretenden amerikanischen Außenministerin. Die fünfte Konsultation im Rahmen dieses europäisch-amerikanischen Dialogs zu China wurde im Juni 2023 abgehalten, verbunden mit der vierten Sitzung eines weiteren europäisch-amerikanischen Gremiums: der EU-U.S. High-Level Consultations on the Indo-Pacific.

Aufgabe des 2021 ins Leben gerufenen US-EU Trade and Technology Council ist es, die jeweiligen Ansätze zu Technologie, Wirtschaft und Handel zu koordinieren und die transatlantischen Wirtschaftsbeziehungen auf der Grundlage demokratischer Werte zu vertiefen – nicht nur, aber doch sehr mit Blick auf China.[100] Konkret geht es in erster Linie darum, Exportkontrollen und Investitionsscreenings untereinander abzustimmen sowie Lieferketten zu sichern, vor allem bei Halbleitern. Im Rahmen des Summit for Democracy kündigte die Biden-Administration zusammen mit Australien, Dänemark und Norwegen die Export Controls and Human Rights Initiative an.[101] Kanada, Frankreich, die Niederlande und Großbritannien erklärten ihre Unterstützung für das Vorhaben, die Exportkontrollpolitik für Schlüsseltechnologien zu koordinieren und einen freiwilligen Verhaltenskodex zu entwickeln. Wenn Ausfuhrgenehmigungen für Technologien gewährt werden, die autoritäre Staaten zur Überwachung und Unterdrückung ihrer Bürger nutzen können, sollen Menschenrechtskriterien angewandt werden.[102]

„De-Risking" heißt das Schlagwort, das die Präsidentin der EU-Kommission, Ursula von der Leyen, in die Diskussion gebracht hat. Darauf können sich mittlerweile die USA und andere G7-Staaten einigen. Doch was sich dahinter konkret im Verhältnis zu China verbirgt, ist so klar nicht. Geht es um die Reduzierung oder die Eliminierung von Risiken? Geht es um Risiken für die nationale Sicherheit? Doch wie weit und breit wird nationale Sicherheit verstanden? Geht es auch, wie es scheint, um die wirtschaftliche Sicherheit, dann ergibt sich die Frage, was im Einzelnen darunter zu verstehen ist. Zudem: Wie realistisch ist es überhaupt, gerade bei kritischen Mineralen von China unabhängig zu werden? Und schließlich: Wie lässt sich die Risikominderung gegen andere Interessen abwägen und mit ihnen in Einklang bringen? Es ist zu erwarten, dass einzelne Staaten sehr unterschiedliche Wege verfolgen, wenn es um die Risikominderung im Verhältnis zu China geht.[103] Nach den Vorstellungen der Europäischen Kommission sollen die wirtschaftlichen Beziehungen mit südostasiatischen Ländern ausgebaut werden, um die Chinalastigkeit zu verringern. Doch wie sich im Falle der USA gezeigt hat, bedeuten mehr Importe aus diesen Ländern nicht unbedingt, dass sich damit die Abhängigkeit von China verringert. Sie wird nur weniger sichtbar, wenn chinesische Produkte auf indirektem Wege nach Europa fließen.[104]

Risikominderung in den Wirtschaftsbeziehungen mit China ist ein Ansatz, der auf selektive Entkopplung setzt, um Peking die politische Nutzung asymmetrischer Abhängigkeit zu verwehren. Das mag zu einem gewissen Grad gehen. Es wird dauern und einiges kosten. Eine völlige Entflechtung ist wirtschaftlich jedoch nicht möglich und politisch-strategisch auch nicht sinnvoll. Denn wirtschaftliche Interdependenz ist auch in nicht ausgewogener Form keine Einbahnstraße. Die entscheidende Frage ist: Wie kann die Interdependenz mit China im Sinne wirtschaftlicher Abschreckung eingesetzt werden? Das geht, wenn zweierlei gegeben ist: Zum einen müssen Länder in ihren wirtschaftlichen Beziehungen mit China etwas zu bieten haben, dessen Verweigerung für Peking kostspielig wäre, das heißt etwas, das strategisch relevant und schwer ersetzbar ist (z. B. legierte Stahlbarren für den Schiffbau, die zu einem Großteil aus Deutschland und Japan importiert werden). Zum anderen muss sich eine gewichtige Gruppe von Ländern zusammenschließen, die auf den wirtschaftlichen Druck Pekings auf ein Mitgliedsland kollektiv mit Gegenmaßnahmen antworten würden. Kollektive Resilienz in diesem Sinne bedeutet: Abschreckung durch die Drohung mit dem vergeltenden Einsatz von Exportsanktionen für jene Güter, von denen China in starkem Maße abhängig ist.[105] Abschreckung statt technologischer Abkopplung – das könnte die wirtschaftlich und politisch realistischere Alternative zu dem Kurs sein, den die USA unter Präsident Trump eingeschlagen haben und den die Biden-Administration faktisch fortgesetzt hat.

Aus Sicht der USA mag es bedauerlich sein, wenn europäische Staaten in der Chinapolitik nicht ganz auf die amerikanische Linie einschwenken. Doch solange es keine einheitliche amerikanisch-europäische Front gegen China gibt, bestehen für China Anreize, auf europäische Interessen und Besorgnisse einzugehen – in der Hoffnung, ein völliges Zusammengehen Europas mit den USA gegen das eigene Land zu verhindern. Schließlich ist der Zugang zum europäischen Markt und zu europäischer Technologie für China nach wie vor von großem Interesse. Die chinesische Führung hat den russischen Präsidenten Putin vor einem Einsatz von Nuklearwaffen im Krieg gegen die Ukraine gewarnt; Berichten zufolge geschah dies mit Blick auf die Bewahrung der Beziehungen zu Europa.[106]

Schwieriger für die deutsche und europäische Politik gegenüber China könnte es werden, sollte 2025 erneut Donald Trump oder ein anderer Republikaner ins Weiße Haus einziehen. Präsident Bidens Chinapolitik, das heißt seine multilateral angelegte Politik der Gegenmachtbildung, wäre dann wohl nur ein Intermezzo gewesen. Sie könnte von einer Politik konfrontativer Eindämmung abgelöst werden, die mit der Erwartung verbunden ist, Chinas Macht werde erodieren und die kommunistische Herrschaft implodieren. Zwar existiert in den USA ein breiter überparteilicher Konsens für eine Politik der Gegenmachtbildung. Allerdings verdeckt dieser die Unterschiede, die in der Frage des Umgangs mit China nach wie vor bestehen. China ist kein Thema, das der Polarisierung in den USA völlig entzogen ist. Die Republikaner – das wurde bereits unter der Präsidentschaft von Donald Trump deutlich und hat sich mittlerweile verfestigt – betrachten die Beziehungen zu China als Nullsummenspiel. China – das zeigt sich auch unter den republikanischen Bewerbern um die Präsidentschaftskandidatur – gilt als die „ultimative Gefahr" für die USA, wie es ein Kommentar ausdrückte, der auch darauf hinwies, dass „Asia First" eine lange Tradition in der Republikanischen Partei hat.[107] Undifferenziert ist die Betrachtung Chinas als eine durch und durch revisionistische Macht, mit der sich die USA in einer existenziellen Auseinandersetzung befänden. Zwangsmittel gelten als Instrument der Wahl. Im Umgang mit verbündeten Staaten wird statt oft mühsamer multilateraler Absprachen ein bilateraler Ansatz bevorzugt, der es leichter macht, mit Drohungen und Druck Gefolgschaft zu erzwingen.

Sollten die USA unter einem republikanischen Präsidenten ganz auf eine Politik konfrontativer Eindämmung gegenüber China einschwenken und ihre Weltpolitik darauf ausrichten, dann dürfte der Spielraum für eine eigenständige Chinapolitik Deutschlands und Europas schmal werden. Denn die USA haben – gestützt auf die starke Rolle des Dollars, die zentrale Bedeutung amerikanischer Finanzinstitutionen für das globale Finanzsystem und die Attraktivität des amerikanischen Marktes – beträchtliche wirtschaftliche Zwangsmittel zur Verfügung.[108] Dazu gehören insbesondere sogenannte Sekundärsanktionen, mit denen ausländischen Unternehmen Strafmaßnahmen angedroht werden, darunter der Ausschluss von öffentlichen Aufträgen in den USA oder der Ausschluss vom amerikanischen Finanzmarkt, wenn sie Geschäfte mit einem sanktionierten Staat machen. Sollte sich die amerikanisch-chinesische Konfrontation zuspitzen und sollte es gar zu einer Krise über Taiwan kommen, dann ist durchaus damit zu rechnen, dass die USA die extraterritorialen Hebel ihrer Sanktions- und Exportkontrollgesetzgebung nutzen, um europäische Firmen vor die Wahl zwischen dem amerikanischen und dem chinesischen Markt zu stellen.

Epilog

Auf diplomatischer Ebene ist Bewegung in die amerikanisch-chinesischen Beziehungen gekommen. Die Zeit weitgehender Sprachlosigkeit scheint vorbei. Außenminister Antony Blinken, Finanzministerin Janet Yellen und Handelsministerin Gina Raimondo haben im Laufe des Frühjahrs und Sommers 2023 China besucht, der chinesische Handelsminister Wang Wentao reiste im Mai des Jahres nach Detroit und Washington. Im Oktober 2023 kam der chinesische Außenminister Wang Yi zu Gesprächen nach Washington, die der Vorbereitung des Treffens zwischen Xi Jinping und Joe Biden während des APEC-Gipfeltreffens im November 2023 in San Francisko dienten. Der bilaterale Dialog zu Handelsfragen wird wieder aufgenommen, Arbeitsgruppen sollen sich regelmäßig treffen. Auch das chinesische Militär scheint der Wiederaufnahme eines Dialogs nicht länger abgeneigt zu sein. Auf chinesischer Seite mögen die sich verschlechternden wirtschaftlichen Aussichten die Gesprächsbereitschaft gefördert haben, zudem vielleicht auch der Blick auf die Erfolge amerikanischer Gegenmachtbildung im Indopazifik, ja vermutlich auch die Einschätzung, im Wahljahr 2024 werde für die Biden-Administration der Handlungsspielraum für kooperative Schritte in der Chinapolitik enger. Auf amerikanischer Seite verbindet sich mit der Wiederbelebung der Gesprächskanäle die Erwartung, „Fehleinschätzungen aufzuklären [...] und Abwärtsspiralen zu stoppen, die zu einer großen Krise führen könnten".[1]

Es geht also aus amerikanischer Sicht vor allem um das Management von Risiken in der strategischen Rivalität mit China.

Weder Washington noch Peking erwarten eine substanzielle
Verbesserung der Beziehungen. Was sich abzeichnet, ist besten-
falls eine „Periode der Kommunikation ohne Konzessionen in
irgendeine Richtung".[2] Zu sehr haben sich hegemoniale Konkurrenz, ideologischer Antagonismus und militärische Gegnerschaft zwischen den beiden Mächten zu einem Konfliktsyndrom verfestigt, das sich in einer globalen Einflusskonkurrenz
manifestiert. Der amerikanisch-chinesische Weltkonflikt wird,
wenn sich die gegenwärtigen Trends fortsetzen, die internationalen Beziehungen im 21. Jahrhundert in einem ähnlich starken Maße prägen wie einst der Ost-West-Konflikt.

Anhang

Abkürzungsverzeichnis

AIIB   Asian Infrastructure Investment Bank
APEC   Asia-Pacific Economic Cooperation
APEP   Americas Partnership for Economic Prosperity
ASEAN   Association of Southeast Asian Nations
BIP   Bruttoinlandsprodukt
BRI   Belt and Road Initiative
CINC   Composite Indicator of National Capability
KPCh   Kommunistische Partei Chinas
KMT   Kuomintang
IDFC   International Development Finance Corporation
OPIC   Overseas Private Investment Corporation
Quad   Quadrilateral Security Dialogue
TPP   Trans-Pacific Partnership
TSMC   Taiwan Semiconductor Manufacturing Company
USAID   U.S. Agency for International Development
USMCA   United States-Mexico-Canada-Agreement
UNESCO   United Nations Educational, Scientific and Cultu-
            ral Organization
UN   Vereinte Nationen
WTO   World Trade Organization

Empfohlene Literatur

Brands, Hal/Michael Beckley, Danger Zone. The Coming Conflict with China, New York 2022.

Brooks, Stephen G./William C. Wohlforth, The Rise and Fall of the Great Powers in the Twenty-first Century. China's Rise and the Fate of America's Global Position, in: International Security, 40 (Winter 2015/16) 3, S. 7–53.

Brown, Scott A. W., Power, Perception and Foreign Policymaking. US and EU Responses to the Rise of China, London/New York 2018.

Campbell, Kurt M./Ely Ratner, The China Reckoning. How Beijing Defied American Expectations, in: Foreign Affairs, 97 (2018) 2, S. 90–100.

Cha, Victor D., Collective Resilience. Deterring China's Weaponization of Economic Interdependence, in: International Security, 48 (Sommer 2023) 1, S. 91–124.

Cunningham, Fiona C., Cooperation under Asymmetry? The Future of US-China Nuclear Relations, in: The Washington Quarterly, 44 (2021) 2, S. 159–180.

Dieter, Heribert, Chinas neuer Langer Marsch. Zwischen Selbstisolation und offensiver Außenpolitik, Bonn 2021.

Doshi, Rush, The Long Game: China's Grand Strategy to Displace American Order, Oxford/New York 2021.

Economy, Elizabeth C., The Third Revolution. Xi Jinping and the New Chinese State, Oxford/New York 2018.

Economy, Elizabeth C., The World According to China, Cambridge, UK/Medford, MA 2022.

Fravel, M. Taylor, Active Defense. China's Military Strategy since 1949, Princeton/Oxford 2019.

Friedberg, Aaron L., Getting China Wrong, Cambridge, UK/Medford, MA 2022.

Garrison, Jean A., Making China Policy. From Nixon to George W. Bush, Boulder/London 2005.

Godehardt, Nadine, Wie China die Weltpolitik formt. Die Logik von Pekings Außenpolitik unter Xi Jinping, Berlin: Stiftung Wissenschaft und Politik, Oktober 2020.

Hilpert, Hanns Günther/Alexandra Sakaki/Gudrun Wacker (Hrsg.), Vom Umgang mit Taiwan, Berlin: Stiftung Wissenschaft und Politik, April 2022.

Lippert, Barbara/Volker Perthes (Hrsg.), Strategische Rivalität zwischen USA und China. Worum es geht, was es für Europa (und andere) bedeutet, Berlin: Stiftung Wissenschaft und Politik, Februar 2020.

Maull, Hanns W./Angela Stanzel/Johannes Thimm, USA und China auf Kollisionskurs. Die Bedeutung der Innenpolitik für das bilaterale Verhältnis, Berlin: Stiftung Wissenschaft und Politik, März 2023.

Miller, Chris, Chip War. The Fight for the World's Most Critical Technology, London u. a. 2022.

Mühlhahn, Klaus, Geschichte des modernen China. Von der Qing-Dynastie bis zur Gegenwart, München 2021.

Paul, Michael, Kriegsgefahr im Pazifik? Die maritime Bedeutung der sino-amerikanischen Rivalität, Baden-Baden 2017.

Pearson, Margaret M./Meg Rithmire/Kellee S. Tsai, China's Party-State Capitalism and International Backlash: From Interdependence to Insecurity, in: International Security, 47 (Herbst 2022) 2, S. 135–176.

Rudd, Kevin, The Avoidable War. The Dangers of a Catastrophic Conflict between the US and Xi Jinping's China, New York 2022.

Scobell, Andrew, Constructing a U.S.-China Rivalry in the Indo-Pacific and Beyond, in: Journal of Contemporary China, 30 (2021), S. 69–84.

Shirk, Susan L., Overreach. How China Derailed Its Peaceful Rise, Oxford/New York 2023.

Sutter, Robert G., US-China Relations. Perilous Past, Uncertain Present, Lanham u. a. [4]2022.

Tunsjø, Øystein, The Return of Bipolarity in World Politics. China, the United States, and Geostructural Realism, New York 2018.

Weiss, Jessica Chen, A World Safe for Autocracy? China's Rise and the Future of Global Politics, in: Foreign Affairs, 98 (2019) 4, S. 92–102.

Winkler, Stephanie Christine/Björn Jerdén, US foreign policy elites and the great rejuvenation of the ideological China threat. The role of rhetoric and the ideologization of geo-political threats, in: Journal of International Relations and Development, 26 (2023), S. 159–184.

Zhao, Minghao, Is a New Cold War Inevitable? Chinese Perspectives on US-China Strategic Competition, in: The Chinese Journal of International Politics, 12 (2019) 3, S. 371–394.

Zhao, Suisheng, The US-China Rivalry in the Emerging Bipolar World. Hostility, Alignment, and Power Balance, in: Journal of Contemporary China, 31 (2022), 134, S. 169–185.

RUSSLAND

KASACHSTAN

Ulaanbaatar ◙

MONGOLEI

Harbin ●
Wladiwostok ●

Misawa ●

◙ Kaschgar   Urumqi ●

DVR
KOREA

*Japanisches
Meer*

JAPAN

Beijing ◙ Pjöngjang ◙
(Peking)

REP.   Yokota ◙● Tokio
Osan ◙   KOREA   ● Yokosuka
Seoul ◙
Kunsan   ● Iwakuni
Sasebo ●

Lanzhou ●   Xi'an ●   *Gelbes
Meer*

◙ Neu-Delhi   *Tibet*   CHINA

Nanjing ●

NEPAL
Lhasa ●   Chengdu ●   Wuhan ●   Shanghai ●

*WEST-
PAZIFISCHER
OZEAN*

Kathmandu ◙   BHUTAN
Chongqing ●   *Ost-
chinesisches
Meer*

Okinawa

INDIEN   ◙ Dhaka

BANGLA-
DESCH   MYANMAR   Guangzhou ●

Taipei ◙ ◙ ◙ *Senkaku/Diaoyu I.*

Pyinmana ◙   LAOS   ◙ Hanoi   Hongkong ●   TAIWAN

Philippinensee

Guam ◙

Vientiane ◙

VIETNAM

Paracel-I.

THAILAND   *Südchinesisches
Meer*   Manila ●

Golf von Bengalen

Bangkok ◙   KAMBODSCHA   PHILIPPINEN

*SÜD-
PAZIFISCHER
OZEAN*

Phnom Penh ◙

Spratly-I.   *Sulusee*

MALAYSIA   BRUNEI

Kuala Lumpur ◙

◙   *Borneo*   *Neuguinea*

SINGAPUR

Sumatra   I N D O N E S I E N

Jakarta ◙   TIMOR-LESTE

INDISCHER OZEAN

AUSTRALIEN

– – – »Erste Insellinie/First Island Chain«
· · · · · · »Zweite Insellinie/Second Island Chain«

0   500   1000   1500 km

Anmerkungen

Einleitung

[1] The White House, Indo-Pacific Strategy of the United States, Washington, D. C., Februar 2022, S. 4 („Indo-Pacific power"), https://www.whitehouse.gov/wp-content/uploads/2022/02/U.S.-Indo-Pacific-Strategy.pdf (abgerufen am 13.9.2023).

[2] U.S. Department of Defense, 2022 National Defense Strategy of the United States, Oktober 2022, S. 4 („The most comprehensive and serious challenge to U.S. national security is the PRC's coercive and increasingly aggressive endeavor to refashion the Indo-Pacific region and the international system to suit its interests and authoritarian preferences"), https://www.whitehouse.gov/wp-content/uploads/2022/10/Biden-Harris-Administrations-National-Security-Strategy-10.2022.pdf (abgerufen am 13.9.2023).

[3] Stephen G. Brooks/William C. Wohlforth, The Rise and Fall of the Great Powers in the Twenty-first Century. China's Rise and the Fate of America's Global Position, in: International Security, 40 (Winter 2015/16) 3, S. 7–53.

[4] Siehe Elizabeth C. Economy, The Third Revolution. Xi Jinping and the New Chinese State, Oxford/New York 2018, S. 190.

[5] Dieses Konfliktverständnis wurde geprägt von Werner Link, Der Ost-West-Konflikt. Die Organisation der internationalen Beziehungen im 20. Jahrhundert, Stuttgart 1988, S. 35–53, hier S. 47.

[6] Martin Wolf, „US-China relations are in a tense new era", in: Financial Times, 26.4.2023 („era of strategic confrontation"; humanity's fate in the 21st century").

[7] Siehe Mark F. Cancian/Matthew Cancian/Eric Heginbotham, The First Battle of the Next War. Wargaming a Chinese Invasion of Taiwan, Washington, D. C. 2023, https://csis-website-prod.

s3.amazonaws.com/s3fs-public/publication/230109_Cancian_ FirstBattle_NextWar.pdf?VersionId=WdEUwJYWIySMPIr3iv- hFolxC_gZQuSOQ (abgerufen am 13.9.2023).

1. Die USA und der Aufstieg Chinas

[1]   Zitiert nach Evelyn Goh, Constructing the U.S. Rapprochement with China, 1961–1974: From „Red Menace" to „Tacit Ally", Cambridge u. a.; Cambridge 2005, S. 1; zum Folgenden siehe ebd., S. 1–5.

[2]   Hierzu und im Folgenden siehe als umfassende Darstellung Harry Harding, A Fragile Relationship. The United States and China since 1972, Washington, D. C. 1992; siehe zudem Banning N. Garrett, The Strategic Basis of Learning in U.S. Policy toward China, 1949–1988, in: George W. Breslauer/Philip E. Tetlock (Hrsg.), Learning in U.S. and Soviet Foreign Policy, Boulder/San Francisco/Oxford 1991, S. 208–263.

[3]   Siehe dazu ausführlich Gordon H. Chang, Friends and Enemies. The United States, China, and the Soviet Union, 1948–1972, Stanford 1990.

[4]   Siehe Harding, Fragile Relationship, S. 28–29.

[5]   Siehe Kevin Rudd, The Avoidable War. The Dangers of a Catastrophic Conflict between the US and Xi Jinping's China, New York 2022, S. 30–37.

[6]   Siehe Harding, Fragile Relationship, S. 36–37.

[7]   Siehe ebd., S. 162–169.

[8]   Siehe Banning N. Garrett/Bonnie S. Glaser, From Nixon to Reagan: China's Changing Role in American Strategy, in: Kenneth A. Oye/Robert J. Lieber/Donald Rothchild (Hrsg.), Eagle Resurgent? The Reagan Era in American Foreign Policy, Boston/Toronto 1987, S. 255–295, hier S. 270.

[9]   Zur Chinapolitik der Bush-Administration siehe Robert S. Ross, National Security, Human Rights, and Domestic Politics. The

Bush Administration and China, in: Kenneth A. Oye/Robert J. Lieber/Donald Rothchild (Hrsg.), Eagle in a New World. American Grand Strategy in the Post-Cold War Era, New York 1992, S. 281–313; Peter Rudolf, Menschenrechte und Meistbegünstigung. Die amerikanische Chinapolitik, in: Matthias Dembinski/Peter Rudolf/Jürgen Wilzewski (Hrsg.), Amerikanische Weltpolitik nach dem Ost-West-Konflikt, Baden-Baden 1994, S. 201–224, hier S. 205–215.

[10] Hierzu und auch sonst zur Entwicklung in China siehe das umfassende Werk von Klaus Mühlhahn, Geschichte des modernen China. Von der Qing-Dynastie bis zur Gegenwart, München 2021.

[11] Siehe Harding, Fragile Relationship, S. 192–194.

[12] Siehe ebd., S. 325 f.

[13] Zur Politik unter William J. Clinton siehe Peter Rudolf, Eindämmung durch Einbindung. Die Chinapolitik der USA im Widerstreit der Interessen, in: Internationale Politik und Gesellschaft, (1997) 3, S. 262–275.

[14] „Membership in the W.T.O., of course, will not create a free society in China overnight or guarantee that China will play by global rules. But over time, I believe it will move China faster and further in the right direction. […] The more China liberalizes its economy, the more fully it will liberate the potential of its people. […] And when individuals have the power, not just to dream but to realize their dreams, they will demand a greater say. In the new century, liberty will spread by cell phone and cable modem. […] Now, there's no question China has been trying to crack down on the Internet. Good Luck! That's sort of like trying to nail jelly to the wall." Clinton's Speech on China Trade Bill, 9.3.2000, https://archive. nytimes.com/www.nytimes.com/library/world/asia/030900clinton-china-text.html (abgerufen am 13.9.2023).

[15] Siehe Jennifer A. Hillman, China's Entry into the WTO. A Mistake by the United States?, in: Georgetown Law Faculty Publications and Other Works, 2022, https://scholarship.law.georgetown. edu/facpub/2448 (abgerufen am 13.9.2023).

[16] Siehe Jean A. Garrison, Making China Policy. From Nixon to George W. Bush, Boulder/London 2005, S. 165–186.

[17] Detailliert zum Folgenden siehe Peter Rudolf, Imperiale Illusionen. Amerikanische Außenpolitik unter Präsident George W. Bush, Baden-Baden 2007, S. 170–177.

[18] Hierzu und im Folgenden siehe Reinhard Wolf, The U.S. as a Pacific Power? Chinas Aufstieg und die Zukunft der amerikanischen Weltführungspolitik, in: Steffen Hagemann/Wolfgang Tönnesmann/Jürgen Wilzewski (Hrsg.), Weltmacht vor neuen Herausforderungen. Die Außenpolitik der USA in der Ära Obama, Trier 2014, S. 87–113; Jean Garrison/Marc Wall, The Rise of Hedging and Regionalism. An Explanation and Evaluation of President Obama's China Policy, in: Asian Affairs. An American Review, 43 (2016) 2, S. 47–63.

[19] Im Detail siehe Tiffany Barron u. a., Engagement Revisited. Progress Made and Lessons Learned from the US-China Strategic and Economic Dialogue, National Committee on American Foreign Policy, September 2021, https://www.ncafp.org/2016/wp-content/uploads/2021/09/NCAFP_China_Engagement_final_Sept-2021.pdf (abgerufen am 13.9.2023).

[20] Siehe Brock R. Williams/Ian Fergusson, TPP. Overview and Current Status, Washington, D. C., Congressional Research Service, 9.3.2018.

[21] Siehe Michael J. Green/Matthew P. Goodman, After TPP. The Geopolitics of Asia and the Pacific, in: The Washington Quarterly, 38 (2016) 4, S. 19–34.

[22] Siehe Aaron L. Friedberg, Getting China Wrong, Cambridge, UK/Medford, MA 2022, S. 158.

[23] Siehe Harry Harding, Has U.S. China Policy Failed?, in: The Washington Quarterly, 38 (2015) 3, S. 95–122; Björn Jerdén, The Assertive China Narrative. Why It Is Wrong and How So Many Still Bought into It, in: The Chinese Journal of International Politics, 7 (2014) 1, S. 47–88; Alastair Iain Johnston, How New and Assertive Is China's New Assertiveness?, in: International Security, 37 (2013) 4, S. 7–48.

24 Siehe David B. Larter, White House Tells the Pentagon to Quit Talking about „Competition with China", in: Navy Times, 26.9.2016.

25 Rush Doshi, The Long Game: China's Grand Strategy to Displace American Order, Oxford/New York 2021, S. 48. („The Tiananmen Square protests reminded Beijing of the American ideological threat, the swift Gulf War victory reminded it of the American military threat, and loss of the shared Soviet adversary reminded it of the American geopolitical threat.")

26 Siehe ebd., S. 52–54.

27 Siehe Friedberg, Getting China Wrong, S. 48 f.

28 Siehe ebd., S. 155–157.

29 Hierzu und im Folgenden siehe Susan L. Shirk, Overreach. How China Derailed Its Peaceful Rise, Oxford/New York 2023, S. 14–22.

30 Zitiert nach Shirk, Overreach, S. 17: „China is a big country and other countries are small countries, and that's just a fact."

31 Siehe ebd., S. 85 f.

32 Hanns W. Maull/Angela Stanzel/Johannes Thimm, USA und China auf Kollisionskurs. Die Bedeutung der Innenpolitik für das bilaterale Verhältnis, Berlin: Stiftung Wissenschaft und Politik, März 2023 (SWP-Studie 2023/2), S. 31.

33 Michael Pillsbury, The Hundred-Year Marathon. China's Secret Strategy to Replace the United States as the Global Superpower, New York 2015. Kritisch dazu Alastair Iain Johnston, Shaky Foundations. The „Intellectual Architecture" of Trump's China Policy, in: Survival, 61 (2019) 2, S. 189–202.

34 Doshi, The Long Game, S. 4.

35 Siehe Robert Jervis, Perception and Misperception in International Politics, Princeton 1979, S. 319 ff. (S. 319: „more centralized, planned, and coordinated than it is"). Dieser Einwand gegen die These von Doshi ist zu finden bei Andrew Scobell, China and

Grand Strategy. Does the Empire Have a Plan? A Review Essay, in: Political Science Quarterly, 137 (2022) 1, S. 155–160.

[36] Maull/Stanzel/Thimm, USA und China auf Kollisionskurs, S. 31.

[37] Siehe Doshi, The Long Game, S. 29–31, Zitat S. 31.

[38] Nadine Godehardt, Wie China die Weltpolitik formt. Die Logik von Pekings Außenpolitik unter Xi Jinping, Berlin: Stiftung Wissenschaft und Politik, Oktober 2020 (SWP-Studie 2020/19), S. 3.

[39] Elizabeth C. Economy, The World According to China, Cambridge, UK/Medford, MA 2022, S. 208 f.

[40] Siehe The State Council Information Office of the People's Republic of China, A Global Community of Shared Future. China's Proposals and Actions, September 2023, http://english.scio.gov.cn/whitepapers/2023-09/26/content_116710660.htm (abgerufen am 2.11.2023).

[41] So Steve Tsang, Getting China Right, in: Survival, 65 (2023) 4, S. 43–54, hier S. 46 f.

[42] Siehe Tim Rühlig, Chinese Influence through Technical Standardization Power, in: Journal of Contemporary China, 32 (2023) 129, S. 54–72.

[43] Siehe Rudd, The Avoidable War, S. 267–272; Economy, The World According to China, S. 170–175, 214.

[44] Zur Debatte siehe etwa Yuen Foong Khong, Primacy or World Order? The United States and China's Rise. A Review Essay, in: International Security, 38 (Winter 2013/14) 3, S. 153–175; John J. Mearsheimer, Can China Rise Peacefully?, in: The National Interest, 25.10.2014.

[45] Siehe Derek Scissors, US-China. Who Is Bigger and When, Washington, D. C.: American Enterprise Institute, März 2019.

[46] Siehe Michael Beckley, Stop Obsessing About China. Why Beijing Will Not Imperil U.S. Hegemony, in: Foreign Affairs, 21.9.2018; ders., The Power of Nations: Measuring What Matters, in: International Security, 43 (2018) 2, S. 7–44; ders., Unrivaled. Why

America Will Remain the World's Sole Superpower, Ithaca/London 2018.

[47] Siehe World Trade Organization, World Trade Report 2023, S. 18, https://www.wto.org/english/res_e/booksp_e/wtr23_e/wtr23_e.pdf (abgerufen am 13.9.2023).

[48] Adam S. Posen, The End of China's Economic Miracle, in: Foreign Affairs, 2.8.2023.

[49] Siehe Collin Meisel/Jonathan D. Moyer, Preparing for China's Rapid Rise and Decline, in: War on the Rocks, 15.4.2019, https://warontherocks.com/2019/04/preparing-for-chinas-rapid-rise-and-decline/ (abgerufen am 13.9.2023). Die skeptische Sicht ist auch zu finden bei Charles Parton, Today's China Will Never Be a Superpower, in: Financial Times, 27.5.2019; ferner Daniel C. Lynch, Is China's Rise Now Stalling?, in: The Pacific Review, 32 (2019) 3, S. 446–474.

[50] Siehe Carl Minzner, Xi Jinping Can't Handle an Aging China, in: Foreign Affairs, 2.5.2023.

[51] Grundsätzlich dazu siehe Randall L. Schweller, Managing the Rise of Great Powers. History and Theory, in: Alastair Iain Johnston/Robert S. Ross (Hrsg.), Engaging China. The Management of an Emerging Power, London/New York 1999, S. 1–31.

[52] Siehe Gal Luft, Silk Road 2.0. US Strategy toward China's Belt and Road Initiative, Washington, D. C.: Atlantic Council, Oktober 2017, S. 47 f.

[53] Umfassend dazu Michael Paul, Kriegsgefahr im Pazifik? Die maritime Bedeutung der sino-amerikanischen Rivalität, Baden-Baden 2017; zur „maritimen Hegemonie" siehe auch Robert S. Ross, Nationalism, Geopolitics, and Naval Expansionism from the Nineteenth Century to the Rise of China, in: Naval War College Review, 71 (2018) 4, S. 10–44.

[54] Michael E. O'Hanlon, Getting China right. Resoluteness without overreaction, Washington, D. C.: The Brookings Institution, Research Report, Juni 2023 („relatively restrained").

[55] Thukydides, Der Peloponnesische Krieg, Stuttgart 1966, I, S. 23, 57.

[56] Robert Gilpin, The Theory of Hegemonic War, in: Robert I. Rotberg/Theodore K. Rabb (Hrsg.), The Origin and Prevention of Major Wars, Cambridge u. a. 1989, S. 15–37.

[57] Siehe Jacek Kugler/A. F. K. Organski, The Power Transition: a Retrospective and Prospective Evaluation, in: Manus I. Midlarsky (Hrsg.), Handbook of War Studies, Boston u. a. 1989, S. 171–194.

[58] Siehe Randall L. Schweller, Domestic Structure and Preventive War. Are Democracies More Pacific?, in: World Politics, 44 (1992) 2, S. 235–269.

[59] Siehe Robert Gilpin, War and Change in World Politics, Cambridge u. a. 1981.

[60] Zur Problematik siehe etwa Christopher Layne, The US-Chinese Power Shift and the End of the Pax Americana, in: International Affairs, 94 (2018) 1, S. 89–111.

[61] Siehe See-Won Byun, China's Major-Powers Discourse in the Xi Jinping Era. Tragedy of Great Power Politics Revisited?, in: Asian Perspective, 40 (2016), S. 493–522.

[62] Siehe Andrew J. Nathan/Andrew Scobell, How China Sees America. The Sum of Beijing's Fears, in: Foreign Affairs, 91(2012) 5, S. 32–47; Suisheng Zhao, A New Model of Big Power Relations? China-US Strategic Rivalry and Balance of Power in the Asia-Pacific, in: Journal of Contemporary China, 24 (2015) 93, S. 377–397.

[63] Mit diesem Begriff hat der Politikwissenschaftler Graham Allison in einer Fülle von kassandrahaften Publikationen seit 2012 den Kerngedanken der Machtübergangstheorie popularisiert. Siehe etwa Graham Allison, The Thucydides Trap: Are the U.S. and China Headed for War?, in: The Atlantic, 24.9.2015.

[64] Siehe Rosemary Foot, Constraints on Conflict in the Asia-Pacific. Balancing ,the War Ledger', in: Political Science, 66 (2014) 2, S. 119–142, hier S. 129–131.

[65] Siehe Jinghan Zeng, Constructing a „New Type of Great Power Relations". The State of Debate in China (1998–2014), in: The British Journal of Politics and International Relations, 18 (2016) 2, S. 422–442; Gudrun Wacker, The Irreversible Rise. A New Foreign Policy for a Stronger China, in: Alessia Amighini/Axel Berkofsky (Hrsg.), Xi's Policy Gambles. The Bumpy Road Ahead, Mailand 2015, S. 65–77, hier S. 67 f.

[66] Hierzu und zum Folgenden siehe Steve Chan, The Power-Transition Discourse and China's Rise, Oxford 2017, Zitat S. 17; ders., More than One Trap. Problematic Interpretations and Overlooked Lessons from Thucydides, in: Journal of Chinese Political Science, 24 (2019) 1, S. 11–24.

[67] Zur Rolle von „frames" siehe etwa Robert M. Entman, Projections of Power. Framing News, Public Opinion, and U.S. Foreign Policy, Chicago/London 2004, S. 5 f.

[68] Zur Kritik siehe Richard Ned Lebow/Benjamin Valentino, Lost in Transition. A Critical Analysis of Power Transition Theory, in: International Relations, 23 (2009) 3, S. 389–410.

[69] Zu dieser Unterscheidung siehe Barry Buzan, China in International Society. Is „Peaceful Rise" Possible?, in: The Chinese Journal of International Politics, 3 (2010) 1, S. 5–36, S. 17 f.

[70] Siehe Steve Chan/Weixing Hu/Kai He, Discerning States' Revisionist and Status-quo Orientations. Comparing China and the US, in: European Journal of International Relations, 25 (2019) 2, S. 613–640.

[71] Siehe Alastair Iain Johnston, The Failures of the „Failure of Engagement" with China, in: The Washington Quarterly, 42 (2019) 2, S. 99–114, hier S. 100–103. Zur Thematik siehe auch Zhongying Pang, China and the Struggle over the Future of International Order, in: Hanns W. Maull (Hrsg.), The Rise and Decline of the Post-Cold War Order, Oxford/New York 2018, S. 235–251.

[72] Siehe Ruonan Liu/Songpo Yang, China and the liberal international order. A pragmatic and dynamic approach, in: International Affairs, 99 (2023) 4, S. 1383–1400, hier S. 1393.

[73] Suisheng Zhao, A Revisionist Stakeholder. China and the Post-World War II World Order, in: Journal of Contemporary China, 27 (2018) 113, S. 643–658. Zu einer differenzierten Sicht der chinesischen Position siehe auch Michael J. Mazarr/Timothy R. Heath/Astrid Stuth Cevallos, China and the International Order, Santa Monica 2018.

[74] Economy, The World According to China, S. 172.

[75] Siehe Nathan/Scobell, How China Sees America; Jennifer Lind, Asia's Other Revisionist Power. Why U.S. Grand Strategy Unnerves China, in: Foreign Affairs, 96 (2017) 2, S. 74–82.

[76] The White House, National Security Strategy of the United States of America, Washington, D. C., Dezember 2017, S. 3, Zitate auf S. 25 („China and Russia want to shape a world antithetical to U.S. values and interests") und S. 27 („In short, they are contesting our geopolitical advantages and trying to change the international order in their favor"), https://trumpwhitehouse.archives.gov/wp-content/uploads/2017/12/NSS-Final-12-18-2017-0905.pdf (abgerufen am 13.9.2023).

[77] Remarks by President Trump on the Administration's National Security Strategy, Washington, D. C., 18.12.2017(„a new era of competition"), https://ee.usembassy.gov/trump-national-security-strategy/ (abgerufen am 13.9.2023).

[78] „As China continues its economic and military ascendance, it seeks Indo-Pacific regional hegemony in the near-term and, ultimately global preeminence in the long-term." Department of Defense, Indo-Pacific Strategy Report. Preparedness, Partnerships, and Promoting a Networked Region, Washington, D. C., 1.6.2019, S. 8, https://media.defense.gov/2019/Jul/01/2002152311/-1/-1/1/DEPARTMENT-OF-DEFENSE-INDO-PACIFIC-STRATEGY-REPORT-2019.PDF (abgerufen am 13.9.2023).

[79] „China wants to be the dominant economic and military power of the world, spreading its authoritarian vision for society and its corrupt practices worldwide", zitiert nach Edward Wong/Catie Edmonson, Trump Administration Plans to Sell More Than $2 Billion of Arms to Taiwan, in: The New York Times, 6.6.2019.

80   Remarks by Vice President Pence on the Administration's Policy toward China, Washington, D. C. 4.10.2018 („to re-set America's economic and strategic relationship, to finally put America first"), https://trumpwhitehouse.archives.gov/briefings-statements/re-marks-vice-president-pence-administrations-policy-toward-chi-na/ (abgerufen am 13.9.2023).

81   Zur „Nullsummen-" vs. „Positivsummenlogik" in der amerikani-schen Chinapolitik siehe Thomas J. Christensen, Fostering Sta-bility or Creating a Monster? The Rise of China and U.S. Policy toward Asia, in: International Security, 31 (2006) 1, S. 81–126.

82   The White House, United States Strategic Approach to The People's Republic of China, S. 7, https://trumpwhitehouse.archi-ves.gov/wp-content/uploads/2020/05/U.S.-Strategic-Approach-to-The-Peoples-Republic-of-China-Report-5.24v1.pdf (abgerufen am 13.9.2023).

83   Grundsätzlich zur Rolle (dominanter) Narrative als Grundlage strategischer Orientierungen siehe Ronald R. Krebs, Narrative and the Making of US National Security, Cambridge 2015.

84   Siehe David M. McCourt, Knowledge Communities in US For-eign Policy Making. The American China Field and the End of Engagement with the PRC, in: Security Studies, 31 (2022) 4, S. 593–633.

85   The White House, United States Strategic Approach to The People's Republic of China.

86   Siehe Meridith McGraw, Trump accelerates China punishments in time for reelection, in: Politico, 22.7.2020.

87   Robert C. O'Brian, The Chinese Communist Party's Ideology and Global Ambitions, Remarks delivered on June 24, 2020, in Phoe-nix, Arizona, https://china.usc.edu/robert-o%E2%80%99brien-chinese-communist-party%E2%80%99s-ideology-and-global-ambitions-june-24-2020 (abgerufen am 13.9.2023).

88   Christopher Wray, Director, Federal Bureau of Investigation, „the Threat Posed by the Chinese Government and the Chinese Com-munist Party to the Economic and National Security of the United

States, Washington, Hudson Institute, 7.7.2020, https://www.fbi.
gov/news/speeches/the-threat-posed-by-the-chinese-government-
and-the-chinese-communist-party-to-the-economic-and-natio-
nal-security-of-the-united-states (abgerufen am 13.9.2023).

[89] Attorney General William P. Barr, Remarks on China Policy at
the Gerald R. Ford Presidential Museum, Grand Rapids, Ml.,
16.7.2020, https://www.justice.gov/opa/speech/transcript-attor-
ney-general-barr-s-remarks-china-policy-gerald-r-ford-presiden-
tial-museum (abgerufen am 13.9.2023).

[90] Michael Pompeo, Communist China and the Free World's Future,
Speech, Yorba Linda, CA, The Richard Nixon Presidential Library
and Museum, 27.7.2020, https://sv.usembassy.gov/secretary-mi-
chael-r-pompeo-remarks-at-the-richard-nixon-presidential-libra-
ry-and-museum-communist-china-and-the-free-worlds-future/
(abgerufen am 13.9.2023).

[91] Siehe Don Lee, Pandemic pushes U.S., China closer to cold war,
in: Los Angeles Times, 15.4.2020.

[92] Siehe Nahal Toosi, Biden Girds for Clash with Trump over China,
in: Politico, 5.6.2019.

[93] Siehe Eli Stokols/Janet Hooke, Trump and Biden clash over China, in: Los Angeles Times, 20.4.2020.

[94] Siehe Alex Isenstadt, GOP memo urges anti-China assault over
coronavirus, in: Politico, 24.4.2020.

[95] Siehe Michael McFaul, Xi Jinping Is Not Stalin. How a Lazy
Historical Analogy Derailed Washington's China Strategy, in:
Foreign Affairs, 10.8.2020, https://www.foreignaffairs.com/artic-
les/united-states/2020-08-10/xi-jinping-not-stalin (abgerufen am
13.9.2023).

[96] Siehe etwa Philip H. Gordon/James Steinberg, Trump's Flip-Flops
on China Are a Danger to National Security, in: Foreign Policy,
29.7.2020, https://foreignpolicy.com/2020/07/29/trump-pom-
peo-china-security/ (abgerufen am 13.9.2023).

[97] Siehe Kat Devlin/Laura Silver/Christine Huang, U.S. Views
of China Increasingly Negative Amid Coronavirus Outbreak,

Pew Research Center 21.4.2020, https://www.pewresearch.org/
global/2020/04/21/u-s-views-of-china-increasingly-negative-
amid-coronavirus-outbreak/ (abgerufen am 13.9.2023).

[98] Siehe Laura Silver/Kat Devlin/Christine Huang, Americans Fault
China for Its Role in the Spread of COVID-19, Pew Research
Center, 30.7.2020, https://www.pewresearch.org/global/wp-con-
tent/uploads/sites/2/2020/07/PG_20.07.30_U.S.-Views-China_
final.pdf (abgerufen am 13.9.2023).

[99] Siehe die Interpretationen in Edward Wong/Steven Lee Myers,
Officials Push U.S.-China Relations Toward Point of No Return,
in: The New York Times, 25.7.2020; James Palmer, Pompeo's
Strategy Depends on Beijing's Own Paranoia, in: Foreign Policy,
24.7.2020, https://foreignpolicy.com/2020/07/24/pompeo-stra-
tegy-beijing-paranoia-trump-china-hawks-decoupling/ (abgerufen am 13.9.2023); Paul Heer, Mike Pompeo Challenges China's
Governing Regime, in: The National Interest, 27.7.2020, https://
nationalinterest.org/feature/mike-pompeo-challenges-china's-go-
verning-regime-165663 (abgerufen am 13.9.2023).

[100] M. Taylor Fravel et al., China Is Not the Enemy, in: The Washington Post, 4.7.2019.

[101] Siehe Orville Schell/Susan L. Shirk (Hrsg.), Course Correction.
Toward an Effective and Sustainable China Policy. Task Force Re-
port, New York: Asia Society, Center on U.S.-China Relations,
Februar 2019.

[102] The White House, Interim National Security Strategic Guidance, March 2021, S. 20 („to prevail in the strategic competition with China or any other nation"), https://www.whitehouse.
gov/wp-content/uploads/2021/03/NSC-1v2.pdf (abgerufen am
13.9.2023).

[103] Kurt M. Campbell/Jake Sullivan, Competition Without Catas-
trophe. How America Both Challenge and Coexist with China,
in: Foreign Affairs, 1.8.2019, https://www.foreignaffairs.com/
articles/china/competition-with-china-without-catastrophe (abgerufen am 13.9.2023).

[104] Zitiert nach Noa Ronkin, White House Top Asia Officials Discuss U.S. China Strategy at APARC's Oksenberg Conference, 27.5.2021, https://fsi.stanford.edu/news/white-house-top-asia-policy-officials-discuss-us-china-strategy-aparc's-oksenberg-conference (abgerufen am 13.9.2023).

[105] Secretary of State Antony J. Blinken, Interview mit Ross Sorkin, The New York Times, 10.11.2021, https://www.state.gov/secretary-antony-j-blinken-with-andrew-ross-sorkin-of-the-new-york-times-dealbook-summit/ (abgerufen am 13.9.2023).

[106] The White House, Indo-Pacific Strategy of the United States, Washington, D. C., Februar 2022, S. 5 („The PRC is combining its economic, diplomatic, military, and technological might as it pursues a sphere of influence in the Indo-Pacific and seeks to become the world's most influential power"), https://www.whitehouse.gov/wp-content/uploads/2022/02/U.S.-Indo-Pacific-Strategy.pdf (abgerufen am 13.9.2023).

[107] Antony J. Blinken, Secretary of State, The Administration's Approach to the People's Republic of China, 26.5.2022 („China is the only country with both the intent to reshape the international order and, increasingly, the economic, diplomatic, military, and technological power to do it." [And has the] „ambition to create a sphere of influence in the Indo-Pacific and to become the world's leading power"), https://www.state.gov/the-administrations-approach-to-the-peoples-republic-of-china/ (abgerufen am 13.9.2023).

[108] Annual Threat Assessment, Remarks as prepared for delivery by The Honorable Avril Haines, Director of National Intelligence, Senate Select Committee on Intelligence, 8.3.2023 („vision of making China the preeeminent power in East Asia and a major power on the world stage"), https://www.dni.gov/files/ODNI/documents/assessments/ATA-2023-Unclassified-Report.pdf (abgerufen am 13.9.2023).

[109] Jake Sullivan, National Security Adviser, Interview, CNN, 7.11.2021, https://transcripts.cnn.com/show/fzgps/date/2021-11-07/segment/01 (abgerufen am 13.9.2023).

[110] Secretary Antony J. Blinken in Conversation With Council on Foreign Relations President Richard Haass, Remarks, New York, 28.6.2023 („long-term competition"; „to coexist and coexist peacefully"; „We want to make sure that in that competition – that competition to shape this new era – our vision prevails"), https://www.state.gov/secretary-antony-j-blinken-in-a-conversation-with-council-on-foreign-relations-president-richard-haass/ (abgerufen am 13.9.2023).

[111] Remarks by President Biden on the American Jobs Plan, Pittsburg, 31.3.2021 („to win the global competition with China in the upcoming years"), https://www.whitehouse.gov/briefing-room/speeches-remarks/2021/03/31/remarks-by-president-biden-on-the-american-jobs-plan/ (abgerufen am 13.9.2023).

[112] Siehe Doyle McManus, Here's why our new cold war with China could be a good thing, in: Los Angeles Times, 24.3.2021.

[113] In Conversation: Kurt Campbell, White House Indo-Pacific Coordinator, 1.12.2021, https://www.lowyinstitute.org/publications/conversation-white-house-indo-pacific-coordinator-kurt-campbell (abgerufen am 10.6.2022).

[114] Economy, The World According to China, S. 3 („The dominant narrative in China is that the shift in the balance of power is already well underway, and the outcome is inevitable").

[115] Siehe Michael D. Swaine, Chinese Views on the U.S. National Security and National Defense Strategies, Washington, D. C.: Carnegie Endowment for International Peace, China Leadership Monitor, 1.5.2018.

[116] „In the future, no matter how strong it becomes, China shall never threaten anyone, seek hegemony or establish spheres of influence. History has proven and will continue to prove that China will not follow the beaten path of big powers seeking hegemony when it grows strong. Hegemony does not conform to China's values and national interests." Speech at the 18th Shangri-La Dialogue by Gen. Wei Fenghe, State Councilor and Minister of National Defense, PRC, 2.6.2019, http://eng.mod.gov.cn/xb/Leadership/WeiFenghe/4842884.html (abgerufen am 13.9.2023).

[117] „The conventional wisdom in Beijing holds that the United States is the greatest external challenge to China's national security, sovereignty, and internal stability." Wang Jisi, The Plot Against China? How Beijing Sees the New Washington Consensus, in: Foreign Affairs, 100 (Juli–August 2021) 4, S. 48–57, Zitat S. 48.

[118] Siehe Katja Drinhausen/Helena Legarda, Confident Paranoia: Xis's „comprehensive national security" framework shapes China's behavior at home and abroad, Berlin: Mercator Institute für China Studies, Merics China Monitor, 15. September 2022.

2. Das amerikanisch-chinesische Konfliktsyndrom

[1] Siehe etwa Charles Edel/Hal Brands, The Real Origins of the U.S.-China Cold War, in: Foreign Policy, 2.6.2019, https://foreignpolicy.com/2019/06/02/the-real-origins-of-the-u-s-china-cold-war-big-think-communism/ (abgerufen am 13.9.2023); David L. Roll, The Key to Avoiding a New Cold War with China, in: The Washington Post, 10.7.2019.

[2] Raymon Aron, Frieden und Krieg. Eine Theorie der Staatenwelt, Frankfurt am Main o. J. (im Original 1962 erschienen), S. 638.

[3] Siehe dazu die Überlegungen bei Deborah Welch Larson, Origins of Containment. A Psychological Explanation, Princeton 1985, S. 18–20, 328–330.

[4] Zur Interpretation des Ost-West-Konflikts siehe Ernst-Otto Czempiel, Weltpolitik im Umbruch. Das internationale System nach dem Ende des Ost-West-Konflikts, München 1991, S. 20–26; Dieter Senghaas, Konfliktformationen im internationalen System, Frankfurt am Main 1988; der Begriff „Konfliktsyndrom" findet sich bei Link, Der Ost-West-Konflikt. Zur Problematik, den Kalten Krieg als Epochenbezeichnung zu verwenden, siehe aus historiographischer Sicht Gottfried Niedhart, Der Ost-West-Konflikt. Konfrontation im Kalten Krieg und Stufen der Deeskalation, in: Archiv für Sozialgeschichte, 50 (2010), S. 557–594, hier S. 593 f.

[5] Siehe Graham T. Allison, Primitive Rules of Prudence. Foundations of Peaceful Competition, in: Graham T. Allison/William L. Ury/Bruce J. Allyn (Hrsg.), Windows of Opportunity. From Cold War to Peaceful Competition in U.S.-Soviet Relations, Cambridge, MA 1989, S. 9–37.

[6] Siehe dazu ausführlich Roger E. Kanet/Edward A. Kolodziej (Hrsg.), The Cold War as Cooperation, Baltimore 1991.

[7] Joseph S. Nye, Jr., Nuclear Learning and U.S.-Soviet Security Regimes, in: International Organization, 41 (Sommer 1987) 3, S. 371–402.

[8] Siehe Richard W. Stevenson, The Rise and Fall of Détente. Relaxation of Tensions in U.S.-Soviet Relations, 1953–84, Urbana/Chicago 1985.

[9] Zur Einschätzung siehe die Beiträge in Policy Roundtable. Are the United States and China in a New Cold War?, in: Texas National Security Review, 15.5.2018.

[10] Siehe Richard Rosecrance, Power and International Relations. The Rise of China and Its Effects, in: International Studies Perspectives, 7 (Februar 2006) 1, S. 31–35, Zitat S. 35.

[11] Rudd, The Avoidable War, S. 122.

[12] So Barry C. Lynn, War, Trade and Utopia, in: The National Interest, (Winter 2005/06) 82, S. 31–38.

[13] Siehe Andres B. Schwarzenberg, U.S.-China Investment Ties. Overview and Issues for Congress, Washington: Congressional Research Service, 28.8.2019; Daniel W. Drezner, Bad Debts. Assessing China's Financial Influence in Great Power Politics, in: International Security, 34 (2009) 2, S. 7–45; China Power Team, Is it a Risk for America that China Holds over $1 Trillion in U.S. Debt?, 26.8.2020, https://chinapower.csis.org/us-debt/ (abgerufen am 13.9.2023).

[14] Siehe dazu Øystein Tunsjø, The Return of Bipolarity in World Politics. China, the United States, and Geostructural Realism, New York 2018; ferner Richard Maher, Bipolarity and the Future of

U.S.-China Relations, in: Political Science Quarterly, 133 (2018) 3, S. 497–525.

[15] Siehe Rudd, The Avoidable War, 180 f.

[16] Aus chinesischer Sicht siehe Da Wei, Security Concerns are Reasonable, Spheres of Influence are Not, in: The Washington Quarterly, 45 (2022) 2, S. 93–104. Der Autor ist Direktor des Center for International Security and Strategy an der Tsinghua-Universität in Peking.

[17] Siehe Stephen M. Walt, Stop Worrying About Chinese Hegemony in Asia, in: Foreign Policy, 31.5.2023, https://foreignpolicy.com/2023/05/31/stop-worrying-about-chinese-hegemony-in-asia/ (abgerufen am 13.9.2023).

[18] Eine sehr klare Diskussion findet sich in Samuel P. Huntington, The Clash of Civilizations and the Remaking of World Order, New York, S. 228–230.

[19] Zur Rolle geopolitischen Denkens siehe G. R. Sloan, Geopolitics in United States Strategic Policy, 1890–1987, New York 1988; Simon Dalby, American security discourse. The persistence of geopolitics, in: Political Geography Quarterly, 9 (April 1990) 2, S. 171–188; William Mayborn, The Pivot to Asia. The Persistent Logics of Geopolitics and the Rise of China, in: Journal of Military and Strategic Studies, 15 (2014) 4, S. 76–101.

[20] Siehe Melvyn P. Leffler, A Preponderance of Power: National Security, the Truman Administration, and the Cold War, Stanford 1992.

[21] Siehe Warren I. Cohen, America in the Age of Soviet Power, 1945–1991, Cambridge/New York/Melbourne 1993, S. 3 f.

[22] Mac Thornberry/Andrew F. Krepinevich, Jr., Preserving Primacy. A Defense Strategy for the New Administration, in: Foreign Affairs, 95 (September/Oktober 2016) 5, S. 26–35, hier S. 27.

[23] Joint Chiefs of Staff, Joint Operating Environment 2035. The Joint Force in a Contested and Disordered World, 14. Juli 2016, S. 27–29, https://apps.dtic.mil/sti/pdfs/AD1014117.pdf (abgerufen am 13.9.2023).

[24] Siehe etwa Paul C. Avey, Confronting Soviet Power. U.S. Policy during the Early Cold War, in: International Security, 36 (2012) 4, S. 151–188, hier S. 166–168.

[25] Siehe Christopher Layne, The Peace of Illusions: American Grand Strategy from 1940 to the Present, Ithaca/London 2006, S. 58–61.

[26] Michael H. Hunt, Ideology and U.S. Foreign Policy, New Haven 2009, S. 174.

[27] So rückblickend einer der an den Debatten beteiligten Planer: Zalmay Khalilzad, 4 Lessons about America's Role in the World, in: The National Interest, 23.3.2016, https://nationalinterest.org/feature/4-lessons-about-americas-role-the-world-15574 (abgerufen am 13.9.2023).

[28] So Robert Kagan, The United States Must Resist a Return to Spheres of Interest in the International System, in: Order from Chaos, 19.2.2015, https://www.brookings.edu/articles/the-united-states-must-resist-a-return-to-spheres-of-interest-in-the-international-system/ (abgerufen am 13.9.2023).

[29] „The reemergence of a spheres-of-influence world would thus undercut one of the great historical achievements of U.S. foreign policy: the creation of a system in which America is the dominant power in each major geopolitical region and can act decisively to shape events and protect its interests." Hal Brands/Charles Edel, The Disharmony of the Spheres, in: Commentary, 14.12.2017, https://www.commentary.org/articles/hal-brands-the-disharmony-of-the-spheres/ (abgerufen am 13.9.2023).

[30] Siehe Hal Brands/Zack Cooper, Getting Serious About Strategy in the South China Sea, in: Naval War College Review, 71 (Winter 2018) 1, S. 13–32, hier S. 17.

[31] Siehe hierzu Amitai Etzioni, Spheres of Influence. A Reconceptualization, in: The Fletcher Forum of World Affairs, 39 (2015) 2, S. 117–132. Umfassend zu Einflusssphären und ihrer ordnungspolitischen Funktion siehe Susanne Hast, Spheres of Influence in International Relations: History, Theory and Politics, Farnham 2014.

32 So Jeremy Shapiro, Defending the Defensible. The Values of Spheres of Influence in U.S. Foreign Policy, in: Order from Chaos,
11.3.2015, https://www.brookings.edu/articles/defending-the-
defensible-the-value-of-spheres-of-influence-in-u-s-foreign-po-
licy/ (abgerufen am 13.9.2023); positive Sicht auch bei Lyle J.
Goldstein, Is It Time to Meet China Halfway?, in: The National
Interest, 12.5.2015, https://nationalinterest.org/feature/it-time-
meet-china-halfway-12863 (abgerufen am 13.9.2023); Lindsey
O'Rourke/Joshua Shifrinson, Squaring the Circle on Spheres of
Influence. The Overlooked Benefits, in: The Washington Quarterly, 45 (2022) 2, S. 105–124.

33 So heißt es darin: „Without strong leadership from the United
States, the international system, fundamentally rooted in the rule
of law, may wither, to the detriment of United States, regional,
and global interests. It is imperative that the United States continue to play a leading role in the Indo-Pacific region by—(A)
defending peace and security; (B) advancing economic prosperity;
and (C) promoting respect for fundamental human rights." (Ge-
setzestext zu finden unter: https://www.congress.gov/115/plaws/
publ409/PLAW-115publ409.pdf). Siehe Michael F. Martin u. a.,
The Asia Reassurance Initiative Act (ARIA) of 2018, Washington,
D. C.: Congressional Research Service, 4.4.2019.

34 Siehe Economy, The World According to China, S. 9.

35 Siehe Jessica Chen Weiss, Even China Doesn't Believe Ist Own
Bluster, in: The New York Times, 6.5.2023.

36 Siehe Christopher J. Fettweis, Psychology of a Superpower. Security and Dominance in U.S. Foreign Policy, New York 2018, S. 169.

37 Siehe Leffler, Preponderance of Power.

38 Siehe Joseph S. Nye, Jr., Bound to Lead. The Changing Nature of
American Power, New York 1990.

39 Siehe John Agnew, Hegemony. The New Shape of Global Power,
Philadelphia 2005, S. 1 f.

40 Zitiert nach Graham Allison/Alyssa Resar/Karina Barbesino, The
Great Diplomatic Rivalry. China vs the U.S., Cambridge, MA

2022, S. 3 („The United States does not have the qualification
[…] to speak to China from a position of strength").

[41] Zur Problematik siehe William C. Wohlforth, Unipolarity, Status
Competition, and Great Power War, in: World Politics, 61 (2009)
1, S. 28–57; Tudor A. Onea, Between Dominance and Decline.
Status Anxiety and Great Power Rivalry, in: Review of International Studies, 40 (2014) 1, S. 125–152; zu Statusansprüchen als
Erklärung für revisionistische Politik siehe Johannes Sauerland/
Reinhard Wolf, Lateraler Druck, Statusansprüche und die Ursachen revisionistischer Großmachtpolitik in: Zeitschrift für Außen-
und Sicherheitspolitik, 10 (2017) 1, Sonderheft Revisionismus in
der internationalen Politik, S. 25–43; zum Statuskonflikt zwischen USA und China und den Risiken siehe Timothy R. Heath,
The Competition for Status Could Increase the Risk of a Military
Clash in Asia, The Rand Blog, 2.2.2018, https://www.rand.org/
blog/2018/02/the-competition-for-status-could-increase-the-risk.
html (abgerufen am 13.9.2023).

[42] Siehe Michael Mastanduno, System Maker und Privilege Taker.
U.S. Power and the International Political Economy, in: World
Politics, 61 (2009) 1, S. 121–154; Daniel W. Drezner, Military
Primacy Doesn't Pay (Nearly as Much as You Think), in: Inter-
national Security, 38 (2013) 1, S. 52–79; Doug Stokes/Kit Water-
man, Security Leverage, Structural Power and US Strategy in East
Asia, in: International Affairs, 93 (2017) 5, S. 1039–1060.

[43] Zu dieser Sicht siehe Ely Ratner, There is No Grand Bargain with
China, in: Foreign Affairs, 27.11.2018, https://www.foreignaf-
fairs.com/articles/china/2018-11-27/there-no-grand-bargain-chi-
na (abgerufen am 13.9.2023).

[44] Ashley J. Tellis, Balancing without Containment. An American
Strategy for Managing China, Washington, D. C. 2014, S. 14,
18 f.

[45] Siehe Jörn Petring, Taugt der Yuan als Weltwährung?, in: Wirtschaftswoche Online, 15.5.2023, https://www.wiwo.de/my/poli-
tik/konjunktur/wirtschaftspolitik-taugt-der-yuan-als-weltwaeh-
rung-/29144632.html (abgerufen am 13.9.2023); Christina Lu,
The Bid to Dethrone the Dollar, in: Foreign Policy, 12.5.2023,

https://foreignpolicy.com/2023/05/12/dollar-dominance-global-trade-china-yuan-brics-currency/ (abgerufen am 13.9.2023).

46 Siehe Rebecca M. Nelson/Martin A. Weiss, The U.S. Dollar as the World's Dominant Reserve Currency, Washington, D. C.: Congressional Research Service, 15.9.2022.

47 Siehe Nicholas Kitchen/Michael Cox, Power, Structural Power, and American Decline, in: Cambridge Review of International Affairs, 32 (2019) 6, S. 734–752.

48 Odd Arne Westad, The Sources of Chinese Conduct. Are Washington and Beijing Fighting a New Cold War?, in: Foreign Affairs, 12.8.2019, https://www.foreignaffairs.com/articles/china/2019-08-12/sources-chinese-conduct (abgerufen am 13.9.2023).

49 Suisheng Zhao, The US-China Rivalry in the Emerging Bipolar World. Hostility, Alignment, and Power Balance, in: Journal of Contemporary China, 31 (2022), 134, S. 169–185, Zitat S. 171 („messianic ideology").

50 Jessica Chen Weiss, No, China and the U.S. Aren't Locked in an Ideological Battle. Not Even Close, in: The Washington Post, 4.5.2019 („no coherent ideology with international appeal").

51 Siehe die skeptischen Bemerkungen von Kevin Rudd, How to Avoid an Avoidable War. Ten Questions about the New U.S. China Strategy, in: Foreign Affairs, 22.10.2018, https://www.foreignaffairs.com/articles/china/2018-10-22/how-avoid-avoidable-war (abgerufen am 13.9.2023).

52 Siehe Robert G. Sutter, US-China Relations. Perilous Past, Uncertain Present, Lanham u. a. ⁴2022, S. 273–287; zur Sonderstellung Chinas in der Menschenrechtspolitik siehe ausführlich Roberta Cohen, People's Republic of China: The Human Rights Exception, in: Human Rights Quarterly, 9 (November 1987), S. 447–549.

53 Siehe Elsa Kania, The „Regime Security Dilemma" in US-China Relations, in: The Strategist, 21.3.2019, https://www.aspistrate-

gist.org.au/the-regime-security-dilemma-in-us-china-relations/ (abgerufen am 13.9.2023).

[54] „…that the American concept of freedom represents a continuing existential threat to the political legitimacy oft he party within China itself." Rudd, The Avoidable War, S. 56.

[55] Siehe ebd., S. 60.

[56] Siehe Maull/Stanzel/Thimm, USA und China auf Kollisionskurs, S. 34 f.

[57] Siehe Shirk, Overreach, S. 184.

[58] Siehe ebd., S. 263.

[59] Economy, The World According to China, S. 7: „existential competition between China's model and that of the West."

[60] Shirk, Overreach, S. 277.

[61] Rudd, The Avoidable War, S. 56.

[62] Siehe Andrew J. Nathan/Boshu Zhang, „A Shared Future for Mankind". Rhetoric and Reality in Chinese Foreign Policy under Xi Jinping, in: Journal of Contemporary China, 31 (2022) 133, S. 57–71, hier S. 70 f.

[63] Economy, The World According to China, S. 25: China „is not exporting communism, it is exporting elements of its authoritarian political model".

[64] Siehe etwa Andreas Møller Mulvad, Xiism as a Hegemonic Project in the Making. Sino-communist Ideology and the Political Economy of China's Rise, in: Review of International Studies, 45 (2019) 3, S. 449–470; Economy, The Third Revolution, S. 221.

[65] Siehe Jessica Chen Weiss, A World Safe for Autocracy? China's Rise and the Future of Global Politics, in: Foreign Affairs, 98 (2019) 4, S. 92–102; siehe zudem Emily S. Chen, Is China Challenging the Global State of Democracy?, Honolulu: Pacific Forum, Juni 2019.

[66] Economy, The World According to China, S. 190 f.

[67] Yan Xuetong, Becoming Strong. The New Chinese Foreign Policy, in: Foreign Affairs, Juli/August 2021 („try to shape an ideological

environment favorable to its rise, pushing back against the notion that Western political values have universal appeal and validity").

68 Siehe hierzu Stephanie Christine Winkler/Björn Jerdén, US foreign policy elites and the great rejuvenation of the ideological China threat. The role of rhetoric and the ideologization of geopolitical threats, in: Journal of International Relations and Development, 26 (2023), S. 159–184.

69 „fight with a really different civilization and a different ideology, and the United States hasn't had that before […] it's the first time that we'll have a great power competitor that is not Caucasian." „Caucasian" ist in diesem Kontext als weiß zu verstehen. Zitate zu finden in: Abraham M. Denmark, Problematic Thinking on China from the State Department's Head of Policy Planning, in: War on the Rocks, 7.5.2019, https://warontherocks.com/2019/05/problematic-thinking-on-china-from-the-state-departments-head-of-policy-planning/ (abgerufen am 13.9.2023).

70 Stephen Bannon, We're in an Economic War with China. It's Futile to Compromise, in: The Washington Post, 6.5.2019 („rapidly militarizing totalitarian"; „greatest existential threat ever faced by the United States").

71 Siehe Josh Rogin, China Hawks Call on America to Fight a New Cold War, in: The Washington Post, 10.4.2019.

72 Zu dieser Sicht siehe Tarun Chhabra, The China Challenge, Democracy, and U.S. Grand Strategy, Washington, D. C.: The Brookings Institution, 15.2.2019, https://www.brookings.edu/articles/the-china-challenge-democracy-and-u-s-grand-strategy/ (abgerufen am 13.2023).

73 Siehe Winkler/Jerdén, US foreign policy elites.

74 So die Begriffe in Nicholas Wright, How Artificial Intelligence Will Reshape the Global Order. The Coming Competition Between Digital Authoritarianism and Liberal Democracy, in: Foreign Affairs, 10.7.2018, https://www.foreignaffairs.com/articles/world/2018-07-10/how-artificial-intelligence-will-reshape-global-order (abgerufen am 13.9.2023).

[75] Zur ideologischen Komponente von Großmachtkonflikten siehe Hal Brands, Democracy vs Authoritarianism. How Ideology Shapes Great-Power Conflict, in: Survival, 60 (2018) 5, S. 61–114.

[76] „Authoritarianism is on the global march." The White House, Interim National Security Strategic Guidance, March 2021, S. 9, https://www.whitehouse.gov/wp-content/uploads/2021/03/NSC-1v2.pdf.

[77] The White House, Interim National Security Strategic Guidance, März 2021, S. 3 („fundamental debate about the future direction of our world"; „relic of history"), https://www.whitehouse.gov/wp-content/uploads/2021/03/NSC-1v2.pdf (abgerufen am 13.9.2023).

[78] Siehe Zack Beauchamp, The biggest threat to democracy isn't coming from China. It's coming from within, in: Vox, 28.7.2021, https://www.vox.com/policy-and-politics/22590777/biden-china-democracy-voting-india-doctrine (abgerufen am 13.9.2023).

[79] Jonathan Tepperman, Biden's Dangerous Doctrine, in: Foreign Policy, 21.7.2021, https://foreignpolicy.com/2021/07/21/bidens-china-doctrine-decoupling-cold-war/ (abgerufen am 13.9.2023).

[80] Hal Brands/Zack Cooper, U.S. Chinese Rivalry Is a Battle Over Values, in: Foreign Affairs, 16.3.2021, https://www.foreignaffairs.com/articles/united-states/2021-03-16/us-china-rivalry-battle-over-values (abgerufen am 13.9.2023).

[81] America and China. Biden's new China doctrine, in: The Economist, 17.7.2021 („Manichean struggle between democracy and autocracy").

[82] Kritisch etwa Daniel Depetris, Don't Divide the World Between Democracies and Autocracies, in: DefenseOne, 1.4.2021.

[83] Robert Manning/Matthew Burrows, The Problem with Biden's Democracy Agenda, in: War on the Rocks, 27.7.2021 („only selectively revisionist"), https://warontherocks.com/2021/07/the-problem-with-bidens-democracy-agenda/ (abgerufen am 13.9.2023).

[84] Elbridge Colby/Robert D. Kaplan, The Ideology Delusion. America's Competition Is Not About Doctrine, in: Foreign Affairs,

4.9.2020 („ideological prism"), https://www.foreignaffairs.com/articles/united-states/2020-09-04/ideology-delusion (abgerufen am 13.9.2023).

[85] Siehe Evan S. Medeiros/Ashley J. Tellis, Regime Change Is Not an Option in China, in: Foreign Affairs, 8.7.2021, https://www.foreignaffairs.com/asia/regime-change-not-option-china (abgerufen am 13.9.2023).

[86] Jake Sullivan, National Security Adviser, Interview, CNN, 7.11.2021 („some fundamental transformation of China itself"), https://transcripts.cnn.com/show/fzgps/date/2021-11-07/segment/01 (abgerufen am 13.9.2023).

[87] Colby/Kaplan, The Ideology Delusion.

[88] Siehe Winkler/Jerdén, US foreign policy elites, S. 178 („whether it is even possible for US foreign policy elites to interpret threats to the United States and the international order in purely geopolitical terms").

[89] Huntington, The Clash of Civilizations and the Remaking of World Order.

[90] Siehe China and the world. Xivilisation, in: The Economist, 29.4.2023.

[91] Siehe Baohui Zhang, Hoping for the Best, Preparing for the Worst. China's Varied Responses to US Strategic Competition, in: Journal of Contemporary China, 10.4.2023, https://www.tandfonline.com/doi/full/10.1080/10670564.2023.2201170 (abgerufen am 13.9.2023).

[92] Generell zur Rolle der „ideologischen Differenz" für die Wahrnehmung von Bedrohungen siehe Mark L. Haas, The Ideological Origins of Great Power Politics, 1789–1989, Ithaca/London 2005.

[93] Zur Frage, ob und inwieweit im Kalten Krieg ein Sicherheitsdilemma bestand, siehe Robert Jervis, Was the Cold War a Security Dilemma?, in: Journal of Cold War Studies, 3 (2001) 1, S. 36–60.

[94] Dieser Begriff stammt ursprünglich von John H. Herz, dem Vordenker des „realistischen Liberalismus", und wurde später von Ro-

bert Jervis ausgearbeitet. John H. Herz, Idealist Internationalism and the Security Dilemma, in: World Politics, 2 (1950) 2, S. 157–180; Robert Jervis, Cooperation under the Security Dilemma, in: World Politics, 30 (1978) 2, S. 167–214; ferner Charles L. Glaser, The Security Dilemma Revisited, in: World Politics, 50 (1997) 1, S. 171–201; Shiping Tang, The Security Dilemma. A Conceptual Analysis, in: Security Studies, 18 (2009) 3, S. 587–623.

[95] Die folgenden Unterscheidungen und die Begrifflichkeit („dilemma of interpretation", „dilemma of reaction", „security paradox", „security dilemma sensibility") sind zu finden bei Ken Booth/Nicholas J. Wheeler, The Security Dilemma. Fear, Cooperation and Trust in World Politics, Basingstoke 2008, S. 4–7.

[96] Für mehr Informationen zur nuklearen Abschreckung siehe Peter Rudolf, Welt im Alarmzustand. Die Wiederkehr nuklearer Abschreckung, Bonn 2022.

[97] Siehe Adam Mount, The Case against New Nuclear Weapons, Washington, D. C.: Center for American Progress, Mai 2017, S. 41.

[98] Siehe Brad Roberts, The Case for U.S. Nuclear Weapons in the 21st Century, Stanford 2016, S. 173.

[99] Zur chinesischen Bedrohungsperzeption siehe Susan Turner Haynes, China's Nuclear Threat Perceptions, in: Strategic Studies Quarterly, 10 (2016) 2, S. 25–62.

[100] Siehe im Folgenden detailliert Eric Heginbotham u. a., China's Evolving Nuclear Deterrent. Major Drivers and Issues for the United States, Santa Monica, CA 2017; David C. Logan, Hard Constraints on a Chinese Nuclear Breakout, in: The Nonproliferation Review, 24 (2017) 1–2, S. 13–30; zur Kontinuität der chinesischen Nuklearstrategie gesicherter Vergeltung siehe M. Taylor Fravel, Active Defense. China's Military Strategy since 1949, Princeton/Oxford 2019, S. 236–269.

[101] U.S. Department of Defense, Military and Security Developments Involvong the People's Republic of China 2022, S. 94, https://media.defense.gov/2022/Nov/29/2003122279/-1/-1/1/2022-MILITARY-AND-SECURITY-DEVE-

LOPMENTS-INVOLVING-THE-PEOPLES-REPUBLIC-OF-CHINA.PDF (abgerufen am 13.9.2023).

[102] Siehe Hans M. Kristensen/Matt Korda/Eliana Reynolds, Chinese nuclear weapons, 2023, in: Bulletin of the Atomic Scientists, 79 (2023) 2, S. 108–133.

[103] Siehe Baohui Zhang, Hoping for the Best, Preparing for the Worst: China's Varied Responses to US Strategic Competition, in: Journal of Contemporary China, 2023, https://www.tandfonline.com/doi/full/10.1080/10670564.2023.2201170 (abgerufen am 13.9.2023).

[104] Siehe Hans M. Kristensen/Matt Korda, United States nuclear weapons, 2023, in: Bulletin of the Atomic Scientists, 79 (2023) 1, S. 28–52.

[105] Siehe Wu Riqiang, Living with Uncertainty. Modeling China's Nuclear Survivability, in: International Security, 44 (Frühjahr 2020) 4, S. 84–118.

[106] Keir A. Lieber/Daryl G. Press, The New Era of Counterforce. Technological Change and the Future of Nuclear Deterrence, in: International Security, 41 (Frühjahr 2017) 4, S. 9–49.

[107] Siehe Henrik Stålhane Hiim/M. Taylor Fravel/Langset Trøan, The Dynamics of an Entangled Security Dilemma. China's Changing Nuclear Posture, in: International Security, 47 (Frühjahr 2023) 4, S. 147–187; Fiona S. Cunningham/M. Taylor Fravel, China's nuclear arsenal is growing. What does that mean for U.S.-China relations?, in: The Washington Post, 11.11.2021.

[108] Siehe Ton Zhao, Digging Deep Into China's Motivations and Intentions, in: Arms Control Today, Dezember 2021.

[109] Siehe Brian Radzinsky, Chinese Views of the Changing Nuclear Balance, in: War on the Rocks, 22.10.2021, https://warontherocks.com/2021/10/chinese-views-of-the-changing-nuclear-balance/ (abgerufen am 13.9.2023).

[110] Siehe Edward Geist, The U.S. doesn't need more nuclear weapons to counter China's new missile silos, in: The Washington Post, 18.10.2021.

[111] Zu diesem Paradoxon siehe etwa Bryan R. Early/Victor Asal, Nuclear Weapons, Existential Threats, and the Stability-Instability Paradox, in: The Nonproliferation Review, 25 (2018) 3, S. 223–247.

[112] Siehe Abraham Denmark/Caitlin Talmagde, Why China Wants More and Better Nukes. How Beijing's Nuclear Buildup Threatens Stability, in: Foreign Affairs, 19.11.2021, https://www.foreignaffairs.com/china/why-china-wants-more-and-better-nukes (abgerufen am 13.9.2023).

[113] Statement of Charles A. Richard, Commander United States Strategic Command before the Senate Armed Services Committee, 20. April 2021, S. 5 (im Original fettgedruckt), https://www.armed-services.senate.gov/imo/media/doc/Richard04.20.2021.pdf (abgerufen am 13.9.2023).

[114] Siehe Brendan Rittenhouse Green/Austin Long, The Geopolitical Origins of US Hard-Target-Kill Counterforce Capabilities and MIRVs in: Michael Krepon/Travis Wheeler/Shane Mason (Hrsg.), The Lure and Pitfalls of MIRVs. From the First to the Second Nuclear Age, Washington, D. C.: Stimson Center, Mai 2016, S. 19–53.

[115] Siehe Charles L. Glaser/Steve Fetter, Should the United States Reject MAD? Damage Limitation and U.S. Nuclear Strategy toward China, in: International Security, 41 (2016) 1, S. 49–98; Fiona S. Cunningham/M. Taylor Fravel, Assuring Assured Retaliation. China's Nuclear Posture and U.S.-China Strategic Stability, in: International Security, 40 (2015) 2, S. 7–50.

[116] Zur Problematik siehe Gregory Kulacki, China's Military Calls for Putting Its Nuclear Forces on Alert, Cambridge, MA: Union of Concerned Scientists, Januar 2016; So Austin Long, U.S. Strategic Nuclear Targeting Policy. Necessity and Damage Limitation, in: The International Security Studies Forum, Policy Roundtable 1–4 on U.S. Nuclear Policy, 22.12.2016, https://networks.h-net.org/node/28443/discussions/157862/issf-policy-roundtable-9-4-us-nuclear-policy#_Toc470037165 (abgerufen am 13.9.2023).

[117] Siehe Henrik Stålhane Hiim/M. Taylor Fravel/Langset Trøan, The Dynamics of an Entangled Security Dilemma. China's Changing

Nuclear Posture, in: International Security, 47 (Frühjahr 2023) 4, S. 147–187.

[118] Henrik Stålhane/Magnus Langset Trøan, Hardening Chinese Realpolitik in the 21st Century. The Evolution of Beijing's Thinking About Arms Control, in: Journal of Contemporary China, 31 (2022) 133, S. 86–100, Zitat S. 99: „trap – designed by the United States to either blame China for the demise of arms control or lock in its superiority").

[119] Siehe Fiona C. Cunningham, Cooperation under Asymmetry? The Future of US-China Nuclear Relations, in: The Washington Quarterly, 44 (2021) 2, S. 159–180, hier S. 162.

[120] Siehe Susan M. Gordon/Michael G. Mullen (Hrsg.), U.S.-Taiwan Relations in a New Era. Responding to a More Assertive China, New York: Council on Foreign Relations, Independent Task Force Report No. 81, 2023, S. 25.

[121] The Taiwan Affairs Office of the State Council and the State Council Information Office, The Taiwan Question and China's Reunification in the New Era, August 2022 („National rejuvenation has been the greatest dream of the Chinese people and the Chinese nation since the modern era began. Only by realizing complete national reunification can the Chinese people on both sides of the Straits cast aside the shadow of civil war and create and enjoy lasting peace. National reunification is the only way to avoid the risk of Taiwan being invaded and occupied again by foreign countries, to foil the attempts of external forces to contain China, and to safeguard the sovereignty, security, and development interests of our country"), http://english.www.gov.cn/archive/whitepaper/202208/10/content_WS62f34f46c6d02e533532f0ac.html (abgerufen am 13.9.2023).

[122] Siehe Shelley Rigger, Taiwan in U.S.-China Relations, in: David Shambaugh (Hrsg.), Tangled Titans. The United States and China, Lanham u. a. 2013, S. 293–311.

[123] Siehe Susan V. Lawrence/Caitlin Campbell, Taiwan. Political and Security Issues, Washington, D. C.: Congressional Research Service, 17.2.2023.

[124] Siehe Sutter, US-China Relations, S. 141.

[125] Economy, The World According to China, S. 72 („unfinished business").

[126] Siehe ebd., S. 71–78.

[127] Siehe Rudd, The Avoidable War, S. 95–99.

[128] Siehe Scott L. Kastner, Is the Taiwan Strait Still a Flash Point? Rethinking the Prospects for Armed Conflict between China and Taiwan, in: International Security, 40 (Winter 2015/16) 3, S. 54–92.

[129] Siehe Elsa B. Kania, Not a „New Era" – Historical Memory and Continuities in U.S.-China Rivalry, The Strategy Bridge, 7.5.2019, https://thestrategybridge.org/the-bridge/2019/5/7/not-a-new-erahistorical-memory-and-continuities-in-us-china-rivalry (abgerufen am 13.9.2023). Eine Fülle von Informationen zur historischen Entwicklung der amerikanisch-chinesischen Beziehungen und der Konfliktpunkte liefern die Beiträge in Andrew T. H. Tan (Hrsg.), Handbook of US-China Relations, Cheltenham, UK/Northampton, MA 2016.

[130] Siehe Barton Gellman, U.S. and China Nearly Came to Blows in '96, in: The Washington Post, 21.6.1998.

[131] Siehe Lonnie Henley, PLA Operational Concepts and Centers of Gravity in a Taiwan Conflict, Testimony before the U.S.-China Economic and Security Review Commission, Hearing on Cross-Strait Deterrence, 18.2.2021, https://www.uscc.gov/sites/default/files/2021-02/Lonnie_Henley_Testimony.pdf (abgerufen am 13.9.2023).

[132] Siehe Chris Buckley/Chris Horton, Xi Jinping Warns Taiwan that Unification Is the Goal and Force Is an Option, in: The New York Times, 1.1.2019.

[133] „China has the firm resolve and the ability to safeguard national sovereignity and territorial integrity, and will never allow the secession of any part of its territory by anyone, any organization or any political party by any means at any time. We make no promise to renounce the use of force, and reserve the option of taking all neces-

sary measures." China's National Defense in the New Era, Peking: The State Council Information Office of the People's Republic of China, Juli 2019, S. 7 f., https://english.www.gov.cn/archive/whitepaper/201907/24/content_WS5d3941ddc6d08408f502283d.html (abgerufen am 13.9.2023).

[134] Siehe Thomas J. Christensen, The Contemporary Security Dilemma. Deterring a Taiwan Conflict, in: The Washington Quarterly, 25 (2002) 4, S. 5–21.

[135] Siehe James Johnson, The US-China Military and Defense Relationship during the Obama Presidency, Basingstoke 2018, S. 97 f.

[136] Siehe America, China and Taiwan. How to avoid a third world war, in: The Economist, 11.3.2023.

[137] Als Überblick über aktuelle Entwicklungen in der amerikanischen Taiwanpolitik siehe Marco Overhaus, Die Taiwan-Politik der USA – Balanceakt unter erschwerten Bedingungen, in: Hanns Günther Hilpert/Alexandra Sakaki/Gudrun Wacker (Hrsg.), Vom Umgang mit Taiwan, Berlin: Stiftung Wissenschaft und Politik, April 2022 (SWP-Studie 2022/4), S. 30–37.

[138] Siehe Demetri Sevastopulo/Kathrin Hille, US easing of Taiwan curbs likely to antagonize China, in: Financial Times, 31.3.2021.

[139] Siehe Peter Beinart, Biden's Taiwan Policy Is Truly, Deeply Reckless, in: The New York Times, 5.5.2021.

[140] Siehe Gordon Lubold, Americans Secretly Train Forces In Taiwan as Tensions Increase, in: The Wall Street Journal, 8.10.2021.

[141] Siehe Nancy A. Youssef/Gordon Lubold, U.S. Set To Boost Its Troop Presence in Taiwan, in: The Wall Street Journal, 24.2.2023.

[142] Siehe Zack Cooper, The Fourth Taiwan Strait Slip-Up, Washington. American Enterprise Institute, 19.9.2022, https://www.aei.org/foreign-and-defense-policy/the-fourth-taiwan-strait-slip-up/ (abgerufen am 30.10.2023).

[143] Siehe etwa Richard Haass/David Sacks, The Growing Danger of U.S. Ambiguity on Taiwan. Biden Must Make America's Commitment Clear to China – and the World, in: Foreign Af-

fairs, 13.12.2021, https://www.foreignaffairs.com/articles/china/2021-12-13/growing-danger-us-ambiguity-taiwan (abgerufen am 13.9.2023).

[144] Siehe Andrew Desiderio, Congress pressures Biden to defend Taiwan, in: Politico, 5.11.2021.

[145] Max Boot, The frenzy over China's spy balloon is dangerous and unwarranted, in: The Washington Post, 6.2.2023.

[146] Siehe Kevin Baron, „Lower the Rhetoric" on China, Says Milley, in: Defense One, 31.3.2023.

[147] Siehe Timothy R. Heath, Is China Planning to Attack Taiwan? A Careful Consideration of Available Evidence Says No, in: War on the Rocks, 14.12.2022, https://warontherocks.com/2022/12/is-china-planning-to-attack-taiwan-a-careful-consideration-of-available-evidence-says-no/ (abgerufen am 13.9.2023).

[148] So Jude Blanchette/Ryan Hass, The Taiwan Long Game. Why the Best Solution Is No Solution, in: Foreign Affairs, Januar/Februar 2023, https://www.foreignaffairs.com/china/taiwan-long-game-best-solution-jude-blanchette-ryan-hass (abgerufen am 13.9.2023).

[149] Siehe Hal Brands/Michael Beckley, Danger Zone. The Coming Conflict with China, New York 2022; Oriana Skylar Mastro/Derek Scissors, China Hasn't Reached the Peak of Its Power. Why Beijing Can Afford to Bide Its Time, in: Foreign Affairs, 22. August 2022, https://www.foreignaffairs.com/china/china-hasnt-reached-peak-its-power (abgerufen am 13.9.2023).

[150] Siehe Dan Blumenthal/Frederick W. Kagan, China's Three Roads to Controlling Taiwan, Washington, D. C.: American Enterprise Institute, März 2023.

[151] Siehe Richard K. Betts/Thomas J. Christensen, China. Getting the Questions Right, in: The National Interest, (Winter 2000/01) 62, S. 17–29.

[152] Siehe David E. Sanger/Julian E. Barnes, U.S. Hunts Chinese Malware That Could Disrupt American Military Operations, in: The New York Times, 29.7.2023.

[153] Siehe Brendan Rittenhouse Green/Caitlin Talmadge, The Conse-quences of Conquest. Why Indo-Pacific Power Hinges on Taiwan, in: Foreign Affairs, Juli/August 2022, https://www.foreignaffairs.com/articles/china/2022-06-16/consequences-conquest-taiwan-indo-pacific (abgerufen am 13.9.2023).

[154] Chris Miller, Chip War. The Fight for the World's Most Critical Technology, London u. a. 2022, S. XXVI.

[155] Siehe ebd., S. 335–343.

[156] Siehe Winand von Petersdorff, Amerikas großes Chip-Experi-ment, in: Frankfurter Allgemeine Zeitung, 6.4.2023.

[157] Siehe Charlie Vest/Agatha Kratz/Reva Goujon, The Global Eco-nomic Disruptions from a Taiwan Conflict, Rhodium Group, 14.12.2022, https://rhg.com/research/taiwan-economic-disrup-tions/ (abgerufen am 13.9.2023).

[158] Siehe James M. Acton, Escalation through Entanglement. How the Vulnerability of Command-and-control Systems Raises the Risks of an Inadvertent Nuclear War, in: International Security, 43 (2018) 1, S. 56–99; Caitlin Talmadge, Would China Go Nuclear? Assessing the Risk of Chinese Nuclear Escalation in a Conven-tional War with the United States, in: International Security, 41 (2017) 4, S. 50–92; David C. Logan, Are the reading Schelling in Beijing? The dimensions, drivers and risks of nuclear-conventional entanglement in China, in: Journal of Strategic Studies, 46 (2023) 1, S. 5–55.

[159] Grundsätzlich zur Problematik siehe Evan Braden Montgomery, Breaking Out of the Security Dilemma: Realism, Reassurance, and the Problem of Uncertainty, in: International Security, 31 (2006) 2, S. 151–185.

[160] Siehe Adam P. Liff/G. John Ikenberry, Racing toward Tragedy? China's Rise, Military Competition in the Asia Pacific, and the Se-curity Dilemma, in: International Security, 39 (2014) 2, S. 52–91, hier S. 88–91.

[161] Siehe Merriden Varrall, Chinese Worldviews and China's Foreign Policy, Sydney: Lowy Institute, November 2015; Andrew Scobell,

Learning to Rise Peacefully? China and the Security Dilemma, in: Journal of Contemporary China, 21 (2012) 76, S. 713–721. Deutlich ist diese Sicht eines friedensliebenden, defensiven China, das frei von allen hegemonialen Absichten ist; zu finden in China's National Defense in the New Era.

[162] Zu den möglichen Ursachen für diese Selbstwahrnehmung siehe Christopher J. Fettweis, Unipolarity, Hegemony, and the New Peace, in: Security Studies, 26 (2017) 3, S. 423–451, hier S. 443–445.

[163] Grundsätzlich dazu siehe Nicholas J. Wheeler, Trusting Enemies. Interpersonal Relationships in International Conflict, Oxford 2018, S. 92 f., S. 273 f. Grundlegend zum „Spiralmodell" und sich selbst erfüllenden Prophezeiungen siehe Jervis, Perception and Misperception in International Politics, S. 62–67.

[164] David E. Sanger/William J. Broad, Biden Explores Talks as China Builds Arsenal, in: The New York Times, 29.11.2021.

[165] George Perkovich, Engaging China on Strategic Stability and Mutual Vulnerability, Washington, D. C.: Carnegie Endowment for International Peace, Oktober 2022, S. 7.

3. Dimensionen und Dynamik der strategischen Rivalität

[1] Siehe grundsätzlich zu diesen Unterscheidungen Manjeet S. Pardesi, Image Theory and the Initiation of Strategic Rivalries, Oxford: Oxford Research Encyclopedia of Politics, März 2017.

[2] Siehe Timothy R. Heath/William R. Thompson, Avoiding U.S.-China Competition Is Futile. Why the Best Option Is to Manage Strategic Rivalry, in: Asia Policy, 13 (2018) 2, S. 91–119, hier, S. 105–107.

[3] Siehe Robert O. Work/Greg Grant, Beating the Americans at Their Own Game. An Offset Strategy with Chinese Characteristics, Washington, D. C.: Center for a New American Security, 2019, S. 16.

4   Siehe Andrea Gilli/Mauro Gilli, Why China Has Not Caught Up Yet. Military-Technological Superiority and the Limits of Imitation, Reverse Engineering, and Cyber Espionage, in: International Security, 43 (Winter 2018/19) 3, S. 141–189. Work und Grant, beide ehemalige hochrangige Pentagonbeamte, teilen diese skeptische Sicht nicht; siehe Work/Grant, Beating the Americans, S. 19.

5   Umfassend dazu siehe Paul, Kriegsgefahr im Pazifik, S. 195–260.

6   Siehe Joel Wuthnow, Asian Security without the United States? Examining China's Security Strategy in Maritime and Continental Asia, in: Asian Security, 14 (2018) 3, S. 230–245.

7   Kurt M. Campbell/Ely Ratner, The China Reckoning. How Beijing Defied American Expectations, in: Foreign Affairs, 97 (2018) 2, S. 90–100.

8   So etwa Ashley J. Tellis, Protecting American Primacy in the Indo-Pacific, Testimony, Senate Armed Services Committee, Washington, D. C., 25.4.2017, https://www.armed-services.senate.gov/imo/media/doc/Tellis_04-25-17.pdf (abgerufen am 13.9.2023).

9   „As China's market power over Singapore, Malaysia, and Australia grew, each strengthened strategic cooperation with the US. US strategic superiority in maritime East Asia, rather than Chinese market power, determined their alignment preferences." Robert S. Ross, On the Fungibility of Economic Power. China's Economic Rise and the East Asian Security Order, in: European Journal of International Relations, 25 (2019) 1, S. 302–327, hier S. 318.

10   Siehe Steven F. Jackson, China's Regional Relations in Comparative Perspective. From Harmonious Neighbors to Strategic Partners, London: Routledge, 2018, S. 146–152.

11   Im Detail siehe Michael McDevitt, Whither Sino-U.S. Relations. Maritime Disputes in the East and South China Seas?, in: National Committee on American Foreign Policy, U.S.-China Relations. Manageable Differences or Major Crisis?, New York, Oktober 2018, S. 41–52; Ronald O'Rourke, U.S.-China Strategic Competition in South and East China Seas. Background and Issues for Congress, Washington, D. C.: Congressional Research Service, 8.2.2023.

[12] Siehe Huiyun Feng/Kai He, The Bargaining Dilemma between the United States and China in the South China Sea, in: Huiyun Feng/Kai He (Hrsg.), US-China Competition and the South China Sea Disputes, London: Routledge, 2018, S. 14–28.

[13] Siehe James Laurenceson, Economics and Freedom of Navigation in East Asia, in: Australian Journal of International Affairs, 71 (2017) 5, S. 461–473; Bobby Andersen/Charles M. Perry, Weighing the Consequences of China's Control over the South China Sea, Cambridge, MA: The Institute for Foreign Policy Analysis, November 2017, S. 12 f.; Marc Lanteigne, China's Maritime Security and the ‚Malacca Dilemma‘, in: Asian Security, 4 (2008) 2, S. 143–161.

[14] Siehe Ho Ting Hung, Can China Escape the Malacca Dilemma?, in: The National Interest, 30.5.2023, https://nationalinterest.org/feature/can-china-escape-malacca-dilemma-206505 (abgerufen am 13.9.2023).

[15] Siehe Andrew Scobell, The South China Sea and U.S.-China Rivalry, in: Political Science Quarterly, 133 (2018) 2, S. 199–224.

[16] Siehe Michael Paul, Chinas nukleare Abschreckung. Ursachen, Mittel und Folgen der Stationierung chinesischer Nuklearwaffen auf Unterseebooten, Berlin: Stiftung Wissenschaft und Politik, September 2018 (SWP-Studie 17/2018); Tong Zhao, Tides of Change. China's Nuclear Ballistic Missile Submarines and Strategic Stability, Washington, D. C.: Carnegie Endowment for International Peace, 2018.

[17] Siehe Kristensen/Korda/Reynolds, Chinese nuclear weapons, 2023, S. 125–127; Inside Asia's arms race. China near „breakthroughs" with nuclear-armed submarines, report says, in: Reuters, 9.10.2023.

[18] Siehe The Impact of Chinese Supporting Capabilities, Peking: Carnegie-Tsinghua Center for Global Policy, 24.10.2018.

[19] Siehe Tunsjø, Return of Bipolarity in World Politics, S. 133–138.

[20] Als Überblick über geopolitische Vorstellungen siehe etwa Zhengyu Wu, Classical geopolitics, realism and the balance of power theo-

ry, in: The Journal of Strategic Studies, 41 (2018) 6, S. 786–823. Zur geopolitischen Interpretation des sino-amerikanischen Konflikts siehe auch Benjamin Schreer, Towards Contested „Spheres of Influence" in the Western Pacific. Rising China, Classical Geopolitics, and Asia-Pacific Stability", in: Geopolitics, 24 (2019) 2, S. 503–522.

21 Siehe Andrew Yeo/Michael E. O'Hanlon, Geostrategic Competition and Overseas Basing in East Asia and the First Island Chain, Washington, D. C.: The Brookings Institution, Policy Brief, Februar 2023.

22 Siehe Ellen Nakashima/Christian Shepherd, The new shape of deterrence in the Indo-Pacific, in: The Washington Post, 21.2.2023.

23 Siehe Mike Cherney, To counter China, U.S. and Allies Seek to Make Militaries „Interchangeable". Deeper cooperation could involve frequently using each other's weapons, equipment and supply chains, in: The Wall Street Journal, 12.3.2023; David Ignatius, How the submarine deal fits into the complex U.S. strategy for the Pacific, in: The Washington Post, 14.3.2023.

24 Jake Sullivan, National Security Adviser, 2021 Lowy Lecture, 11.11.2021, https://www.lowyinstitute.org/publications/2021-lowy-lecture-jake-sullivan (abgerufen am 13.9.2023).

25 Siehe Mayu Arimoto u. a., Elements of the U.S. Indo-Pacific Strategy. A Qualitative Primer on the Quad, AUKUS, and Partners in the Blue Pacific, Cambridge, MA: Harvard Kennedy School, Belfer Center for Science and International Affairs, Mai 2023, S. 4–12; Ana Swanson, For Edge on China, U.S. Agrees to Work With India on Tech, in: The New York Times, 1.2.2023.

26 Siehe Arimoto, Elements of the U.S. Indo-Pacific Strategy, S. 13–21; Pacific Security. Great AUKUS, in: The Economist, 18.3.2023.

27 Siehe Asian security. The indispensable archipelago, in: The Economist, 25.2.2023; Sui-Lee Wee, Despite China's Pressure, Manila Warms to U.S., With Big Joint Exercise, in: The New York Times, 27.4.2023; Derek Grossman, The Philippines Is America's New Star Ally in Asia, in: Foreign Policy, 21.2.2023, https://foreignpo-

licy.com/2023/02/21/philippines-marcos-bongbong-china-japan-us-alliance-indo-pacific-geopolitics/ (abgerufen am 13.9.2023).

[28] Siehe Bruce Jones, Temperatures Rising. The Struggle for Bases and Access in the Pacific Islands, Washington: The Brookings Institution, Policy Brief, Februar 2023; Thomas Lum/Bruce Vaughn, The Pacific Islands, Washington, D. C.; Congressional Research Service, In Focus, 28.11.2022; The White House, Pacific Partnership Strategy of the United States, September 2022.

[29] Siehe Damien Cave, Countering China, the U.S. Signs a Broad Deal to Aid Pacific Nations, in: The New York Times, 30.9.2022; Vivian Salama/Charles Hutzler, U.S. Showers Diplomatic Attention on Small Pacific Island Nations, in: The Wall Street Journal, 28.9.2022.

[30] Siehe Arimoto, Elements of the U.S. Indo-Pacific Strategy, S. 22–31.

[31] Siehe Denny Roy, The US-Japan-Korea pact. More like the Quad than an „Asian Nato", in: The Straits Times, 19.8.2023.

[32] Siehe David C. Kang, Still Getting Asia Wrong. No „Contain China" Coalition Exists, in: The Washington Quarterly, 45 (2022) 4, S. 79–98; Mark L. Haas, The Ideology Barriers to Anti-China Coalitions, in: The Washington Quarterly, 45 (2023) 4, S. 113–132.

[33] „We are not choosing sides. We do not want to be proxies, we do not want to be vassal states, we do not want to be divided." Zitiert nach Michael Birnbaum, Blinken travels to Southeast Asia to build support amid rivalry with China, in: The Washington Post, 15.7.2023.

[34] Siehe Michael J. Green/Matthew P. Goodman, After TPP. The Geopolitics of Asia and the Pacific, in: The Washington Quarterly, 38 (2016) 4, S. 19–34; Daniel S. Hamilton, The Geopolitics of TTIP. Repositioning the Transatlantic Relationship for a Changing World, Washington, D. C.: Center for Transatlantic Relations, 2014.

[35] Siehe Cathleen D. Cimino-Isaacs/Kyla H. Kitamura/Mark E. Manyin, Indo-Pacific Economic Framework for Prosperity (IPEF), Washington, D. C.: Congressional Research Service, 20.7.2023.

[36] Siehe Rudd, The Avoidable War, S. 237–239.

[37] Siehe Kevin G. Cai, The One Belt One Road and the Asian Infrastructure Investment Bank. Beijing's New Strategy of Geoeconomics and Geopolitics in: Journal of Contemporary China, 27 (2018) 114, S. 831–847; Hanns Günther Hilpert/Gudrun Wacker, Geoökonomie trifft Geopolitik. Chinas neue außenwirtschaftliche und außenpolitische Initiativen, Berlin: Stiftung Wissenschaft und Politik, Mai 2015 (SWP-Aktuell 52/2015).

[38] Siehe Nectar Gan/Robert Delaney, United States under Donald Trump Is Veering Away from China's Belt and Road, in: South China Morning Post, 25.4.2019.

[39] Siehe Friederike Böge, Ohne großen Masterplan. Fakten widerlegen die These von der „Schuldenfallen-Diplomatie" Chinas, in: Frankfurter Allgemeine Zeitung, 7.5.2019; Agatha Kratz/Allen Feng/Logan Wright, New Data on the „Debt Trap" Question, Rhodium Group, 29.4.2019, https://rhg.com/research/new-data-on-the-debt-trap-question/ (abgerufen am 13.9.2023).

[40] Siehe Jordan Calinoff/David Gordon, Port Investments in the Belt and Road Initiative. Is Beijing Grabbing Strategic Assets?, in: Survival: Global Politics and Strategy, 62 (2020) 4, S. 59–80.

[41] Siehe Giulio Pugliese, The ‚Free and Open Indo-Pacific' as a Strategic Narrative, in: China-US Focus, 18.2.2019, https://www.chinausfocus.com/foreign-policy/the-free-and-open-indo-pacific-as-a-strategic-narrative (abgerufen am 13.9.2023). Als zentrales Dokument, in dem auch wie in anderen Strategiedokumenten der Trump-Administration der Begriff „rules-based international order" (der Begriff „liberal" findet keine Verwendung) enthalten ist, siehe Department of Defense, Indo-Pacific Strategy Report. Zur Entwicklung und zu den Elementen des Konzepts siehe im Detail Bruce Vaughn u. a., The Trump Administration's „Free and Open Indo-Pacific". Issues for Congress, Washington, D. C.: Congressional Research Service, 3.10.2018.

[42] Siehe Daniel Kliman, To Compete with China, Get the New U.S. Development Finance Corporation Right, Washington, D. C.: Center for a New American Security, Februar 2019; Shayerah Ilias Akhtar/Marian L. Lawson, BUILD Act. Frequently Asked Questions About the New U.S. International Development Finance Corporation, Washington, D. C.: Congressional Research Service, 15.1.2019.

[43] The White House, FACT SHEET. President Biden and G7 Leaders Launch Build Back Better World Initiative (B3W) Partnership, 12.6.2021, https://www.whitehouse.gov/briefing-room/statements-releases/2021/06/12/fact-sheet-president-biden-and-g7-leaders-launch-build-back-better-world-b3w-partnership/ (abgerufen am 13.9.2023).

[44] Siehe Pietro Masina, Challenging the Belt and Road Initiative. The American and European Alternatives, Florenz: European University Institute, Robert Schuman Centre for Advanced Studies, 2022, S. 13 f.

[45] The White House, FACT SHEET. President Biden and G7 Leaders Formally Launch the Partnership for Global Infrastructure and Investment, 26.6.2022, https://www.whitehouse.gov/briefing-room/statements-releases/2022/06/26/fact-sheet-president-biden-and-g7-leaders-formally-launch-the-partnership-for-global-infrastructure-and-investment/ (abgerufen am 13.9.2023).

[46] Siehe Max Biederbeck, Anti-Seidenstraße-Initiative, in: Wirtschaftswoche Online, 19.9.2023.

[47] „Remarks by National Security Advisor Ambassador John R. Bolton on the Trump Administrations's New Africa Strategy", Washington, D. C., 13.12.2018, https://trumpwhitehouse.archives.gov/briefings-statements/remarks-national-security-advisor-ambassador-john-r-bolton-trump-administrations-new-africa-strategy/ (abgerufen am 13.9.2023).

[48] Siehe Robbie Gramer/Colum Lynch, Haley Tried to Block Appointment of Chinese Diplomat to Key U.N. Post. He Got the Job Anyway, in: Foreign Policy, 14.2.2019, https://foreignpolicy.com/2019/02/14/united-nations-china-xia-huang-influence-afri-

ca-great-lakes-diplomacy-nikki-haley-united-states-international-organizations/ (abgerufen am 13.9.2023).

[49] Siehe Rudd, The Avoidable War, 247–253, Zitat S. 248; Tómas F. Husted u. a., Sub-Saharan Africa. Overview and U.S. Engagement, Washington, D. C.: Congressional Research Service, 21.7.2023, S. 28; Thomas P. Sheehy, 10 Things to Know about the U.S.-China Rivalry in Africa, Washington, D. C.: United States Institute of Peace, 7.12.2022.

[50] Siehe Lina Benabdallah, China's Soft-Power Advantage in Africa, in: Foreign Affairs, 23.12.2021, https://www.foreignaffairs.com/articles/africa/2021-12-23/chinas-soft-power-advantage-africa (abgerufen am 13.9.2023).

[51] Siehe Maria Repnikova, The Balance of Soft Power. The American and Chinese Quests to Win Hearts and Minds, in: Foreign Affairs, 101 (Juli/August 2022) 4, S. 44–51.

[52] Siehe Robbie Gramer, Biden's Big Africa Summit Carefully Sidesteps China, in: Foreign Policy, 2.12.2022; Phelim Kine, Biden's „supercharged" African diplomacy, in: Politico, 26.1.2023; The White House, U.S. Strategy Toward Sub-Saharan Africa, Washington, D. C., August 2022, https://www.whitehouse.gov/wp-content/uploads/2022/08/U.S.-Strategy-Toward-Sub-Saharan-Africa-FINAL.pdf (abgerufen am 13.9.2023).

[53] Siehe Rudd, The Avoidable War, S. 253–255.

[54] Siehe Helen Davidson, „Not about the highest bidder". The countries defying China to stick with Taiwan, in: The Guardian, 3.4.2023.

[55] Siehe China and Latin America. Comrades across continents, in: The Economist, 17.6.2023; Diana Roy, China's Growing Influence in Latin America, Council On Foreign Relations, Backgrounder, 15.6.2023, https://www.cfr.org/backgrounder/china-influence-latin-america-argentina-brazil-venezuela-security-energy-bri (abgerufen am 13.9.2023).

[56] Siehe Edward Wong, Mike Pompeo Warns Panama against Doing Business with China, in: The New York Times, 19.10.2018.

Zu den chinesischen Aktivitäten in Lateinamerika siehe im Detail Katherine Koleski/Alec Blivas, China's Engagement with Latin America and the Caribbean, Washington, D. C.: U.S.-China Economic and Security Review Commission, 17.10.2018 (Staff Research Report).

[57] Siehe Robert A. Portada/Steve B. Lem/Uttam Paudel, The Final Frontier. China, Taiwan, and the United States in Strategic Competition for Central America, in: Journal of Chinese Political Science, 25 (2020), S. 551–573, hier S. 558.

[58] Siehe Geraldo Vidigal, A Really Big Button That Doesn't Do Anything? The „Anti-China" Clause in US Trade Agreements, Amsterdam: Amsterdam Law School, Mai 2019.

[59] Siehe Mark P. Sullivan/Thomas Lum, China's Engagement with Latin America and the Caribbean, Washington, D. C.: Congressional Research Service, 28.12.2022.

[60] Siehe Karoun Demirjian/Edward Wong, China Is Said to Operate Cuba Spy Base Since '19, in: The New York Times, 11.6.2023.

[61] Siehe Mark P. Sullivan u. a., Latin America and the Caribbean. U.S. Policy and Key Issues in the 117th Congress, Washington, D. C.: Congressional Research Service, 28.12.2022, S. 11–16.

[62] Siehe Francisco Urdinez, Economic Displacement. China's Growing Influence in Latin America, Washington, D. C.: Wilson Center, 16.6.2023.

[63] Siehe Shannon K. O'Neil, US Sould Look South, Not Far East, on Trade Pacts, Council on Foreign Relations, 27.7.2023, https://www.cfr.org/node/247225 (abgerufen am 13.9.2023).

[64] Siehe Ricardo Barrios u. a., China and the Middle East and North Africa (MENA), Washington, D. C.: Congressional Research Service, 4.8.2023; Jennifer Kavanagh/Frederic Wehrey, The Multialigned Middle East. How America Should Adapt to China's Growing Influence in the Region, in: Foreign Affairs, 17.7.2023, https://www.foreignaffairs.com/united-states/multialigned-middle-east-china-influence (abgerufen am 13.9.2023).

[65] Siehe David Pierson, China's Xi Cultivates Global Image in Brokering New Agreement, in: The New York Times, 12.3.2023.

[66] Siehe James Kynge, China's blueprint for global governance, in: Financial Times, 23.8.2023.

[67] Siehe Angela Charlton, U.S. set to rejoin U.N. cultural organization, in: Los Angeles Times, 13.6.2023.

[68] Siehe Katrin Büchenbacher, China vereinnahmt den globalen Süden; Pekings Propaganda ist in Entwicklungs- und Schwellenländern erfolgreich, wie eine neue Studie zeigt, in: Neue Zürcher Zeitung, 21.3.2023.

[69] Siehe Andrew Scobell, China's Minimalist Global Military Posture. Great Power Lite?, in: Asian Security, 19 (2023) 1, S. 1–25.

[70] Siehe Demetri Sevastopulo, Chinese base in Cambodia nears completion in challenge to US naval power, in: Financial Times, 24.7.2023.

[71] Siehe Isaac B. Kardon/Wendy Leutert, Pier Competitor. China's Power Position in Global Ports, in: International Security, 46 (Frühjahr 2022) 4, S. 9–47.

[72] Siehe William A. Galston, What's Beijing Doing in Haifa?, in: The Wall Street Journal, 29.5.2019; Amos Harel, With Its National Security at Stake, Israel Takes Sides in U.S.-China Trade War, in: Haaretz, 26.5.2019.

[73] Siehe Christopher M. Blanchard u. a., Middle East and North Africa-China Relations, Washington, D. C.: Congressional Research Service, 23.3.2023, S. 19.

[74] Siehe John Hudson/Ellen Nakashima/Lz Sly, U.S. worried about Chinese activity in UAE, files show, in: The Washington Post, 27.4.2023.

[75] Siehe Warren P. Strobel, In Croatia, U.S. Campaigned to Stop Chinese Bid on Key Port, in: The Wall Street Journal, 2.4.2023.

[76] Siehe Laurens Cerulus/Sarah Wheaton, How Washington chased Huawei out of Europe, in: Politico, 23.11.2022.

[77] Siehe Kate O'Keeffe/Drew Hinshaw/Daniel Michaels, U.S. Presses Europe to Bar Chinese Security Company, in: The Wall Street Journal, 29.6.2020; Security Scanners Across Europe Tied to China Government, Military, in: Voice of America, 20.1.2022; Laurens Cerulus, EU to capitals. Security trumps price in tenders involving Chinese scanners, in: Politico EU, 15.3.2023.

[78] „Civilian research could support a strengthened Chinese military presence in the Arctic Ocean, which could include deploying submarines to the region as a deterrent against nuclear attacks." Department of Defense, Annual Report to Congress. Military and Security Developments Involving the People's Republic of China 2019, Washington, D. C., Mai 2019, S. 114, https://media.defense.gov/2019/May/02/2002127082/-1/-1/1/2019_CHINA_MILITARY_POWER_REPORT.pdf (abgerufen am 13.9.2023).

[79] Michael R. Pompeo, „Looking North: Sharpening America's Arctic Focus", Remarks, Rovaniemi, 6.5.2019, https://ee.usembassy.gov/americas-arctic-focus/ (abgerufen am 13.9.2023).

[80] Im Detail siehe Michael Paul, Der Kampf um den Nordpol. Die Arktis, der Klimawandel und die Rivalität der Großmächte, Freiburg 2022, S. 169–181.

[81] Siehe Steven Lee Myers/Somini Sengupta, Latest Arena for China's Growing Global Ambitions: The Arctic, in: The New York Times, 27.5.2019.

[82] Siehe David Auerswald, China's Multifaceted Arctic Strategy, in: War on the Rocks, 24.5.2019, https://warontherocks.com/2019/05/chinas-multifaceted-arctic-strategy/ (abgerufen am 13.9.2023).

[83] Siehe Daniel Lippman, Trump's Greenland Gambit Finds Allies inside Government, in: Politico, 24.8.2019.

[84] Stephanie Pezard u. a., China's Strategy and Activities in the Arctic. Implications for North American and Transatlantic Security, Santa Monica: The RAND Corporation, 2022, S. VI („fairly limited").

[85] Department of Defense, Report to Congress Department of Defense Arctic Strategy, Washington, D. C., Juni 2019, S. 6 („potential vector for an attack on the U.S. homeland"), https://media.defense.gov/2019/Jun/06/2002141657/-1/-1/1/2019-DOD-ARCTIC-STRATEGY.PDF (abgerufen am 13.9.2023).

[86] Siehe Lyle J. Goldstein, Chinese Nuclear Armed Submarines in Russian Arctic Ports? It Could Happen, in: The National Interest, 1.6.2019, https://nationalinterest.org/feature/chinese-nuclear-armed-submarines-russian-arctic-ports-it-could-happen-60302 (abgerufen am 13.9.2023).

[87] Siehe David Curtis Wright, The Dragon and Great Power Rivalry at the Top of the World. China's Hawkish, Revisionist Voices with Mainstream Discourse on Arctic Affairs, Calgary: Canadian Global Affairs Institute, September 2018.

[88] Siehe James A. Lewis, Technological Competition and China, Washington, D. C.: Center for Strategic and International Studies, November 2018.

[89] Siehe Julian Baird Gewirtz, China's Long March to Technological Supremacy. The Roots of Xi Jinping's Ambition to „Catch up and Surpass", in: Foreign Affairs, 27.8.2019, https://www.foreignaffairs.com/articles/china/2019-08-27/chinas-long-march-technological-supremacy (abgerufen am 13.9.2023).

[90] Siehe Wayne M. Morrison, The Made in China 2025 Initiative. Economic Implications for the United States, Washington, D. C.: Congressional Research Service, 29.8.2018; Heribert Dieter, Chinas neuer Langer Marsch. Zwischen Selbstisolation und offensiver Außenpolitik, Bonn 2021, S. 231 f.

[91] Zu dieser Problematik siehe U.S. Senate Committee on Small Business and Entrepreneurship, Made in China 2025 and the Future of American Industry, Washington, D. C. 2019.

[92] Siehe U.S. Chamber of Commerce, Made in China 2025. Global Ambitions Built on Local Protections, Washington, D. C. 2017.

[93] Siehe Joshua P. Meltzer/Neena Shenai, The US-China Economic Relationship. A Comprehensive Approach, Washington, D. C.:

The Brookings Institution/American Enterprise Institute, Februar 2019.

94 Saxby Chambliss/Kent Conrad, Ensuring America Wins the Tech Race Against China, in: The National Interest, 2.4.2023 („If China succeeds in winning the tech race, it will capture trillions of dollars in economic value, make the world increasingly dependent on its technology and supply chains, and secure a critical military edge that would undermine the national security of the United States and our allies").

95 Zitiert nach David E. Sanger/Katie Benner/Matthew Goldstein, Huawei and Top Executive Face Criminal Charges in the U.S, in: The New York Times, 28.1.2019 („The Americans are not going to surrender global technological supremacy without a fight, and the indictment of Huawei is the opening shot in that struggle").

96 Hierzu und im Folgenden siehe Miller, Chip War, S. 311–317.

97 Siehe Richard Waters/Kathrin Hille/Louise Lucas, Trump Risks a Tech Cold War, in: Financial Times, 25.5.2019.

98 Peter Navarro, Our Economic Security at Risk, in: The New York Times, 5.10.2018.

99 Siehe Miller, Chip War, S. 314.

100 Siehe Agathe Demarais, Backfire. How Sanctions Reshape the World Against U.S. Interests, New York 2022, S. 165–170; Miller, Chip War, S. 311–317.

101 Siehe Charles Rollet, Huawei Ban Means the End of Global Tech, in: Foreign Policy, 17.5.2019, https://foreignpolicy.com/2019/05/17/huawei-ban-means-the-end-of-global-tech/ (abgerufen am 13.9.2023).

102 Siehe Jacky Wong/Dan Gallagher, In Chip War, Winner Won't Be U.S. or China – Push for independence could end up damaging the semiconductor industry in both countries, in: The Wall Street Journal, 5.6.2020; David McCabe/Raymond Zhong, Trump Administration Widens Huawei Dragnet, in: The New York Times, 17.8.2020.

[103] Alex W. Palmer, Inside the Biden administration's brazen, high-stakes battle with China over semiconductors, in: The New York Times Magazine, 16.7.2023.

[104] Siehe Sophie-Charlotte Fischer, Amerika schränkt den Austausch mit China ein, in: Neue Zürcher Zeitung, 27.4.2023; Pieter Haeck, Die Niederlande haben bereits eine China-Strategie, in: Die Welt, 17.3.2023.

[105] Siehe Matt Sheehan, Biden's Unprecedented Semiconductor Belt, Carnegie Endowment for International Peace, Commentary, 27.10.2022.

[106] Siehe Demarais, Backfire, S. 186–189.

[107] Siehe Miller, Chip War, S. 319–325.

[108] Siehe Kevon Klyman, The U.S. Wants to Make Sure China Can't Catch Up on Quantum Computing, in: Foreign Policy, 31.3.2023, https://foreignpolicy.com/2023/03/31/us-china-competition-quantum-computing/ (abgerufen am 13.9.2023).

[109] Siehe Ana Swanson, U.S. Adds Restrictions On Chips for China, in: The New York Times, 18.10.2023.

[110] Remarks by National Security Advisor Jake Sullivan at the Special Competitive Studies Project Global Emerging Technologies Summit, 16. September 2022, https://www.whitehouse.gov/briefing-room/speeches-remarks/2022/09/16/remarks-by-national-security-advisor-jake-sullivan-at-the-special-competitive-studies-project-global-emerging-technologies-summit/ (abgerufen am 13.9.2023).

[111] Commercial sanctions on China. A daunting arsenal, in: The Economist, 1.4.2023.

[112] Siehe Hugo Meijer, Trading with the Enemy. The Making of US Export Control Policy toward the People's Republic of China, Oxford 2016.

[113] Zu den Einzelheiten siehe Kevin Wolf, „Confronting Threats from China. Assessing Controls on Technology and Investment", Testimony before the Senate Committee on Banking, Housing, and

Urban Affairs, 4.6.2019, https://www.banking.senate.gov/imo/media/doc/Wolf%20Testimony%206-4-19.pdf (abgerufen am 13.9.2023).

[114] Siehe Christopher A. Ford, Under Secretary of State for Arms Control and International Security, U.S. National Security Export Controls and Huawei. The Strategic Context in Three Framings, Washington, D. C. 22. Mai 2020, Arms Controls and International Security Papers, Band 1, Nummer 8, https://www.state.gov/wp-content/uploads/2020/06/T-Paper-series-DPR-Formatted-508.pdf (abgerufen am 13.9.2023).

[115] Siehe Emily Kilcrease/Michael Frazer, Sanctions by the Numbers. SDN, CMIC, and Entity List Designations on China, Washington, D. C.: Center for a New American Security, 2.3.2023.

[116] Siehe Julian E. Barnes, U.S. Cracks Down on Firms Said to Aid China's Repression of Minorities, in: The New York Times, 16.12.2021.

[117] Siehe Abby Lemert/Eleanor Runde, Biden Issues Executive Orders on Chinese Companies and Apps, in: Lawfare, 11.6.2021; Demetri Sevastopulo/William Langley, US to blacklist eight more Chinese companies including dronemaker DJI, in: Financial Times, 15.12.2021.

[118] Siehe Derek Scissors, What to Do About American Investment in China, Washington, D. C.: American Enterprise Institute, Mai 2023; Andrew Duehren/Ryan Tracy, U.S. Seeks to Define Risks in China AI, in: The Wall Street Journal, 17.6.2023.

[119] The White House, Executive Order on Addressing United States Investments in Certain National Security Technologies and Products in Countries of Concern, 9.8.2023, https://www.whitehouse.gov/briefing-room/presidential-actions/2023/08/09/executive-order-on-addressing-united-states-investments-in-certain-national-security-technologies-and-products-in-countries-of-concern/ (abgerufen am 13.9.2023).

[120] Siehe Background Press Call by Senior Administration Officials Previewing Executive Order on Addressing U.S. Investments in Certain National Security Technologies and Products in Count-

ries of Concern, 10.8.2023, https://www.whitehouse.gov/briefing-room/press-briefings/2023/08/10/background-press-call-by-senior-administration-officials-previewing-executive-order-on-addressing-u-s-investments-in-certain-national-security-technologies-and-products-in-countries-of-concern/ (abgerufen am 13.9.2023).

[121] Siehe Alan Rappeport/Ana Swanson, Beijing Wary Of U.S. Curbs On Investing, in: The New York Times, 13.7.2023.

[122] Siehe James K. Jackson, The Committee on Foreign Investment in the United States (CFIUS), Washington, D. C.: Congressional Research Service, 6.8.2019, S. 24 f.

[123] Siehe Nicholas R. Lardy/Tianlei Huang, Despite the rhetoric, US-China financial decoupling is not happening, Washington, D. C.: Peterson Institute for International Economics, 2.7.2020.

[124] Siehe Jane Perlez, F.B.I. Bars Some China Scholars From Visiting U.S. over Spying Fears, in: The New York Times, 14.4.2019.

[125] Siehe Amy Qin, As U.S. Hunts for China Spies, Scientists Recoil, in: The New York Times, 29.11.2021.

[126] Siehe Christina Lu/Anusha Rathi, Chinese Scientists Are Leaving the United States, in: Foreign Policy, 13.7.2023.

[127] Siehe Ellen Nakashima, U.S. cautions firms working with China on tech, in: The Washington Post, 24.10.2021.

[128] Siehe Andrew B. Kennedy, The Resilience Requirement. Responding to China's Rise as a Technology Power, in: Survival. Global Politics and Strategy, 65 (2023) 1, S. 115–128.

[129] Siehe Karen Hao/Sha Hua, The U.S. Is Turning Away From Its Biggest Scientific Partner at a Precarious Time, in: The Wall Street Journal, 16.8.2023.

4. Der neue strukturelle Weltkonflikt und seine Folgen

[1] Siehe Matthew Sussex/Michael Clarke, The Self-Reinforcing Logic of U.S.-Sino Competition, in: The National Interest, 6.6.2023, https://nationalinterest.org/feature/self-reinforcing-logic-us-sino-competition-206527 (abgerufen am 13.9.2023).

[2] Zu dieser Problematik siehe David A. Lake, Economic Openness and Great Power Competition. Lessons for China and the United States, San Diego: University of California San Diego School of Global Policy and Strategy, April 2018 (21th Century China Center Research Paper No. 2018-01).

[3] Siehe aus chinesischer Sicht Yan Xuetong, The Age of Uneasy Peace: Chinese Power in a Divided World, in: Foreign Affairs, 11.12.2018, https://www.foreignaffairs.com/china/age-uneasy-peace (abgerufen am 13.9.2023); ferner Ngaire Woods, Can Multilateralism Survive the Sino-American Rivalry?, in: The Strategist, 10.7.2019, https://www.aspistrategist.org.au/can-multilateralism-survive-the-sino-american-rivalry/ (abgerufen am 13.9.2023).

[4] Siehe Alexander L. George, Factors Influencing Security Cooperation, in: Alexander L. George/Philip J. Farley/Alexander Dallin (Hrsg.), U.S.-Soviet Security Cooperation. Achievements, Failures, Lessons, New York/Oxford 1988, S. 655–678.

[5] Siehe Heath/Thompson, Avoiding U.S.-China Competition Is Futile, S. 115–119.

[6] Siehe Minghao Zhao, Is a New Cold War Inevitable? Chinese Perspectives on US-China Strategic Competition, in: The Chinese Journal of International Politics, 12 (2019) 3, S. 371–394.

[7] Zur Rolle des Vertrauensdefizits siehe Gregory J. Moore, Avoiding a Thucydides Trap in Sino-American Relations (…and 7 Reasons Why that Might Be Difficult), in: Asian Security, 13 (2017) 2, S. 98–115, hier S. 99–101.

[8] Siehe Charles L. Glaser, A U.S.–China Grand Bargain? The Hard Choice between Military Competition and Accommodation, in: International Security, 39 (2015) 4, S. 49–90.

[9] Siehe Evelyn Goh, The Prospects for a Great Power „Grand Bargain" in East Asia, in: Russell W. Glenn (Hrsg.), New Directions in Strategic Thinking 2.0. ANU Strategic & Defence Studies Centre's Golden Anniversary Conference Proceedings, Canberra 2018, S. 51–62, hier S. 60 f.

[10] Siehe Steven Ward, Status and the Challenge of Rising Powers, Cambridge u. a. 2017, S. 190–194.

[11] Andrew Scobell, Constructing a U.S.-China Rivalry in the Indo-Pacific and Beyond, in: Journal of Contemporary China, 30 (2021), S. 69–84, hier S. 78.

[12] Siehe im Detail Robert Sutter, Congress and Trump Administration China Policy. Overlapping Priorities, Uneasy Adjustments and Hardening toward Beijing, in: Journal of Contemporary China, 28 (2019) 118, S. 519–537.

[13] Siehe David Shambaugh, The New American Bipartisan Consensus on China Policy, in: China-US Focus, 21.9.2018; Zack Cooper/Annie Kowalewski, The New Washington Consensus, Washington, D. C.: American Enterprise Institute, 21.12.2018; Richard C. Bush/Ryan Hass, The China Debate Is Here to Stay, in: Order from Chaos, 4.3.2019, https://www.brookings.edu/articles/the-china-debate-is-here-to-stay/ (abgerufen am 13.9.2023).

[14] Zum veränderten Kontext siehe das Stimmungsbild bei Paul Sonne, As Trump Escalates China Trade Dispute, Economic Ties Lose Stabilizing Force in Matters of National Security, in: The Washington Post, 19.5.2019.

[15] Als Ausdruck dieser neuen Sensibilität siehe besonders Larry Diamond/Orville Schell (Hrsg.), China's Influence & American Interests. Promoting Constructive Vigilance. Report of the Working Group on Chinese Influence Activities in the United States, überarbeitete Fassung, Stanford 2019. Die genannten Zahlen sind zu finden in Ana Swanson, Rivalry Between U.S. and China, by the Numbers, in: The New York Times, 8.7.2023.

[16] Siehe Thomas Lum/Hannah Fischer, Confucius Institutes in the United States: Selected Issues, Washington, D. C.: Congressional Research Service, 2.5.2023.

[17] Zitiert nach China's Quest for Economic, Political Domination Threatens America's Security, 1.2.2022 („There is no doubt that the greatest long-term threat to our nations's ideas, our economic security and our national security is that posed by the Chinese communist government"), https://www.fbi.gov/news/stories/director-wray-addresses-threats-posed-to-the-us-by-china-020122 (abgerufen am 13.9.2023).

[18] Secretary of Homeland Security Alejandro N. Mayorkas, 2023 State of Homeland Security Remarks. Tackling an Evolving Threat Landscape, 21.4.2023 („The People's Republic of China poses an especially grave threat to the homeland"), https://www.dhs.gov/news/2023/04/21/2023-state-homeland-security-remarks-tackling-evolving-threat-landscape-homeland (abgerufen am 13.9.2023).

[19] „Inside the FBI. The China Threat", Video Transcript, 21.4.2023, https://www.fbi.gov/video-repository/inside-the-fbi-the-china-threat-042123.mp4/view (abgerufen am 13.9.2023).

[20] Siehe America and China. Now Showing in local theatres, in: The Economist, 3.6.2023; Matthew Brown/Sam Metz, States consider restricting land ownership for foreign nationals after Chinese balloon sparks national security debate, in: PBS Newshour, 8.2.2023; Kimberly Kindy, State lawmakers move to ban Chinese land ownership, in: The Washington Post, 21.8.2023.

[21] Siehe Brendan Bordelon, Biden and Congress want to ban TikTok. At this point it may be impossible, in: Politico, 16.4.2023.

[22] Siehe Jeff Stein/Cristiano Lima/Taylor Lorenz, Biden stuck between China hawks, young voters amid TikTok debate, in: The Washington Post, 2.4.2023.

[23] Siehe Nancy A. Youssef/Gordon Lubold, Americans Consider China Top National-Security Threat, Survey Finds. Results also show that trust in the military declined 25 percentage points from three years ago, in: The Wall Street Journal, 1.12.2021.

24 Siehe Laura Silver u. a., Americans Are Critical of China's Global Role – as Well as Its Relationship With Russia, Pew Research Center, 12.4.2023, https://www.pewresearch.org/global/2023/04/12/americans-are-critical-of-chinas-global-role-as-well-as-its-relationship-with-russia/ (abgerufen am 13.9.2023).

25 Ian Prada Philbrick, Public Opinion on China May Complicate Conflict, in: The New York Times, 3.7.2023 („feedback loop in which events, leader's words and actions, media coverage and public opinion reinforce one another").

26 Siehe Tong Zhao, How China's Echo Chamber Threatens Taiwan. Xi Jinping Has Unleashed Hawkish Forces He Can't Control, in: Foreign Affairs, 9.5.2023, https://www.foreignaffairs.com/taiwan/-china-echo-chamber-threatens-taiwan (abgerufen am 13.9.2023).

27 Siehe Li Ruiqiu, How Chinese People See the World and Their Own Country, U.S.-China Perception Monitor, 19.7.2023, https://uscnpm.org/2023/07/19/li-ruiqiu-how-chinese-people-see-the-world-their-own-country/ (abgerufen am 13.9.2023).

28 Siehe Peter Harris, China and the United States. The case for smart appeasement, in: Australian Journal of International Affairs, 75 (2021) 2, S. 129–135.

29 Paul Heer, Hostility Between the United States and China Looks Increasingly Inescapable, in: The National Interest, 25.9.2023 („given the intensity and centrality of nationalism in Chinese politics and the prevailing belief that the United States poses the most significant external threat to China, Xi can ill afford to risk being perceived as ‚soft' in confronting or responding to that threat"), https://nationalinterest.org/feature/hostility-between-united-states-and-china-looks-increasingly-inescapable-206830 (abgerufen am 28.9.2023).

30 So Kacie Miura, Strongman politics and China's foreign policy actors. Maritime assertiveness under Xi Jinping, in: International Affairs, 99 (2023) 5, S. 2101–2118.

[31] Michael R. Gordon, Pentagon to Speed Up Efforts to Counter China. Defense Secretary Austin issued directive based on recommendation of a task force, in: The Wall Street Journal, 10.6.2021.

[32] Siehe Julian Barnes, C.I.A. Reorganization to Place New Focus on China, in: The New York Times, 7.10.2021.

[33] Siehe China and America. A representative challenge, in: The Economist, 4.2.2023.

[34] Zitiert nach Clare Foran, Bipartisan lawmakers warn of China threat at select committee's first hearing, in: CNN, 1.3.2023 („existential struggle over what life will look like in the 21st century – and the most fundamental freedoms are at stake"), https://edition.cnn.com/2023/02/28/politics/chinese-communist-party-committee-hearing/index.html (abgerufen am 13.9.2023).

[35] Siehe Johann Park/Chungshik Moon, Interstate Rivalry and Interstate Trade, in: The Chinese Journal of International Politics, 11 (2018) 3, S. 271–296, hier S. 294.

[36] Shekhar Aiyar/Anna Ilyina, Geo-economic fragmentation and the world economy, 27.3.2023 („a policy-driven reversal of global economic integration often guided by strategic considerations"), https://cepr.org/voxeu/columns/geo-economic-fragmentation-and-world-economy (abgerufen am 13.9.2023).

[37] Siehe Anthea Roberts/Henrique Choer Moraes/Victor Ferguson, Toward a Geoeconomic World Order, in: Journal of International Economic Law, 22 (2019) 4, S. 655–676.

[38] Siehe Hendrik Kafsack, Drei Stufen zur Deglobalisierung, in: Frankfurter Allgemeine Zeitung, 14.4.2023.

[39] Siehe Kevin Honglin Zhang, U.S. China Economic Links and Technological Decoupling, in: The Chinese Economy, 56 (2023) 5, S. 353–365.

[40] Remarks by National Security Advisor Jake Sullivan on Renewing American Economic Leadership at the Brookings Institution, 27.4.2023, https://www.whitehouse.gov/briefing-room/speeches-remarks/2023/04/27/remarks-by-national-security-advisor-jake-

sullivan-on-renewing-american-economic-leadership-at-the-broo-kings-institution/ (abgerufen am 13.9.2023).

41 Siehe Margaret M. Pearson/Meg Rithmire/Kellee S. Tsai, China's Party-State Capitalism and International Backlash: From Inter-dependence to Insecurity, in: International Security, 47 (Herbst 2022) 2, S. 135–176.

42 Siehe Wayne M. Morrison, China-U.S. Trade Issues, Washington, D. C.: Congressional Research Service, 30.7.2018, S. 7, 15 ff.

43 Stephen Roach, Unbalanced. The Codependency of America and China, New Haven/London 2014, S. 3 („The United States provided China with something very important: the world's lar-gest base of external demand that could support China's export-led production model. China, for its part, offered the United States a broad menu of cheap goods to satisfy its hard-pressed consumers as well as a vast source of foreign capital that could enable it to en-joy sustained economic growth despite a lack of domestic saving").

44 Grundsätzlich zum Verhältnis von Sicherheit und relativen Nut-zengewinnen siehe Peter Liberman, Trading with the Enemy. Se-curity and Relative Economic Gains, in: International Security, 21 (1996) 1, S. 147–175.

45 Siehe Department of Defense, Assessing and Strengthening the Manufacturing and Defense Industrial Base and Supply Chain Resiliency of the United States. Report to President Donald J. Trump by the Interagency Task Force in Fulfillment of Executice Order 13806, Washington, D. C., September 2018, S. 36, https://media.defense.gov/2018/Oct/05/2002048904/-1/-1/1/ASSES-SING-AND-STRENGTHENING-THE-MANUFACTU-RING-AND%20DEFENSE-INDUSTRIAL-BASE-AND-SUP-PLY-CHAIN-RESILIENCY.PDF (abgerufen am 13.9.2023).

46 Remarks by Secretary of the Treasury Janet L. Yellen on the U.S.-China Economic Relationship at Johns Hopkins School of Ad-vanced International Studies, 20. April 2023; („vital national interest"; „full separation"; „national security is of paramount importance in our relationship with China"; „A growing China that plays by the rules can be beneficial for the United States"),

https://home.treasury.gov/news/press-releases/jy1425 (abgerufen am 13.9.2023).

[47] Remarks by National Security Advisor Jake Sullivan on Renewing American Economic Leadership at the Brookings Institution, 27.4.2023, https://www.whitehouse.gov/briefing-room/speeches-remarks/2023/04/27/remarks-by-national-security-advisor-jake-sullivan-on-renewing-american-economic-leadership-at-the-broo-kings-institution/ (abgerufen am 13.9.2023).

[48] Rudd, The Avoidable War, S. 121 („on hyperalert to externally generated economic risk and any associated internal instability").

[49] James Crabtree, China's Radical New Vision of Globalization, in: Noema Magazine, 10.12.2020, https://www.noemamag.com/chinas-radical-new-vision-of-globalization/ (abgerufen am 13.9.2023).

[50] Siehe Audrye Wong, China's Economic Statecraft: Lessons Learned from Ukraine, in: The Washington Quarterly, 46 (2023) 1, S. 121–136.

[51] Testimony of Robert Lighthizer Before the House Select Committee on Strategic Competition between the United States and the Chinese Communist Party, 17.5.2023: The United States Needs to Strategically Decouple from China, S. 17–20 (S. 20: „As the impact of our Section 301 tariffs showed, sufficiently high tariffs will achieve the desired trade deficit redution and decoupling effects"), https://docs.house.gov/meetings/ZS/ZS00/20230517/115974/HHRG-118-ZS00-Wstate-LighthizerR-20230517.pdf (abgerufen am 13.9.2023).

[52] Siehe Inu Manak, Biden's Trumpist Trade Policy, in: The Wall Street Journal, 31.8.2023.

[53] Siehe Yuka Hayashi/Anthony DeBarros, U.S.-China Trade Flourishes Despite Rifts, in: The Wall Street Journal, 10.2.2023.

[54] Siehe Chad P. Brown/Yilin Wang, Five years into the trade war, China continues its slow decoupling from US exports, Peterson Institute for International Economics,16.3.2023, https://www.piie.

com/blogs/realtime-economics/five-years-trade-war-china-continues-its-slow-decoupling-us-exports (abgerufen am 13.9.2023).

55 Siehe Caroline Freund u. a., Is US Trade Policy Reshaping Global Supply Chains?, paper presented at the IMF conference on Geoeconomic Fragmentation, Mai 2023, https://www.imf.org/en/News/Seminars/Conferences/2023/05/25/imf-workshop-on-geoeconomic-fragmentation (abgerufen am 13.9.2023).

56 Siehe Joe Biden's China strategy is not working, in: The Economist, 10.8.2023.

57 Siehe Ana Swanson/Jeanna Smialek, Cutting Ties With China Isn't So Easy, in: The New York Times, 1.9.2023.

58 Siehe N. Bastian u. a., Warum US-Unternehmen weiter auf China setzen, in: Handelsblatt, 12.4.2023.

59 Department of Defense, Assessing and Strengthening the Manufacturing and Defense Industrial Base, S. 36 („a significant and growing risk to the supply of materials and technologies deemed strategic and critical to U.S. national security").

60 Ebd., S. 37.

61 Siehe Keith Johnson/Lara Seligman, How China Could Shut Down America's Defenses, in: Foreign Policy, 11.6.2019, https://foreignpolicy.com/2019/06/11/how-china-could-shut-down-americas-defenses-rare-earth/ (abgerufen am 13.9.2023).

62 Hierzu und umfassend zur Problematik siehe Sophia Kalantzakos, China and the Geopolitics of Rare Earths, Oxford 2018.

63 Siehe Christina Lu, America Dropped the Baton in the Rare-Earth Race, in: Foreign Policy, 23.6.2023, https://foreignpolicy.com/2023/06/23/america-rare-earths-industry-china/ (abgerufen am 13.9.2023).

64 Zu all diesen Angaben siehe A Critical Minerals Policy for the United States. The Role of Congress in Scaling Domestic Supply and De-Risking Supply Chains, The Aspen Institute, Energy and Environment Program, Frühjahr 2023, S. 9 f., S. 18 f., https://www.aspeninstitute.org/wp-content/uploads/2023/06/A-Critical-

Minerals-Policy-for-the-United-States-Final-Report.pdf (abgerufen am 13.9.2023).

[65] Siehe J. Peter Pham, How America Can Escape China's Rare Earth Pincer, in: The National Interest, 16.7.2023, https://nationalinterest.org/feature/how-america-can-escape-china's-rare-earth-pincer-206645 (abgerufen am 13.9.2023).

[66] European Commission, Study on Critical Raw Materials for the EU 2023. Final Report, Luxemburg: Publications Office of the European Union, 2023, S. 6, https://op.europa.eu/o/opportal-service/download-handler?identifier=57318397-fdd4-11ed-a05c-01aa75ed71a1&format=pdf&language=en&productionSystem=cellar&part= (abgerufen am 13.9.2023).

[67] Siehe Matthew P. Funaiole/Brian Hart/Aidan Powers-Riggs, De-risking Gallium Supply Chains. The National Security Case for Eroding China's Critical Mineral Dominance, Washington, D. C.: Center for Science and International Affairs, August 2023.

[68] Siehe Marina Yue Thang, China's Export Restrictions on Germanium and Gallium Shake Up Global Order, in: The National Interest, 16.7.2023, https://nationalinterest.org/blog/techland/china's-export-restrictions-germanium-and-gallium-shake-global-order-206647 (abgerufen am 13.9.2023).

[69] Siehe Agathe Demarais, China's Threat to Ban Critical Minerals Exports Is a Bluff, in: Foreign Policy, 27.7.2023, https://foreignpolicy.com/2023/07/27/china-critical-minerals-metals-embargo-russia-sanctions-energy-natural-resources/ (abgerufen am 13.9.2023).

[70] Siehe Ana Swanson, The U.S. Needs Minerals for Electric Cars. Everyone Else Wants Them Too, in: The New York Times, 21.5.2023.

[71] Siehe Thomas Kaplan/Chris Buckley/Brad Plumer, U.S. Bans Imports of Some Chinese Solar Materials Tied to Forced Labor, in: The New York Times, 24.6.2021.

72 Siehe Sara Schonhardt/Phelim Kine, „It's just crazy". How the U.S.-China energy race imperils the climate fight, in: Politico, 18.5.2023.

73 Siehe Marijn A. Bolhuis/Jiaqian Chen/Benjamin Kett, The Costs of Geoeconomic Fragmentation, in: Finance&Development, Juni 2023, S. 35–37.

74 Siehe Ali Wyne, The Dangers of Detachment. Why Economic Independence Could Make the World More Dangerous, in: Foreign Affairs, 31.7.2023, https://www.foreignaffairs.com/china/dangers-detachment-economic-independence-dangerous (abgerufen am 13.9.2023). Zu der zugrunde liegenden These siehe Dale C. Copeland, Economic Interdependence and War, Princeton 2014.

75 Siehe Demarais, Backfire, S. 195 f.

76 So etwa im Readout of President Biden's Virtual Meeting with President Xi Jinping of the People's Republic of China, The White House, 16.11.2021, https://www.whitehouse.gov/briefing-room/statements-releases/2021/11/16/readout-of-president-bidens-virtual-meeting-with-president-xi-jinping-of-the-peoples-republic-of-china/ (abgerufen am 13.9.2023).

77 Siehe Lisa Friedman/Chris Buckley/Keith Bradsher, Climate Talks With U.S. Fail To Sway China, in: The New York Times, 20.7.2023.

78 Siehe Liana W. Rosen/Ricardo Barrios/Susan V. Lawrence, China Primer. Illicit Fentanyl and China's Role, Washington, D. C.: Congressional Research Service, In Focus, 8.12.2022; Vanda Felbab-Brown, Why America Is Struggling to Stop the Fentanyl Epidemic. The New Geopolitics of Synthetic Opioids, in: Foreign Affairs, 15.5.2023, https://www.foreignaffairs.com/mexico/why-america-struggling-stop-fentanyl-epidemic (abgerufen am 13.9.2023).

79 Siehe Rudd, The Avoidable War, S. 362–364.

80 Siehe Jonathan Eyal, The risks that rise when hotlines between the US and China go cold, in: The Straits Times, 9.5.2023.

[81] Siehe Dan Lamothe/Missy Ryan, U.S. scolds China for refusing to talk after midair military encounter, in: The Washington Post, 31.5.2023; Ellen Nakashima, Chinese fighter jets buzz U.S. planes in dramatic new videos, in: The Washington Post, 19.10.2023.

[82] Siehe Yun Sun, Why China Won't Talk With America's Military, in: Foreign Affairs, 20.7.2023; Ann Scott Tyson, After „candid" US-China talks, experts see hope for stability, in: Christian Science Monitor, 20.6.2023.

[83] Siehe Chairman of the Joint Chiefs of Staff, Memorandum for Record. Subject: General Milley's Engagements with the People's Liberation Army Leaders, 27.9.2021, https://www.armed-ser-vices.senate.gov/imo/media/doc/CJCS%20MFR%20Ref%20General%20Milley%27s%20engagements%20with%20the%20People%27s%20Liberation%20Army%20Leaders.pdf (abgerufen am 13.9.2023).

[84] „Regardless of who is in the White House, European countries must prepare for a world in which they will be viewed by Washington through a China prism – much in the same way that Europe was seen through a Soviet lens during the Cold War." Noah Barkin, The U.S. Is Losing Europe in Its Battle with China, in: The Atlantic, 4.6.2019.

[85] Diese Befürchtung wurde schon unter Obama im Zusammenhang mit der Hinwendung zu Asien geäußert. Siehe Sven Bernhard Gareis/Reinhard Wolf, Home Alone? The US Pivot to Asia and Its Implications for the EU's Common Security and Defence Policy, in: European Foreign Affairs Review, 21 (2016), Sonderheft, S. 133–150.

[86] Siehe Andrea Kendall-Raylor/Rachel Rizzo, The U.S. or China? Europe Needs to Pick a Side, in: Politico, 12.8.2019.

[87] Siehe François Godement/Abigaël Vasselier, China at the Gates. A New Power Audit of EU-China Relations, London: European Council on Foreign Relations, Dezember 2017; Thorsten Benner u. a., Authoritarian Advance. Responding to China's Growing Political Influence in Europe, Berlin: Global Public Policy Institute/ Mercator Institute for China Studies, Februar 2018; Ricardo Bar-

rios u. a., The European Union and China, Washington, D. C. 2.6.2023.

88 European Commission, EU-China – A Strategic Outlook, Straßburg, 12.3.2019, https://commission.europa.eu/system/files/2019-03/communication-eu-china-a-strategic-outlook.pdf (abgerufen am 13.9.2023).

89 Auswärtiges Amt (Hrsg.), China-Strategie der Bundesregierung, Berlin 2023, S. 10.

90 Siehe Scott A. W. Brown, Power, Perception and Foreign Policymaking. US and EU Responses to the Rise of China, London/New York 2018.

91 Siehe Andrew Small, The Meanings of Systemic Rivalry. Europe and China Beyond the Pandemic, European Council on Foreign Relations, Policy Brief, Mai 2020.

92 Allgemein zur „Versicherheitlichung der Beziehungen" siehe Xuechen Chen/Xinchuchu Gao, Analysing the EU's collective securitisation moves towards China, in: Asia Europe Journal, 20 (2022), S. 195–216.

93 Siehe dazu Duncan Snidal, Relative Gains and the Pattern of International Cooperation, in: American Political Science Review, 85 (September 1991) 3, S. 701–726.

94 Siehe Europe and China. Why unplugging is so hard, in: The Economist, 20.5.2023.

95 Siehe EU-China trade and investment relations in challenging times. Study requested by the European Parliaments's Committee on International Trade, Mai 2020, https://www.europarl.europa.eu/RegData/etudes/STUD/2020/603492/EXPO_STU(2020)603492_EN.pdf (abgerufen am 13.9.2023).

96 Siehe Dana Heide, Verzerrter Blick, in: Handelsblatt, 24.1.2023.

97 Siehe Annegret Bendiek/Barbara Lippert, Die Europäische Union im Spannungsfeld der sino-amerikanischen Rivalität, in: Barbara Lippert/Volker Perthes (Hrsg.), Strategische Rivalität zwischen USA und China. Worum es geht, was es für Europa (und ande-

re) bedeutet, Berlin: Stiftung Wissenschaft und Politik, Februar 2020, S. 50–55.

[98] So Deputy Secretary of State Stephen E. Biegun, „U.S. Policy Toward China", Written Testimony, Senate Committee on Foreign Relations, Hearing: Advancing Effective U.S. Competition With China. Objectives, Priorities, and Next Steps, 22.7.2020, https://www.foreign.senate.gov/imo/media/doc/072220_Biegun_Testimony.pdf (abgerufen am 13.9.2023).

[99] Josep Borrell, China, the United States and Us, 31.7.2020, https://eeas.europa.eu/headquarters/headquarters-homepage/83644/china-united-states-and-us_en (abgerufen am 13.9.2023).

[100] U.S.-EU Trade and Technology Council, Inaugural Joint Statement, 29.9.2021, https://www.whitehouse.gov/briefing-room/statements-releases/2021/09/29/u-s-eu-trade-and-technology-council-inaugural-joint-statement/ (abgerufen am 13.9.2023).

[101] The White House, Joint Statement on the Export Controls and Human Rights Initiative, 10.12.2021, https://www.whitehouse.gov/briefing-room/statements-releases/2021/12/10/joint-statement-on-the-export-controls-and-human-rights-initiative/ (abgerufen am 13.9.2023).

[102] The White House, Fact Sheet. Export Controls and Human Rights Initiative Launched at the Summit for Democracy, 10.12.2021, https://www.whitehouse.gov/briefing-room/statements-releases/2021/12/10/fact-sheet-export-controls-and-human-rights-initiative-launched-at-the-summit-for-democracy/ (abgerufen am 13.9.2023).

[103] Siehe Paul Gewirtz, Words and policies. „De-risking" and China policy, in: Order from Chaos, 30.5.2023, https://www.brookings.edu/articles/words-and-policies-de-risking-and-china-policy/ (abgerufen am 13.9.2023).

[104] Siehe die skeptische Sicht bei Agathe Demarais, Why Europe Will Struggle to „De-Risk" From China, in: Foreign Policy, 19.9.2023, https://foreignpolicy.com/2023/09/19/europe-eu-china-derisking-decoupling-economy-sanctions-trade-investment-taiwan-geopolitics/ (abgerufen am 20.9.2023).

[105] Siehe Victor D. Cha, Collective Resilience. Deterring China's Weaponization of Economic Interdependence, in: International Security, 48 (Sommer 2023) 1, S. 91–124.

[106] So das Argument von Dominic Tierney, Why It's Good for Europe to Argue With America. Transatlantic Disagreements Make the World Safer, in: Foreign Affairs, 11.9.2023, https://www.foreign-affairs.com/united-states/why-its-good-europe-argue-america (abgerufen am 13.9.2023); siehe zudem Max Seddon et al., Xi Jinping warned Vladimir Putin against nuclear attack in Ukraine, in: Financial Times, 5.7.2023.

[107] Peter Beinart, Republicans Are Neither Internationalist Nor Isolationist. They're Asia First, in: The New York Times, 1.9.2023.

[108] Umfassend dazu Peter E. Harrell/Elizabeth Rosenberg, Economic Dominance, Financial Technology, and the Future of U.S. Economic Coercion, Washington, D. C.: Center for a New American Security, 2019.

Epilog

[1] Zitiert nach: Edward Luce, Biden's shift on China will be unsung, in: Financial Times, 26.10.2023 („High-level and repeated inter-action is crucial to clear up misperception […] and to arrest downward spirals that could erupt into a major crisis"); siehe zudem Lily Kuo, China's foreign minister in Washington. That counts as progress, in: The Washington Post, 27.10.2023.

[2] Ryan Hass, Is progress possible when Biden and Xi meet?, in: Order from Chaos, 25.10.2023, https://www.brookings.edu/articles/is-progress-possible-when-biden-and-xi-meet/ (abgerufen am 2.11.2023).